数 控 技 术 丛 书

数 控 机 床

全国数控培训网络天津分中心　编

机 械 工 业 出 版 社

《数控机床》一书共分七章。第一章概述，讲述数控机床的产生与发展、分类与特点、组成与工作原理以及主要性能指标。第二章数控车床，讲述典型数控车床的传动结构、液压传动原理图与操作面板及程序编制举例。第三章数控铣床，讲述典型数控铣床的传动结构、调整、数控系统、操作面板及程序编制举例。第四章加工中心，讲述典型加工中心的换刀系统、传动结构、数控系统、操作面板及零件程序编制举例。第五章数控机床的典型结构，讲述数控机床主传动与进给传动系统、伺服系统及位置检测装置。第六章数控机床的使用保养与维护。第七章数控机床的安装调试与验收。

本书简明扼要、图文并茂。采用的加工实例翔实可靠，是一本针对性、实用性较强的教材，便于读者迅速理解和掌握。

本书为初、中级数控技术人员的数控培训用书，可作为数控技术应用专业、数控机床加工专业、机械制造专业、机电一体化专业大中专、技校教材，也可作为从事数控机床工作的工程技术人员的参考书。

图书在版编目（CIP）数据

数控机床/全国数控培训网络天津分中心编．—北京：机械工业出版社，1997.3
（数控技术丛书）
ISBN 7-111-05450-4

Ⅰ．数… Ⅱ．全… Ⅲ．数控机床 Ⅳ．TG659

中国版本图书馆 CIP 数据核字（96）第 23950 号

出 版 人：马九荣（北京市百万庄大街 22 号　邮政编码 100037）
责任编辑：贡克勤　版式设计：霍永明　责任校对：李秋荣
封面设计：郭景云　责任印制：路　琳
北京机工印刷厂印刷・新华书店北京发行所发行
1999 年 8 月第 1 版第 4 次印刷
787mm×1092mm 1/16・11.25 印张・1 插页・270 千字
24 001—32 000 册
定价：16.50 元

凡购本书，如有缺页、倒页、脱页，由本社发行部调换
本社购书热线电话(010)68993821、68326677-2527

数控技术丛书编委会

数控技术丛书作者名单

《数控原理》作者：郭文成　胡峥嵘　刘英杰　刘文芳
《数控编程》作者：赵云霞　李占军　庞俊玺
《数控机床》作者：殷育平　娄　锐　赵学东

前言

数控机床是综合应用计算机、自动控制、自动检测及精密机械等高新技术的产物，是典型的机电一体化产品。它的出现及所带来的巨大效益，引起世界各国科技界和工业界的普遍重视。发展数控机床是当前我国机械制造业技术改造的必由之路，是未来工厂自动化的基础。

随着数控机床的大量使用，急需培养大批能熟练掌握现代数控机床编程、操作、维修的人员和工程技术人员。为了适应初、中级数控技术人员培训和学习的需要，并供大中专、职校、技校学生学习现代加工技术之用，全国数控培训网络天津分中心组织编写了“数控技术丛书”，该丛书由数控原理、数控编程及数控机床三册组成。各册内容简明扼要、图文并茂、通俗易懂，所采用的实例翔实可靠。

在组织编写过程中，得到天津市人事局、天津市机电一体化办公室、天津市机电工业总公司的大力支持和帮助，天津大学杜君文教授、赵忠堂教授、邓广敏教授及天津理工学院刘树琪教授、吴建华教授等为丛书提出了宝贵的意见并提供了资料，天津分中心陈卫平、刘淑丽、王丽、魏颖、徐士军、回健永等同志对丛书的文稿、图稿进行了打印和绘制，在此一并致以衷心的感谢。

由于我们水平有限，经验不足，加之资料不全，书中难免存在错误疏漏之处，希读者给予指正。

数控技术丛书编委会

1996年8月

目　录

第一章　数控机床概述

第一节　数控机床的产生和发展

随着科学技术的不断发展，对机械产品的质量和生产率提出了越来越高的要求。机械加工工艺过程的自动化是实现上述要求的最重要的措施之一。它不仅能够提高产品的质量，提高生产效率，降低生产成本，还能够大大改善工人的劳动条件。

汽车、拖拉机、家用电器等属于大批量生产的产品，广泛采用自动机床、组合机床和专用机床以及专用自动生产线，实行多刀、多工位多面同时加工，以达到高效率和高自动化。尽管需要较大的初始投资及较长的生产准备时间，但在大批量生产条件下，由于分摊在每一个工件上的费用较低，经济效益仍然是非常显著的。但是，在机械制造工业中约有机械加工总量的 75％～80％是属于单件小批量生产，尤其是一些宇航、造船、机床、重型机械及国防工业部门的零件，精度要求高、形状复杂、加工批量小、且改型频繁，采用普通机床加工这些零件效率低、劳动强度大，有时甚至不能加工。采用组合机床或自动化机床加工这类零件也极其不合理，因为需要经常改装与调整设备。近年来，由于市场竞争日趋激烈，各生产厂不仅要提供高质量的产品，而且为满足市场上不断变化的需要进行频繁的改型。因此，即使是大批量生产，也改变了产品长期一成不变的做法。这样就使组合机床、自动化机床及自动化生产线在大批量生产中也日渐暴露其缺点或不足。为了解决上述这些问题，一种新型的数字程序控制机床应运而生，它极其有效地解决了上述一系列矛盾，为单件、小批量生产的精密复杂零件提供了自动化加工手段。

在数控机床上，工件加工的全过程是由数字指令控制的，在加工前要用指定的数字代码按照工件图样编制出程序，制成穿孔带，然后输入到数控系统中去，数控机床即按照穿孔带上的指令自动地进行工作；工件加工程序是由若干程序段组合而成，每个程序段中，均有加工工件某一部分所需要的各种数据信息及机床操作的各种指令。穿孔带输入一个程序段，相应的各种数据和指令就进入数控系统，数控系统也就指挥机床完成工件的一部分加工工作。数控机床与其他自动机床的主要区别在于，当被加工工件改变时，除了重新装夹工件和更换刀具之外，只需更换一条新的穿孔带，不需要对机床作任何调整。

1948 年，美国帕森斯公司在研制加工直升飞机叶片轮廓检验用样板的机床时，首先提出了应用电子计算机控制机床来加工样板曲线的设想。后来受美国空军委托，帕森斯公司与麻省理工学院伺服机构研究所合作进行研制工作。1952 试制成功世界上第一台三坐标立式数控铣床。后来，又经过改进并开展自动编程技术的研究，于 1955 年进入实用阶段，这对于加工复杂曲面和促进美国飞机制造业的发展起了重要作用。

1958 年我国开始研制数控机床。近年来，由于引进了国外的数控系统与伺服系统的制造技术，使我国数控机床在品种、数量和质量方面得到了迅速发展。虽然我国与先进的工业国家之间还存在着较大差距，但这种差距正随着工厂、企业技术改造的深入开展不断缩小，发展数控机床的生产已成为目前机床行业的目标。数控机床必将成为我国机械工业生产中的主要设备，为我国的四个现代化做出巨大的贡献。

第二节　数控机床在国民经济中的地位和作用

一、数控机床的特点

1）采用数控机床可以提高零件的加工精度，稳定产品的质量。因为数控机床是按照预定的加工程序自动进行加工，加工过程消除了操作者人为的操作误差，所以零件加工的一致性好，而且加工精度还可以利用软件来进行校正及补偿，因此可以获得比机床本身精度还要高的加工精度及重复精度。

2）数控机床可以完成普通机床难以完成或根本不能加工的复杂曲面的零件加工。因此数控机床在宇航、造船、模具等加工业中得到广泛应用。

3）采用数控机床比普通机床可以提高生产效率2～3倍，尤其对某些复杂零件的加工，生产效率可提高十几倍甚至几十倍。

4）可以实现一机多用。一些数控机床将几种普通机床功能（如钻、镗、铣）合一，加上刀具自动交换系统构成加工中心，如果能配置数控转台或分度转台，则可以实现一次安装、多面加工，这时一台数控机床可代替5～7台普通机床，并节省了厂房面积。

5）采用数控机床有利于向计算机控制与管理生产方面发展，为实现生产过程自动化创造了条件。

二、数控机床在国民经济中的地位和作用

今天数控机床有了飞跃的发展，在机械制造业中的地位愈来愈显得重要。美国在1983年的机床总数比1973年下降了23.1%，而同期数控机床的总数却增加了2.6倍，产值为总产值的70.9%。美国1989年机床总数为2826781台，其中数控机床为222356台；日本1987年机床总数为792975台，其中数控机床为70255台。我国1990年机床总数为3170000台，其中数控机床为23500台，占0.74%。尽管我国目前数控机床产量不高，但品种已经不少。由于数控机床集高精度、高效率于一身，故在许多企业的生产中，已替代坐标镗床、万能铣床，完成精密加工任务。随着数控机床的精度和自动化程度不断提高，数控机床已从满足单件、小批量生产中的精密复杂零件，逐步扩大到批量生产的柔性加工系统。数控机床是高度机电一体化的典型产品，是现代机床技术水平的重要标志，是体现现代机械制造业工艺水平的重要标志。

第三节　数控机床的分类

数控机床一般可以按以下几种分类方法进行分类：

一、按工艺用途分类

（一）普通数控机床

普通数控机床一般指在加工工艺过程中的一个工序上实现数字控制的自动化机床，如数控铣床、数控车床、数控钻床、数控磨床与数控齿轮加工机床等。普通数控机床在自动化程度上还不够完善，刀具的更换与零件的装夹仍需人工来完成。

（二）加工中心

加工中心是带有刀库和自动换刀装置的数控机床。它将数控铣床、数控镗床、数控钻床的功能组合在一起，零件在一次装夹后，可以将其大部分加工面进行铣、镗、钻、扩、铰及攻螺纹等多工序加工。加工中心的类型很多，一般分为立式加工中心、卧式加工中心和车削加工中心等。由于加工中心能有效地避免由于多次安装造成的定位误差，所以它适用于产品更换频繁、零件形状复杂、精度要求高、生产批量不大而生产周期短的产品。

二、按运动方式分类

（一）点位控制系统

点位控制系统是指数控系统只控制刀具或机床工作台，从一点准确地移动到另一点，而点与点之间运动的轨迹不需要严格控制的系统。为了减少移动部件的运动与定位时间，一般先以快速移动到终点附近位置，然后以低速准确移动到终点定位位置，以保证良好的定位精度。移动过程中刀具不进行切削。使用这类控制系统的主要有数控坐标镗床、数控钻床、数控冲床、数控弯管机等。图 1-1 所示为数控钻床加工示意图。

（二）点位直线控制系统

点位直线控制系统是指数控系统不仅控制刀具或工作台从一个点准确地移动到另一个点，而且保证在两点之间的运动轨迹是一条直线的控制系统。移动部件在移动过程中进行切削。应用这类控制系统的有数控车床、数控钻床和数控铣床等。图 1-2 所示为数控铣床加工示意图。

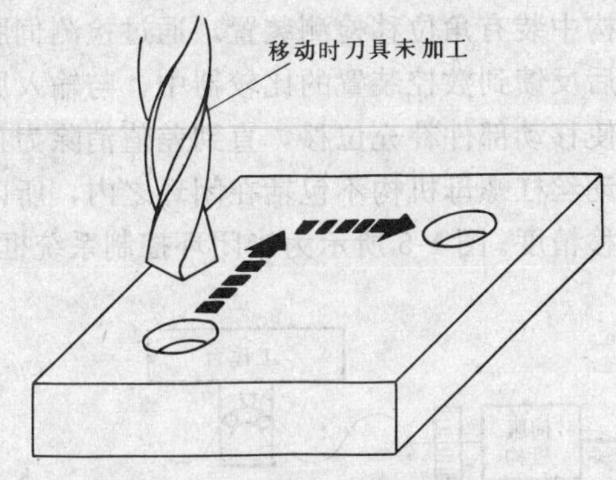

图 1-1　数控钻床加工示意图

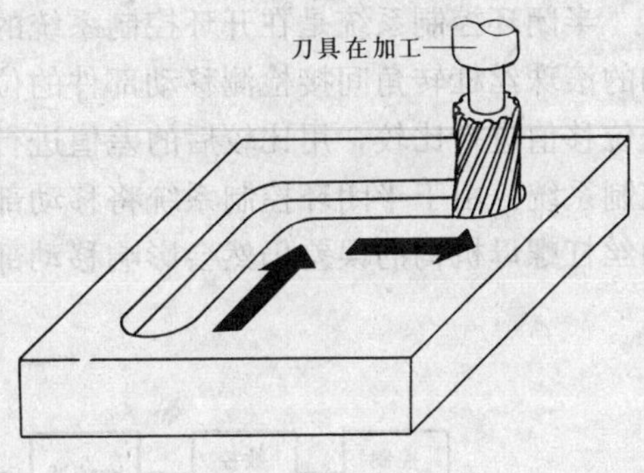

图 1-2　数控铣床加工示意图

（三）轮廓控制系统

轮廓控制系统也称连续控制系统，是指数控系统能够对两个或两个以上的坐标轴同时进行严格连续控制的系统。它不仅能控制移动部件从一个点准确地移动到另一个点，而且还能控制整个加工过程每一点的速度与位移量，将零件加工成一定的轮廓形状。应用这类控制系统的有数控铣床、数控车床、数控齿轮加工机床和加工中心等。图 1-3 所示为轮廓控制系统加工示意图。

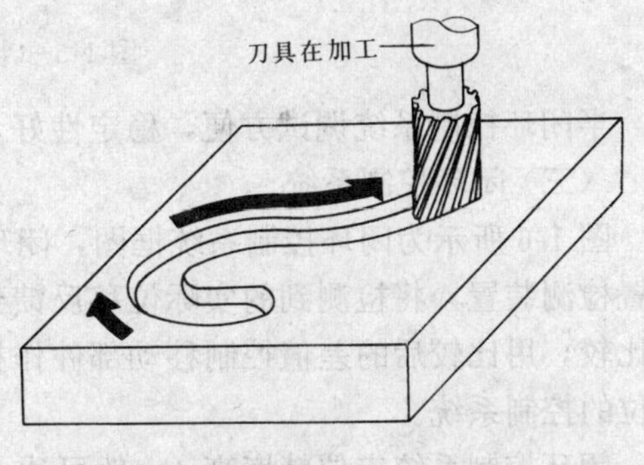

图 1-3　轮廓控制系统加工示意图

三、按控制方式分类

（一）开环控制系统

开环控制系统是指不带反馈装置的控制系统。它是根据穿孔带上的数据指令，经过控制运算发出脉冲信号，输送到伺服驱动装置（如步进电动机）使伺服驱动装置转过相应的角度，然后经过减速齿轮和丝杠螺母机构，转换为移动部件的直线位移。图 1-4 所示为开环控制系统框图。

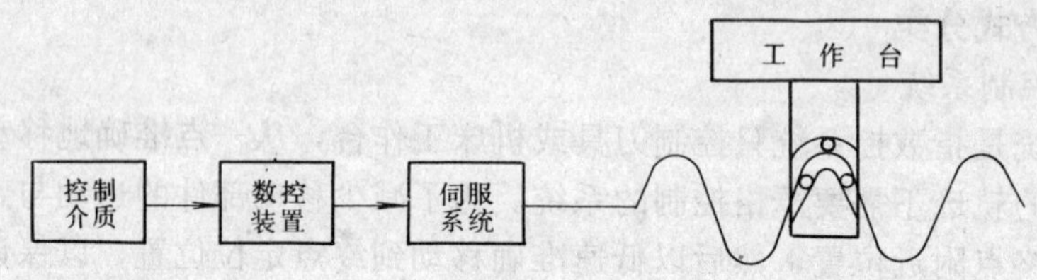

图 1-4　开环控制系统框图

由于开环控制系统不具有反馈装置，所以对移动部件实际位移量的测量及反馈与原指令值进行比较不进行检测，也不能进行误差校正，因此系统精度较低（±0.02mm）。虽然开环控制系统具有结构简单、工作稳定、使用维修方便及成本低的优点，但它已不能满足数控机床日益提高的精度要求。

（二）半闭环控制系统

半闭环控制系统是在开环控制系统的伺服机构中装有角位移检测装置，通过检测伺服机构的滚珠丝杠转角间接检测移动部件的位移，然后反馈到数控装置的比较器中，与输入原指令位移值进行比较，用比较后的差值进行控制，使移动部件补充位移，直到差值消除为止的控制系统。由于半闭环控制系统将移动部件的传动丝杠螺母机构不包括在闭环之内，所以传动丝杠螺母机构的误差仍然会影响移动部件的位移精度。图 1-5 所示为半闭环控制系统框图。

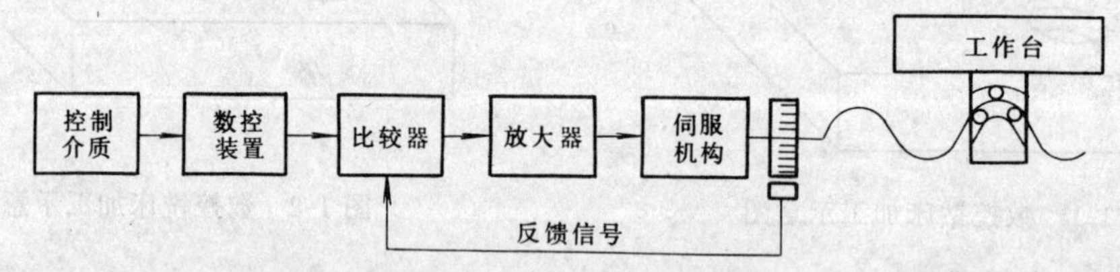

图 1-5　半闭环控制系统框图

半闭环控制系统调试方便，稳定性好，目前应用比较广泛。

（三）闭环控制系统

图 1-6 所示为闭环控制系统框图，闭环控制系统是在机床移动部件位置上直接装有直线位置检测装置，将检测到的实际位移反馈到数控装置的比较器中，与输入的原指令位移值进行比较，用比较后的差值控制移动部件作补充位移，直到差值消除时才停止移动，达到精确定位的控制系统。

闭环控制系统定位精度高（一般可达±0.01mm，最高可达 0.001mm），一般应用在高精度数控机床上。由于系统增加了检测、比较和反馈装置，所以结构比较复杂，调试维修比较困难。

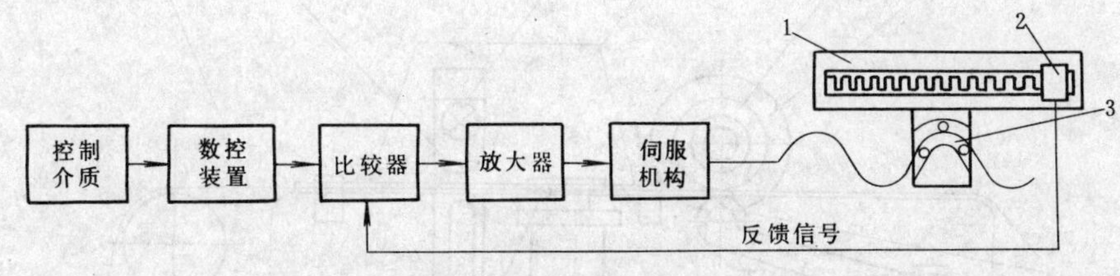

图 1-6 闭环控制系统框图

第四节 数控机床的基本工作原理和坐标系的确定

在数控机床上加工零件一般按以下步骤进行：

1）根据被加工零件工作图与工艺过程卡，用规定的数字代码和程序格式编写程序单。

2）根据程序单，制作穿孔带。

3）穿孔带通过光电读带机，将加工程序输入数控装置。

4）数控装置根据输入信号，进行运算和控制处理，然后将处理结果以脉冲信号形式送往机床各个坐标的伺服系统，以驱动机床的各运动部件，按规定的加工顺序、速度和位移量进行加工，最后制造出合格的零件。

因此，数控机床由四个基本部分组成，即穿孔带或磁带等控制介质、数控装置、伺服系统和机床。以下分别就各组成部分的基本工作原理作一简要说明。

一、数控机床的基本工作原理

（一）控制介质

对数控机床进行控制，必须在人与机床之间建立某种联系，这种联系物质称为控制介质。常见的控制介质有穿孔带、穿孔卡和磁带等。在控制介质上存储着零件加工过程中所需要的全部数据和指令。图 1-7 所示为目前数控机床上使用较多的八单位标准穿孔带。

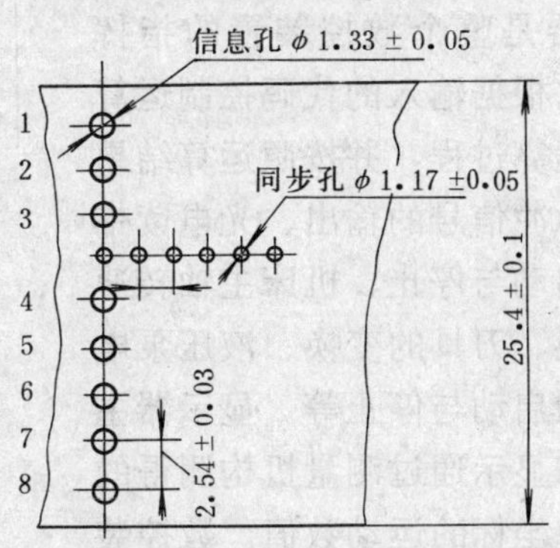

图 1-7 八单位标准穿孔带

穿孔带上的代码一般用光电读带机输入数控装置。图 1-8 所示为光电读带机示意图。在数控机床加工以前，先将穿孔带放入光电读带机，然后启动数控装置，使启动电磁铁 13 吸合，经摇臂 12 带动压轮 14 把穿孔带 6 压向旋转的主动轮 2，主动轮 2 由电动机 1 驱动，这样就使穿孔带以较高的阅读速度（200 行/s）向左移动。当穿孔带从光源 4、透镜 5 和九只光敏元件 8 中间通过时，把穿孔带上的代码转换为电脉冲，经过放大与整形，再进入数控装置的输入装置进行译码与寄存。当穿孔带上出现结束代码时，启动电磁铁 13 断电，压轮 14 在片式弹簧 11 作用下松开，同时制动电磁铁 10 通电并吸合衔铁 9，使穿孔带快速制动。光电读带机上读数头部分 3 可以象铰链一样扳起，将穿孔带装好后，再将 3 放下，即可工作。导轮 7 在纸带快速移动时，起支承和导向作用。

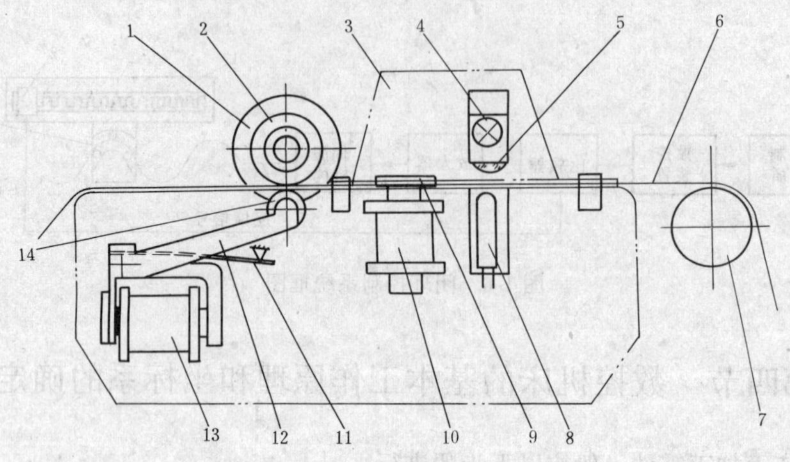

图 1-8 光电读带机示意图

（二）数控装置

数控装置是数控机床的核心，它根据光电读带机输送来的指令码和数据码进行译码、运算、寄存及控制，并将其结果输送到机床各个坐标的伺服系统，用以驱动机床运动。数控装置一般由译码器、运算器、存储器、控制器、显示器、输入装置及输出装置等组成。图 1-9 所示为数控装置逻辑框图。

当按下数控装置启动按钮后，控制电路发出信号，使光电读带机开始工作，读带机将穿孔带上的指令码和数据码输送到译码器。译码器将指令码输送到存储器和控制器，将数据码输送到运算器，作为控制和运算的依据。控制器是整个数控装置的指挥部，它根据输入的代码控制运算器的运算过程，并按照运算结果控制脉冲信号的输出、光电读带机的启动与停止、机床主轴转速的变换、刀具的变换、液压泵电动机的启动与停止等。显示器主要用来显示通过测量机构测得的机床各坐标的运动数值。数控装置的输出部分主要是将控制器和运算器的信号输送出去，用来驱动伺服系统。

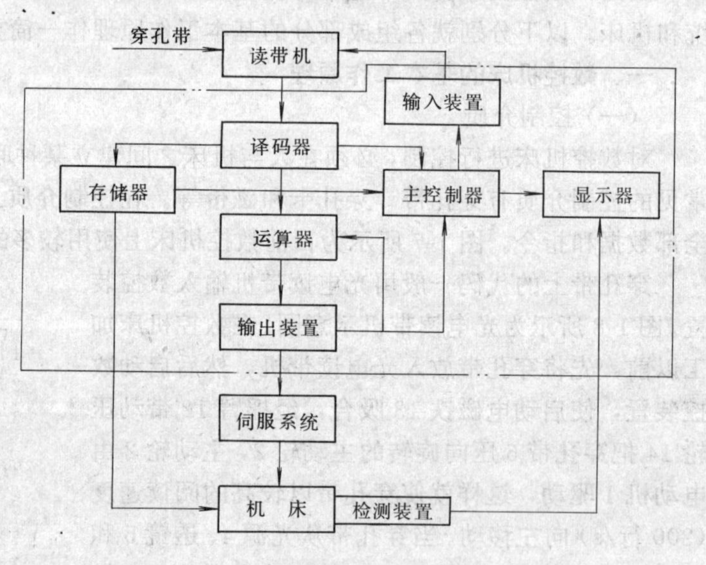

图 1-9 数控装置逻辑框图

（三）伺服系统

伺服系统是数控机床的重要组成部分。它用来接受数控装置输出的指令信息并经功率放大后，带动机床移动部件作精确定位或按照规定的轨迹和速度运动，使机床加工出符合图样要求的零件。由于伺服系统是数控机床的关键部件，它的伺服精度和动态响应将直接影响数控机床的加工精度、表面粗糙度及生产效率。伺服系统包括驱动装置和执行机构两大部分。一般数控机床采用直流伺服电动机或交流伺服电动机作为执行机构，这些电动机均带有光电编码器等位置测量元件和测速电动机等速度测量元件。不同的执行机构配置相应的驱动装置来驱动。

（四）机床

数控机床为满足数控技术的特点和充分发挥数控机床的特点，在机床整体布局、传动系统、刀具系统、操作系统以及结构等方面，与普通机床有很大变化。因此，需要进行对比和分析，以便使数控机床发挥它最佳的经济效益。

二、数控机床坐标系的确定

数控机床坐标系是为了确定工件在机床中的位置、机床运动部件的特殊位置（如换刀点、参考点等）以及运动范围（如行程范围）等而建立的几何坐标系。目前我国执行的JB3051—82《数控机床坐标和运动方向的命名》数控标准，与国际上统一的ISO841等效。

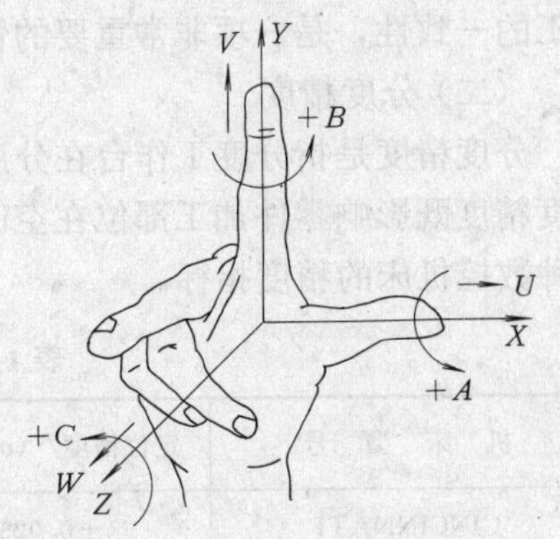

图 1-10　右手直角笛卡尔坐标系

标准的坐标系采用右手直角笛卡尔坐标系（如图1-10所示）。它规定直角坐标 X、Y、Z 三者的关系及其正方向用右手定则判定，围绕 X、Y、Z 各轴的回转运动及其正方向 $+A$、$+B$、$+C$ 分别用右螺旋法则判定。与 $+X$、$+Y$、…$+C$ 相反的方向相应用带“′”的 $+X'$、$+Y'$、…$+C'$ 表示。

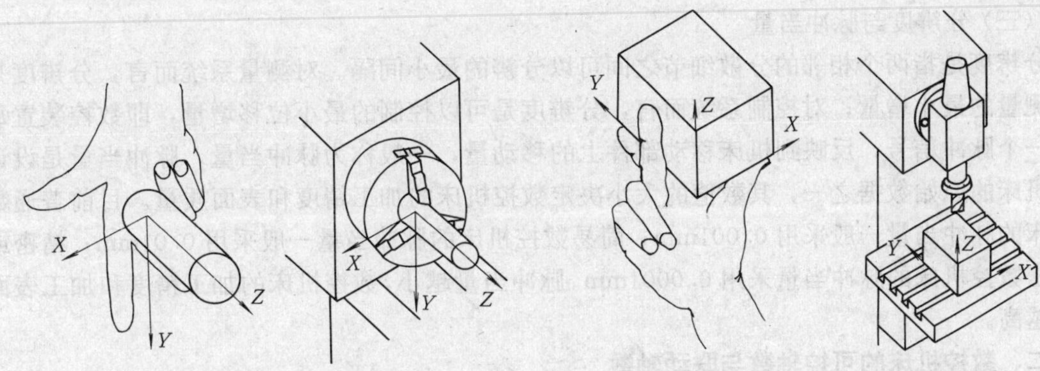

图 1-11　卧式车床坐标系　　图 1-12　立式铣床坐标系

图 1-11 和图 1-12 所示为卧式车床和立式铣床的标准坐标系。

直角坐标 X、Y、Z 又称为主坐标系或第一坐标系。如有第二组坐标和第三组坐标平行于 X、Y、Z，则分别指定为 U、V、W 和 P、Q、R。

第五节　数控机床的主要性能指标

一、数控机床的精度指标

（一）定位精度和重复定位精度

定位精度是指数控机床工作台等移动部件在确定的终点所达到的实际位置的精度，因此移动部件实际位置与理想位置之间的误差称为定位误差。定位误差包括伺服系统、检测系统、进给系统等误差，还包括移动部件导轨的几何误差等。定位误差将直接影响零件加工的位置精度。

重复定位精度是指在同一台数控机床上，应用相同程序相同代码加工一批零件，所得到的连续结果的一致程度。重复定位精度受伺服系统特性、进给系统的间隙与刚性以及摩擦特性等因素的影响。一般情况下，重复定位精度是成正态分布的偶然性误差，它影响一批零件加工的一致性，是一项非常重要的性能指标。

（二）分度精度

分度精度是指分度工作台在分度时，理论要求回转的角度值和实际回转的角度值的差值。分度精度既影响零件加工部位在空间的角度位置，也影响孔系加工的同轴度等。表 1-1 所示为几种数控机床的精度指标。

表 1-1　几种数控机床的精度指标

机　床　型　号	定位精度/（mm・mm^{-1}）	重复定位精度/mm	分度精度/（″）
CINCINNATI	±0.025/1000	±0.006	±3
JC-018	±0.012/300	±0.006	
XH754	±0.02/300	±0.01	±10
TH6350	±0.005/全行程	±0.002	

（三）分辨度与脉冲当量

分辨度是指两个相邻的分散细节之间可以分辨的最小间隔。对测量系统而言，分辨度是可以测量的最小增量；对控制系统而言，分辨度是可以控制的最小位移增量，即数控装置每发出一个脉冲信号，反映到机床移动部件上的移动量，一般称为脉冲当量。脉冲当量是设计数控机床的原始数据之一，其数值的大小决定数控机床的加工精度和表面质量。目前普通数控机床的脉冲当量一般采用 0.001mm；简易数控机床的脉冲当量一般采用 0.01mm；精密或超精密数控机床的脉冲当量采用 0.0001mm。脉冲当量越小，数控机床的加工精度和加工表面质量越高。

二、数控机床的可控轴数与联动轴数

数控机床的可控轴数是指机床数控装置能够控制的坐标数目。数控机床可控轴数和数控装置的运算处理能力、运算速度及内存容量等有关。世界上最高级数控装置的可控轴数已达到 24 轴，我国目前最高数控装置的可控轴线为 6 轴。图 1-13 所示为六轴加工中心。

数控机床的联动轴数是指机床数控装置控制的坐标轴同时达到空间某一点的坐标数目。目前有两轴联动、三轴联动、四轴联动、五轴联动等。三轴联动数控机床可以加工空间复杂曲面；四轴联动、五轴联动数控机床可以加工宇航叶轮、螺旋桨等零件。

三、数控机床的运动性能指标

数控机床的运动性能指标主要包括主轴转速、进给速度、坐标行程、摆角范围和刀库容量及换刀时间等。

（一）主轴转速

数控机床的主轴一般均采用直流或交流调速主轴电动机驱动，选用高速精密轴承支承，保证主轴具有较宽的调速范围和足够高的回转精度、刚度及抗振性。目前，数控机床主轴转速已普遍达到5000～10000r/min，甚至更高，这样对各种小孔加工以及提高零件加工质量和表面质量都极为有利。

（二）进给速度

数控机床的进给速度是影响零件加工质量、生产效率以及刀具寿命的主要因素。它受数控装置的运算速度、机床动特性及工艺系统刚度等因素的限制。目前国内数控机床的进给速度可达10～15m/min，国外一般可达15～30m/min。

（三）行程

数控机床坐标轴 X、Y、Z 的行程大小，构成数控机床的空间加工范围，即加工零件的大小。行程是直接体现机床加工能力的指标参数。

（四）摆角范围

具有摆角坐标的数控机床，其转角大小也直接影响到加工零件空间部位的能力。但转角太大又造成机床的刚度下降，因此给机床设计带来许多困难。

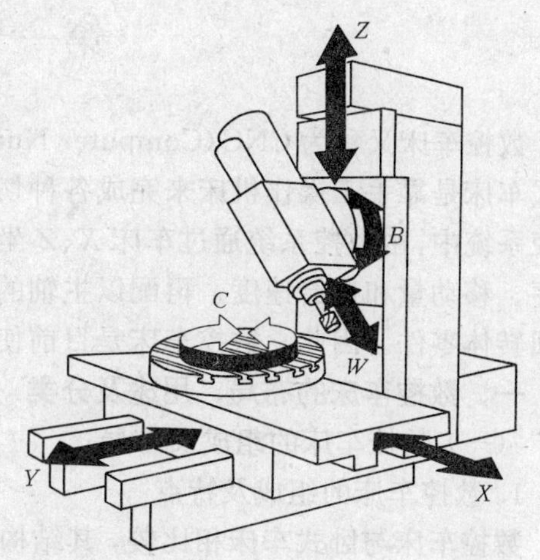

图1-13　可控六轴加工中心示意图

（五）刀库容量和换刀时间

刀库容量和换刀时间对数控机床的生产率有直接影响。刀库容量是指刀库能存放加工所需要的刀具数量。目前常见的中小型加工中心多为16～60把，大型加工中心达100把以上。换刀时间指带有自动交换刀具系统的数控机床，将主轴上使用的刀具与装在刀库上的下一工序需用的刀具进行交换所需要的时间。目前国内均在10～20s内完成换刀；国外不少数控机床换刀时间仅为4～5s。

第二章 数控车床

第一节 概述

数控车床又称为CNC(Computer Numerical Control)车床，即用计算机数字控制的车床。卧式车床是靠手工操作机床来完成各种切削加工，而数控车床是将编制好的加工程序输入到数控系统中，由数控系统通过车床X、Z坐标轴的伺服电动机去控制车床进给运动部件的动作顺序、移动量和进给速度，再配以主轴的转速和转向，便能加工出各种形状不同的轴类或盘类回转体零件。因此，数控车床是目前使用较为广泛的数控机床。

一、数控车床的布局、用途及分类

(一) 数控车床的组成及布局

1. 数控车床的组成及特点

数控车床与卧式车床相比较，其结构上仍然是由主轴箱、刀架、进给传动系统、床身、液压系统、冷却系统、润滑系统等部分组成，只是数控车床的进给系统与卧式车床的进给系统在结构上存在着本质上的差别。卧式车床主轴的运动经过挂轮架、进给箱、溜板箱传到刀架实现纵向和横向进给运动。而数控车床是采用伺服电动机经滚珠丝杠，传到滑板和刀架，实现Z向（纵向）和X向（横向）进给运动。可见数控车床进给传动系统的结构较卧式车床大为简化。数控车床也有加工各种螺纹的功能，那么主轴的旋转与刀架的移动是如何保持同步关系的呢？一般是采取伺服电动机驱动主轴旋转，并且在主轴箱内安装有脉冲编码器，主轴的运动通过同步齿形带1∶1的传到脉冲编码器。当主轴旋转时，脉冲编码器便发出检测脉冲信号给数控系统，使主轴电动机的旋转与刀架的切削进给保持同步关系，即实现加工螺纹时主轴转一转，刀架Z向移动工件一个导程的运动关系。

2. 数控车床的布局

数控车床的主轴、尾座等部件相对床身的布局形式与卧式车床基本一致，而刀架和导轨的布局形式发生了根本的变化，这是因为刀架和导轨的布局形式直接影响数控车床的使用性能及机床的结构和外观所致。另外，数控车床上都设有封闭的防护装置。

(1) 床身和导轨的布局

数控车床床身导轨与水平面的相对位置如图2-1所示，它有4种布局形式：图2-1a为平床身，图2-1b为斜床身，图2-1c为平床身斜滑板，图2-1d为立床身。

水平床身的工艺性好，便于导轨面的加工。水平床身配上水平放置的刀架可提高刀架的运动精度，一般可用于大型数控车床或小型精密数控车床的布局。但是水平床身由于下部空间小，故排屑困难。从结构尺寸上看，刀架水平放置使得滑板横向尺寸较长，从而加大了机床宽度方向的结构尺寸。

水平床身配上倾斜放置的滑板，并配置倾斜式导轨防护罩，这种布局形式一方面有水平床身工艺性好的特点，另一方面机床宽度方向的尺寸较水平配置滑板的要小，且排屑方便。

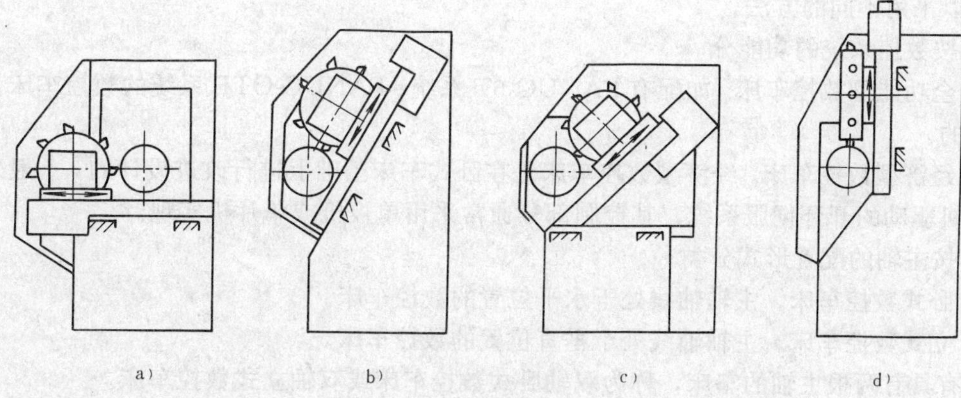

图 2-1　数控车床的布局形式

水平床身配上倾斜放置的滑板和斜床身配置斜滑板布局形式被中、小型数控车床所普遍采用。这是由于此两种布局形式排屑容易，热铁屑不会堆积在导轨上，也便于安装自动排屑器；操作方便，易于安装机械手，以实现单机自动化；机床占地面积小，外形简洁、美观，容易实现封闭式防护。

斜床身其导轨倾斜的角度分别为 30°、45°、60°、75°和 90°（称为立式床身）。倾斜角度小，排屑不便；倾斜角度大，导轨的导向性差，受力情况也差。导轨倾斜角度的大小还会直接影响机床外形尺寸高度与宽度的比例。综合考虑上面的诸因素，中小规格的数控车床，其床身的倾斜度以 60°为宜。

(2) 刀架的布局

刀架作为数控车床的重要部件，其布局形式对机床整体布局及工作性能影响很大。目前两坐标联动数控车床多采用 12 工位的回转刀架，也有采用 6 工位、8 工位、10 工位回转刀架的。回转刀架在机床上的布局有两种形式。一种是用于加工盘类零件的回转刀架，其回转轴垂直于主轴；另一种是用于加工轴类和盘类零件的回转刀架，其回转轴平行于主轴。

四坐标控制的数控车床，床身上安装有两个独立的滑板和回转刀架，故称为双刀架四坐标数控车床。其上每个刀架的切削进给量是分别控制的，因此两刀架可以同时切削同一工件的不同部位，既扩大了加工范围，又提高了加工效率。四坐标数控车床的结构复杂，且需要配置专门的数控系统实现对两个独立刀架的控制。这种机床适合加工曲轴、飞机零件等形状复杂、批量较大的零件。

（二）数控车床的用途

数控车床与卧式车床一样，也是用来加工轴类或盘类的回转体零件。但是由于数控车床是自动完成内外圆柱面、圆锥面、圆弧面、端面、螺纹等工序的切削加工，所以数控车床特别适合加工形状复杂的轴类或盘类零件。

数控车床具有加工灵活、通用性强、能适应产品的品种和规格频繁变化的特点，能够满足新产品的开发和多品种、小批量、生产自动化的要求，因此被广泛应用于机械制造业，例如汽车制造厂、发动机制造厂等等。

（三）数控车床的分类

随着数控车床制造技术的不断发展，形成了产品繁多、规格不一的局面。对数控车床的分类可以采用不同的方法。

1．按数控系统的功能分

1）全功能型数控车床。如配有 FANUC-6T 系统、FANUC-OTE 系统的数控车床都是全功能型的。

2）经济型数控车床。经济型数控车床是在卧式车床基础上进行改进设计的，一般采用步进电动机驱动的开环伺服系统，其控制部分通常采用单板机或单片机实现。

2．按主轴的配置形式分类

1）卧式数控车床。主轴轴线处于水平位置的数控车床。

2）立式数控车床。主轴轴线处于垂直位置的数控车床。

还有具有两根主轴的车床，称为双轴卧式数控车床或双轴立式数控车床。

3．按数控系统控制的轴数分类

1）两轴控制的数控车床。机床上只有一个回转刀架，可实现两坐标轴控制。

2）四轴控制的数控车床。机床上有两个独立的回转刀架，可实现四轴控制。

对于车削中心或柔性制造单元，还要增加其他的附加坐标轴来满足机床的功能。目前，我国使用较多的是中小规格的两坐标连续控制的数控车床。

二、MJ-50 数控车床的用途、布局及技术参数

MJ-50 型数控车床是济南第一机床厂的产品。该机床配有日本 FANUC-OTE、德国 SIEMENS 或台湾 HUST-11T 三种数控系统。

（一）MJ-50 数控车床的用途

MJ-50 数控车床主要用来加工轴类零件的内外圆柱面、圆锥面、螺纹表面、成形回转体表面。对于盘类零件可进行钻孔、扩孔、铰孔、镗孔等加工。机床还可以完成车端面、切槽、倒角等加工。

（二）MJ-50 数控车床的布局

图 2-2 为 MJ-50 数控车床的外观图。

MJ-50 数控车床为两坐标连续控制的卧式车床。如图所示，床身 14 为平床身，床身导轨面上支承着 30°倾斜布置的滑板 13，排屑方便。导轨的横截面为矩形，支承刚性好，且导轨上配置有防护罩 8。床身的左上方安装有主轴箱 4，主轴由 AC 交流伺服电动机驱动，免去变速传动装置，因此使主轴箱的结构变得十分简单。为了快速而省力地装夹工件，主轴卡盘 3 的夹紧与松开是由主轴尾端的液压缸来控制的。

床身右上方安装有尾座 12。该机床有两种可配置的尾座，一种是标准尾座，另一种是选择配置的尾座。

滑板的倾斜导轨上安装有回转刀架 11，其刀盘上有 10 个工位，最多安装 10 把刀具。滑板上分别安装有 X 轴和 Z 轴的进给传动装置。

根据用户的要求，主轴箱前端面上可以安装对刀仪 2，用于机床的机内对刀。检测刀具时，对刀仪的转臂 9 摆出，其上端的接触式传感器测头对所用刀具进行检测。检测完成后，对刀仪的转臂摆回图中所示的原位，且测头被锁在对刀仪防护罩 7 中。

10 是操作面板，5 是机床防护门，可以配置手动防护门，也可以配置气动防护门。液压系统的压力由压力表 6 显示。1 是主轴卡盘夹紧与松开的脚踏开关。

图 2-2　MJ-50 数控车床的外观图

这里介绍的 MJ-50 数控车床的数控系统为 FANUC-OTE Model A-2 系统。

（三）MJ-50 数控车床的主要技术参数

1. 机床的主要参数

允许最大工件回转直径	500mm
最大切削直径	310mm
最大切削长度	650mm
主轴转速范围	35～3500r/min（连续无级）
其中恒扭矩范围	35～437r/min
其中恒功率范围	437～3500r/min
主轴通孔直径	80mm
拉管通孔直径	65mm
刀架有效行程	*X* 轴　182mm；*Z* 轴　675mm
快速移动速度	*X* 轴　10m/min；*Z* 轴　15m/min
安装刀具数	10 把
刀具规格	车刀 25mm×25mm；镗刀 ϕ12mm～ϕ45mm
选刀方式	刀盘就近转位
分度时间	单步　0.8s；180°　2.2s
尾座套筒直径	90mm
尾座套筒行程	130mm
主轴 AC 伺服电动机连续/30min 超载	11/15kW
进给伺服电动机	*X* 轴 AC 0.9kW；*Z* 轴 AC 1.8kW
机床外形尺寸（长×宽×高）	2995mm×1667mm×1796mm

2. 数控系统的主要技术规格

机床配置的 FANUC-OTE 系统的主要技术规格如表 2-1 所示。

表 2-1 FANUC-OTE 系统基本规格

序号	名　称	规　格	
1	控制轴数	*X* 轴、*Z* 轴，手动方式同时仅一轴	
2	最小设定单位	*X*、*Z* 轴 0.001mm	0.0001in
3	最小移动单位	*X* 轴 0.0005mm	0.00005in
		Z 轴 0.001mm	0.0001in
4	最大编程尺寸	±9999.999mm	
		±999.9999in	
5	定位	执行 G00 指令时，机床快速运动并减速停止在终点	
6	直线插补	G01	
7	全象限圆弧插补	G02（顺圆）　G03（逆圆）	
8	快速倍率	LOW，25%，50%，100%	
9	手摇轮连续进给	每次仅一轴	
10	切削进给率	G98（mm/min）指令每分钟进给量；G99（mm/r）指令每转进给量	
11	进给倍率	从 0～150%范围内以 10%递增	
12	自动加/减速	快速移动时依比例加减速，切削时依指数加减速	
13	停顿	G04（0～9999.999s）	
14	空运行	空运行时为连续进给	
15	进给保持	在自动运行状态下暂停 *X*、*Z* 轴进给，按程序启动按钮可以恢复自动运行	
16	主轴速度命令	主轴转速由地址 S 和 4 位数字指令指定	
17	刀具功能	由地址 T 和 2 位刀具编号＋2 位刀具补偿号组成	
18	辅助功能	由地址 M 和两位数字组成，每个程序段中只能指令一个 M 码	
19	坐标系设定	G50	
20	绝对值/增量值混合编程	绝对值编程和增量值编程可在同一程序段中使用	
21	程序号	O＋4 位数字（EIA 标准），:＋4 位数字（ISO 标准）	
22	序列号查找	使用 MDI 和 CRT 查找程序中的顺序号	
23	程序号查找	使用 MDI 和 CRT 查找 O 或（:）后面 4 位数字的程序号	
24	读出器/穿孔机接口	PPR 便携式纸带读出器	
25	纸带读出器	250 字符/s（50Hz）　300 字符/s（60Hz）	
26	纸带代码	EIA（RS-244A）　ISO（R-40）	

（续）

序号	名　称	规　格
27	程序段跳	将机床上该功能开关置于“ON”位置上时，跳过程序中带“/”符号的程序段
28	单步程序执行	使程序一段一段地执行
29	程序保护	存储器内的程序不能修改
30	工件程序的存储和编辑	80m/264ft
31	可寄存程序	63 个
32	紧急停止	按下紧急停止按钮所有指令停止，机床也立即停止运动
33	机床锁定	仅滑板不能移动
34	可编程控制器	PMC-L 型
35	显示语言	英文
36	环境条件	环境温度：运行时 0～45℃； 运输和保管时－20～60℃ 相对湿度低于 75％

第二节　数控车床的传动与结构

一、主传动系统及主轴箱结构

（一）主运动传动系统

MJ-50 数控车床的传动系统图如图 2-3 所示。其中主运动传动系统由功率为 11/15kW 的 AC 伺服电动机驱动，经一级 1∶1 的带传动带动主轴旋转，使主轴在 35～3500r/min 的转速范围内实现无级调速，主轴箱内部省去了齿轮传动变速机构，因此减少了原齿轮传动对主轴精度的影响，并且维修方便。

主轴传递的功率或扭矩与转速之间的关系如图 2-4 所示。当机床处在连续运转状态下，主轴的转速在 437～3500r/min 范围内，主轴应能传递电动机的全部功率 11kW，为主轴的恒功率区域Ⅱ（实线）。在这个区域内，主轴的最大输出扭矩（245N·m）应随着主轴转速的增高而变小。主轴转速在 35～437r/min 范围内的各级转速并不需要传递全部功率，但是主轴的输出扭矩不变，称为主轴的恒扭矩区域Ⅰ（实线）。在这个区域内，主轴所能传递的功率随着主轴转速的降低而降低。图中虚线所示为电动机超载（允许超载 30min）时。恒功率区域和恒扭矩区域。电动机的超载功率为 15kW，超载的最大输出扭矩为 334N·m。

（二）主轴箱结构

1．主轴箱结构

MJ-50 数控车床主轴箱结构如图 2-5 所示。交流主轴电动机通过带轮 15 把运动传给主轴 7。主轴有前后两个支承。前支承由一个圆锥孔双列圆柱滚子轴承 11 和一对角接触球轴承 10 组成，轴承 11 用来承受径向载荷，两个角接触球轴承一个大口向外（朝向主轴前端），另一

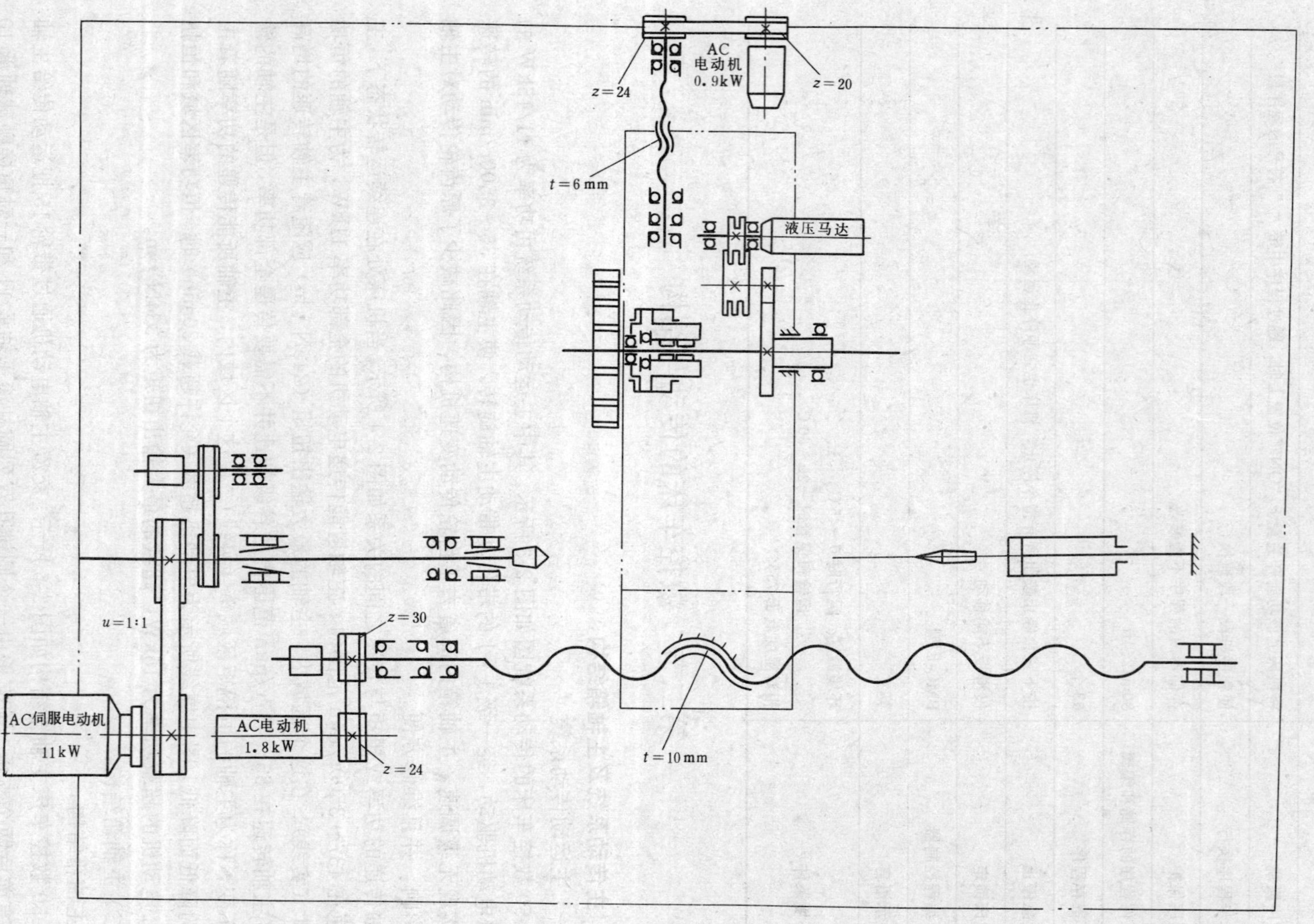

图 2-3 MJ-50 数控车床传动系统图

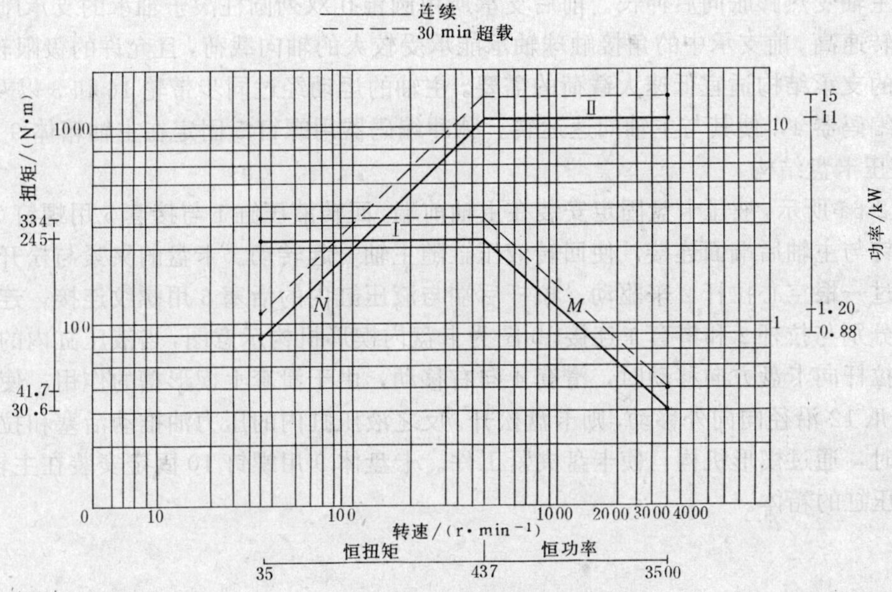

图 2-4　主轴功率扭矩特性

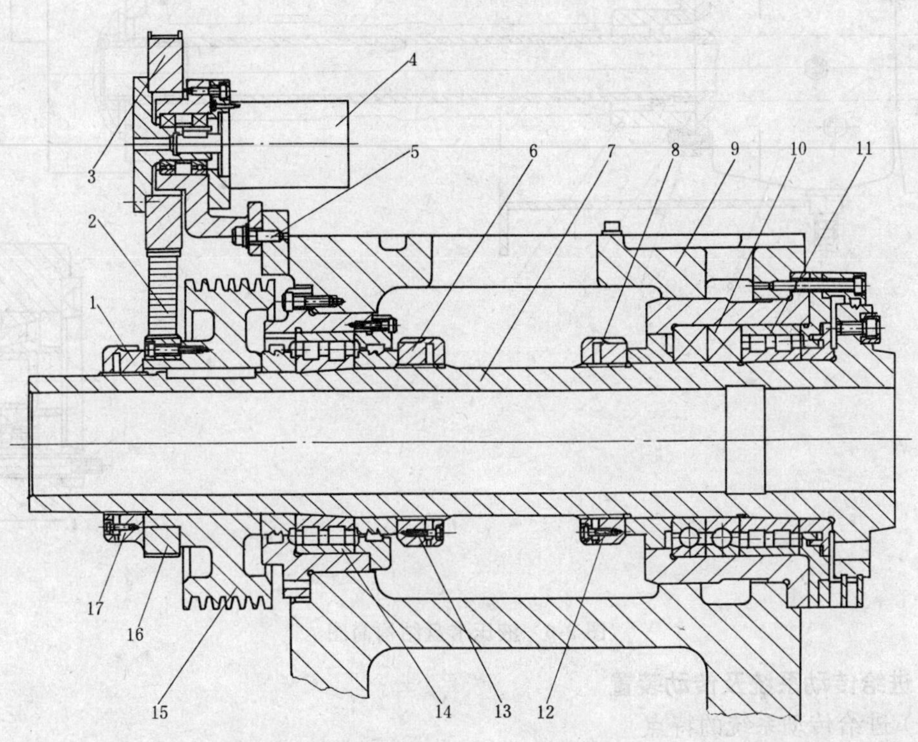

图 2-5　MJ-50 数控车床主轴箱结构简图

个大口向里（朝向主轴后端），用来承受双向的轴向载荷和径向载荷。前支承轴承的间隙用螺母 8 来调整。螺钉 12 用来防止螺母 8 回松。主轴的后支承为圆锥孔双列圆柱滚子轴承 14，轴承间隙由螺母 1 和 6 来调整。螺钉 17 和 13 是防止螺母 1 和 6 回松的。主轴的支承形式为前端定位，主轴受热膨胀向后伸长。前后支承所用圆锥孔双列圆柱滚子轴承的支承刚性好，允许的极限转速高。前支承中的角接触球轴承能承受较大的轴向载荷，且允许的极限转速高。主轴所采用的支承结构适宜低速大载荷的需要。主轴的运动经过同步带轮 16 和 3 以及同步带 2 带动脉冲编码器 4，使其与主轴同速运转。脉冲编码器用螺钉 5 固定在主轴箱体 9 上。

2. 液压卡盘结构

如图 2-6a 所示，液压卡盘固定安装在主轴前端，回转液压缸 1 与接套 5 用螺钉 7 连接，接套通过螺钉与主轴后端面连接，使回转液压缸随主轴一起转动。卡盘的夹紧与松开，由回转液压缸通过一根空心拉杆 2 来驱动。拉杆后端与液压缸内的活塞 6 用螺纹连接，连接套 3 两端的螺纹分别与拉杆 2 和滑套 4 连接。b 图为卡盘内楔形机构示意图，当液压缸内的压力油推动活塞和拉杆向卡盘方向移动时，滑套 4 向右移动，由于滑套上楔形槽的作用，使得卡爪座 11 带着卡爪 12 沿径向向外移动，则卡盘松开。反之液压缸内的压力油推动活塞和拉杆向主轴后端移动时，通过楔形机构，使卡盘夹紧工件。卡盘体 9 用螺钉 10 固定安装在主轴前端。8 为回转液压缸的箱体。

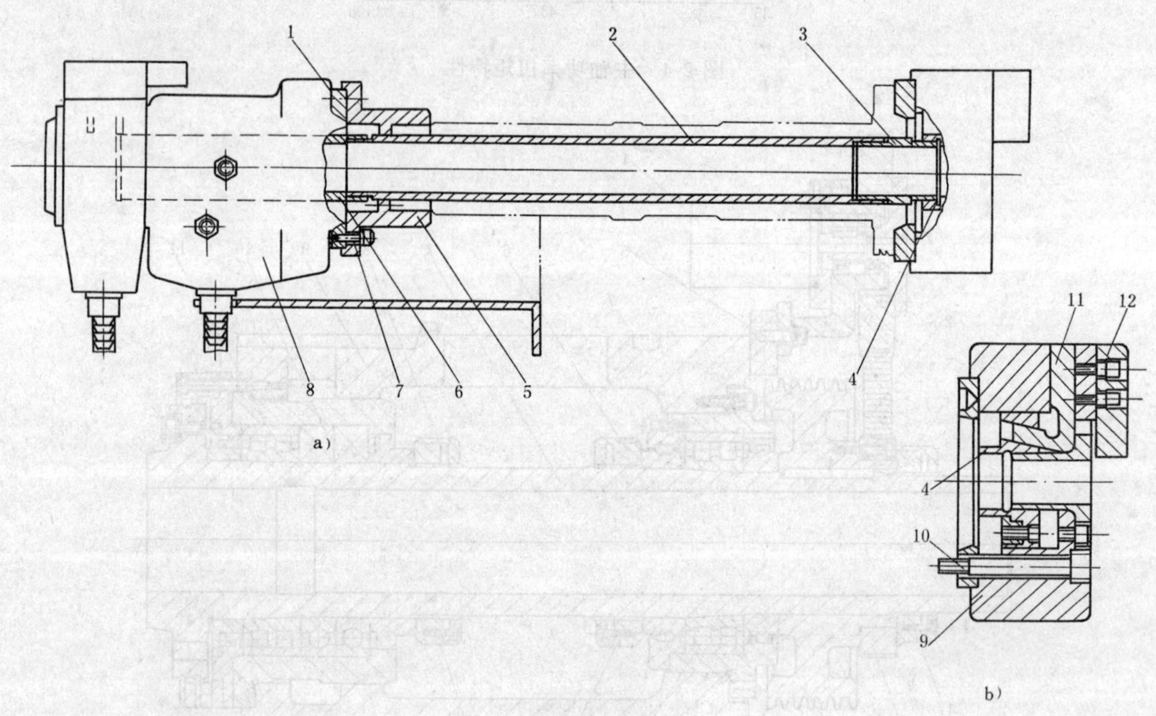

图 2-6　液压卡盘结构简图

二、进给传动系统及传动装置

（一）进给传动系统的特点

数控车床的进给传动系统是控制 X、Z 坐标轴的伺服系统的主要组成部分。它将伺服电动机的旋转运动转化为刀架的直线运动，而且对移动精度要求很高，X 轴最小移动量为 0.0005mm（直径编程），Z 轴最小移动量为 0.001mm。采用滚珠丝杠螺母传动副，可以有效地提高进给系统的灵敏度、定位精度和防止爬行。另外，消除丝杠螺母的配合间隙和丝杠两端的轴承间隙，也有利于提高传动精度。

数控车床的进给系统采用伺服电动机驱动，通过滚珠丝杠螺母带动刀架移动，所以刀架的快速移动和进给运动均为同一传动路线。

（二）进给传动系统

如图 2-3 所示，MJ-50 数控车床的进给传动系统分为 *X* 轴进给传动和 *Z* 轴进给传动。*X* 轴进给由功率为 0.9kW 的交流伺服电动机驱动，经 20/24 的同步带轮传动到滚珠丝杠上，螺母带动回转刀架移动，滚珠丝杠螺距为 6mm。

Z 轴进给也是由交流伺服电动机驱动，经 24/30 的同步带轮传动到滚珠丝杠，其上螺母带动滑板移动。该滚珠丝杠螺距为 10mm，电动机功率为 1.8kW。

（三）进给系统传动装置

1. *X* 轴进给传动装置

图 2-7 是 MJ-50 数控车床 *X* 轴进给传动装置的结构简图。如 a 图所示，AC 伺服电动机 15 经同步带轮 14 和 10 以及同步带 12 带动滚珠丝杠 6 回转，其上螺母 7 带动（如图 b 所示）刀架 21 沿滑板 1 的导轨移动，实现 *X* 轴的进给运动。电动机轴与同步带轮 14 用键 13 连接。滚珠丝杠有前后两个支承。前支承 3 由三个角接触球轴承组成，其中一个轴承大口向前两个轴承大口向后，分别承受双向的轴向载荷。前支承的轴承由螺母 2 进行预紧。其后支承 9 为一对角接触球轴承，轴承大口相背放置，由螺母 11 进行预紧。这种丝杠两端固定的支承形式，其结构和工艺都较复杂，但是可以保证和提高丝杠的轴向刚度。脉冲编码器 16 安装在伺服电动机的尾部。图中 5 和 8 是缓冲块，在出现意外碰撞时起保护作用。

A-A 剖面图表示滚珠丝杠前支承的轴承座 4 用螺钉 20 固定在滑板上。滑板导轨如 *B-B* 剖视图所示为矩形导轨，镶条 17、18、19 用来调整刀架与滑板导轨的间隙。

b 图中 22 为导轨护板，26、27 为机床参考点的限位开关和撞块。镶条 23、24、25 用于调整滑板与床身导轨的间隙。

因为滑板顶面导轨与水平面倾斜 30°，回转刀架的自身重力使其下滑，滚珠丝杠和螺母不能以自锁阻止其下滑，故机床依靠 AC 伺服电动机的电磁制动来实现自锁。

2. *Z* 轴进给传动装置

MJ-50 数控车床 *Z* 轴进给传动装置简图如图 2-8 所示。AC 伺服电动机 14 经同步带轮 12 和 2 以及同步带 11 传动到滚珠丝杠 5，由螺母 4 带动滑板连同刀架沿床身 13 的矩形导轨移动（见图 2-7b），实现 *Z* 轴的进给运动。如 b 图所示电动机轴与同步带轮 12 之间用锥环无键连接，局部放大视图中 19 和 20 是锥面相互配合的内外锥环，当拧紧螺钉 17 时，法兰 18 的端面压迫外锥环 20，使其向外膨胀，内锥环 19 受力后向电动机轴收缩，从而使电动机轴与同步带轮连接在一起。这种连接方式无需在被连接件上开键槽，而且两锥环的内外圆锥面压紧后，使连接配合面无间隙，对中性较好。选用锥环对数的多少，取决于所传递扭矩的大小。

滚珠丝杠的左支承由三个角接触球轴承 15 组成。其中右边两个轴承与左边一个轴承的大口相对布置，由螺母 16 进行预紧。如 a 图所示，滚珠丝杠的右支承 7 为一个圆柱滚子轴承，只用于承受径向载荷，轴承间隙用螺母 8 来调整。滚珠丝杠的支承形式为左端固定，右端浮动，留有丝杠受热膨胀后轴向伸长的余地。3 和 6 为缓冲挡块，起超程保护作用。*B* 向视图中的螺钉 10 将滚珠丝杠的右支承轴承座 9 固定在床身 13 上。

如 b 图所示，*Z* 轴进给装置的脉冲编码器 1 与滚珠丝杠 6 相连接，直接检测丝杠的回转角

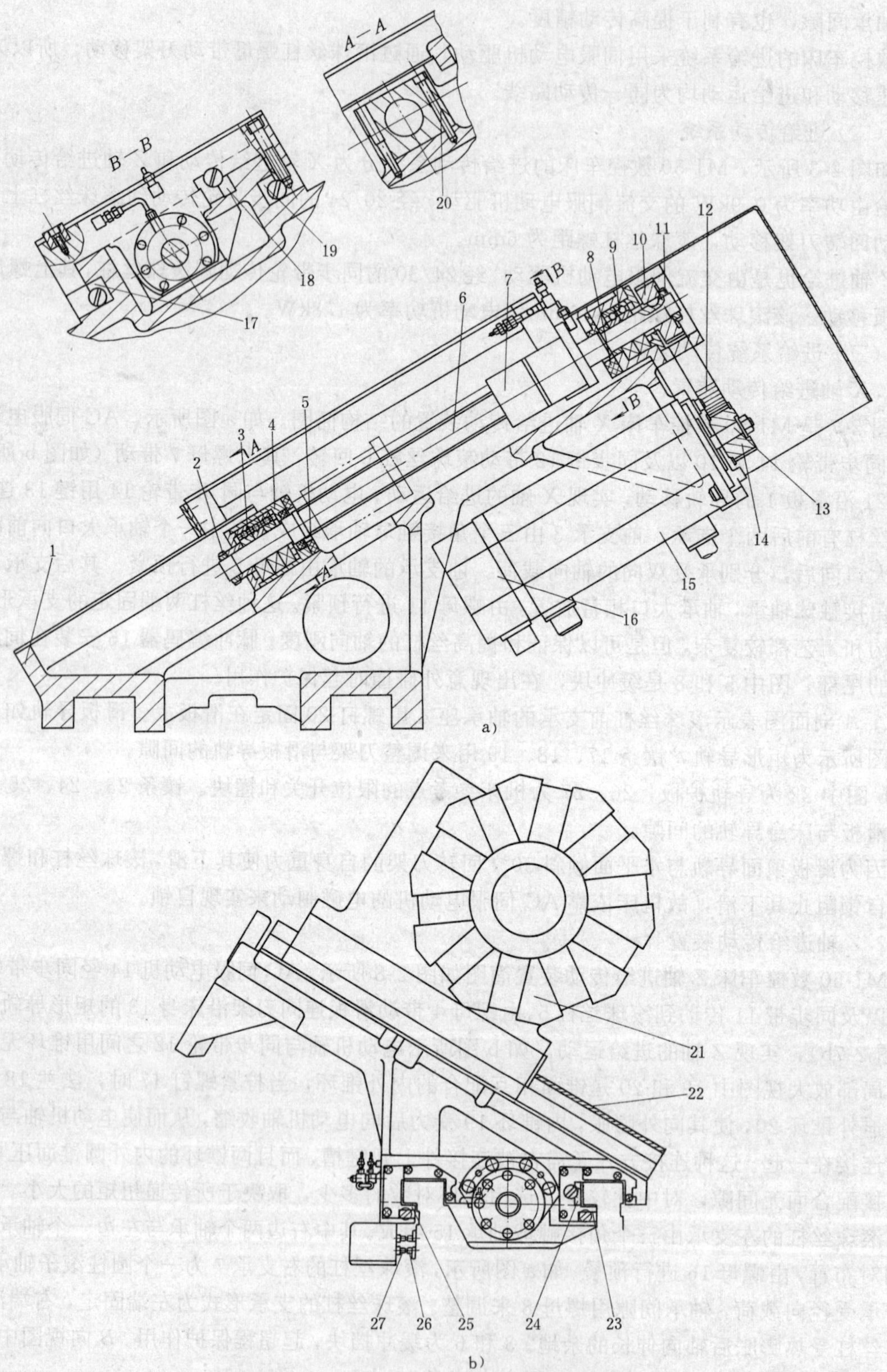

图 2-7　MJ-50 数控车床 X 轴进给装置简图

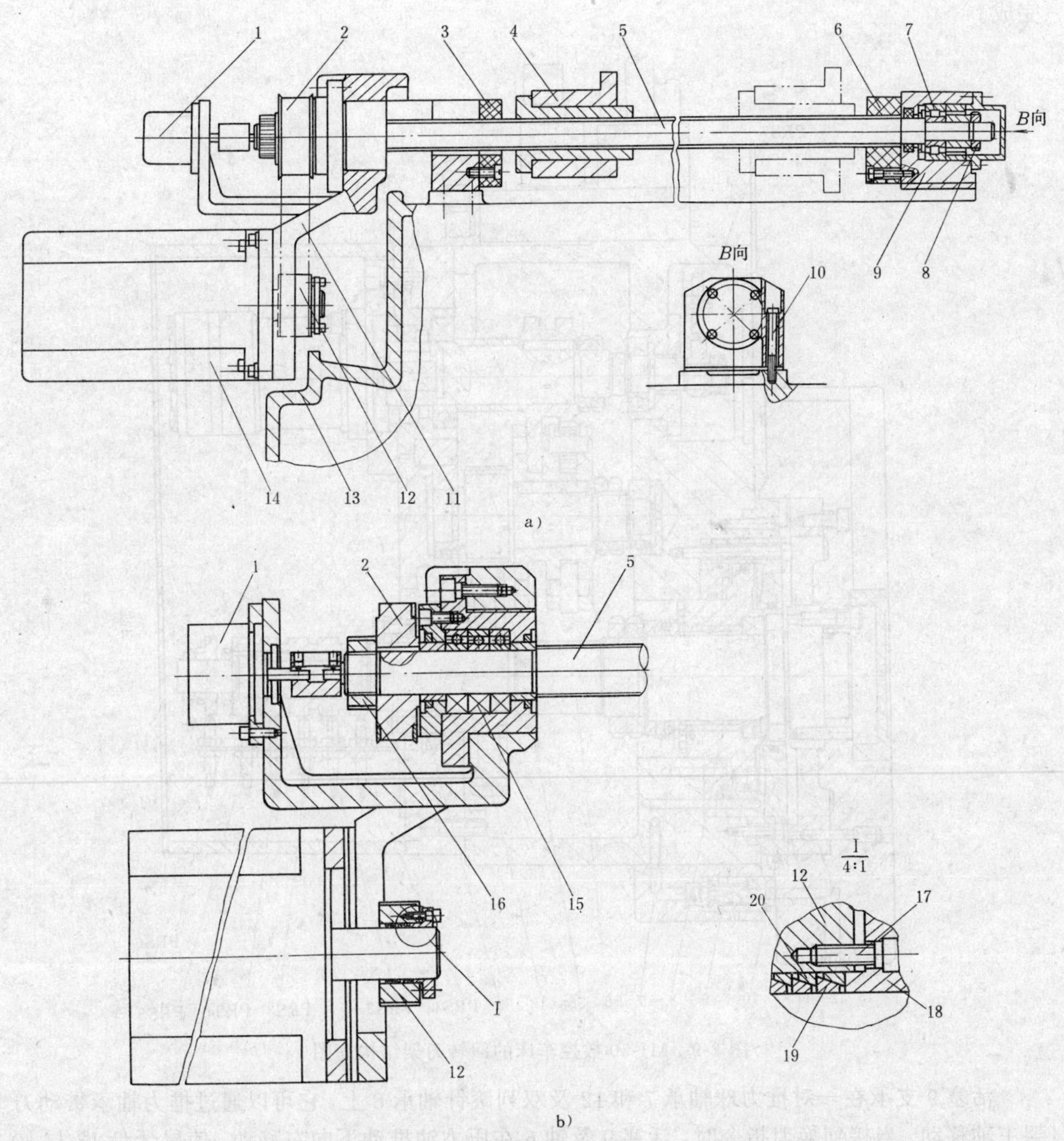

图 2-8 MJ-50 数控车床 Z 轴进给传动装置简图

度，从而提高系统对 Z 向进给的精度控制。

三、自动回转刀架

数控车床的自动回转刀架其转位换刀过程为：当接收到数控系统的换刀指令后，刀盘松开——刀盘旋转到指令要求的刀位——刀盘夹紧并发出转位结束信号。图 2-9 为 MJ-50 数控车床的回转刀架结构简图。

如图所示，该回转刀架的夹紧与松开、刀盘的转位均由液压系统驱动、PC 顺序控制来实现。11 是安装刀具的刀盘，它与轴 6 固定连接。当刀架主轴 6 带动刀盘旋转时，其上的鼠牙盘 13 和固定在刀架上的鼠牙盘 10 脱开，旋转到指定刀位后，刀盘的定位由鼠牙盘的啮合来完成。

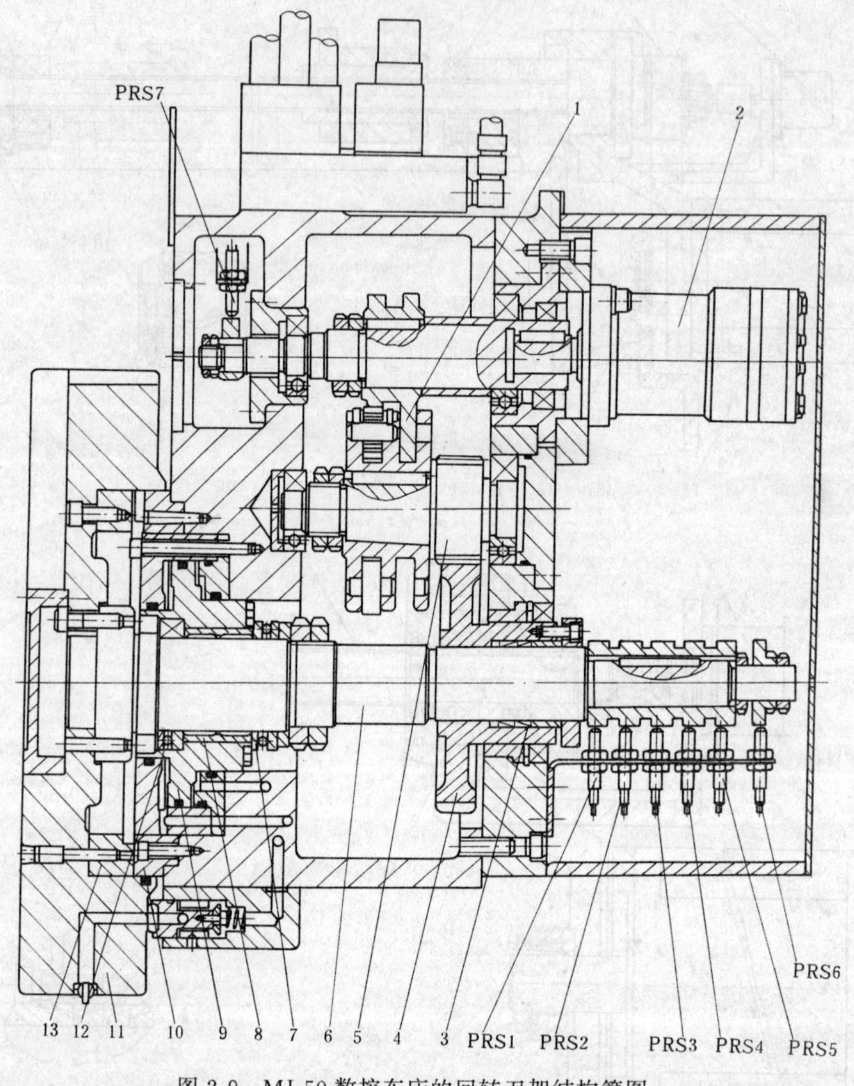

图 2-9　MJ-50 数控车床的回转刀架结构简图

活塞 9 支承在一对推力球轴承 7 和 12 及双列滚针轴承 8 上，它可以通过推力轴承带动刀架主轴移动。当接到换刀指令时，活塞 9 及轴 6 在压力油推动下向左移动，使鼠牙盘 13 与 10 脱开，液压马达 2 启动带动平板共轭分度凸轮 1 转动，经齿轮 5 和齿轮 4 带动刀架主轴及刀盘旋转。刀盘旋转的准确位置，通过开关 PRS1、PRS2、PRS3、PRS4 的通断组合来检测确认。当刀盘旋转到指定的刀位后，接近开关 PRS7 通电，向数控系统发出信号，指令液压马达停转，这时压力油推动活塞 9 向右移动，使鼠牙盘 10 和 13 啮合，刀盘被定位夹紧。接近开关 PRS6 确认夹紧并向数控系统发出信号，于是刀架的转位换刀循环完成。

在机床自动工作状态下，当指定换刀的刀号后，数控系统可以通过内部的运算判断，实现刀盘就近转位换刀，即刀盘可正转也可反转。但当手动操作机床时，从刀盘方向观察，只允许刀盘顺时针转动换刀。

四、机床尾座

MJ-50数控车床出厂时一般配置标准尾座。图2-10为尾座结构简图。尾座体的移动由滑板带动移动。尾座体移动后，由手动控制的液压缸将其锁紧在床身上。

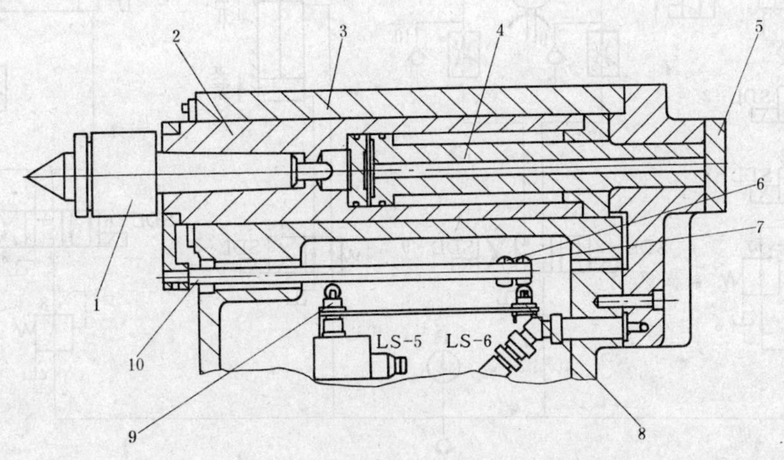

图2-10 MJ-50数控车床尾座结构简图

在调整机床时，可以手动控制尾座套筒移动。顶尖1与尾座套筒2用锥孔连接，尾座套筒可带动顶尖一起移动。在机床自动工作循环中，可通过加工程序由数控系统控制尾座套筒的移动。当数控系统发出尾座套筒伸出的指令后，液压电磁阀动作，压力油通过活塞杆4的内孔进入套筒液压缸2的左腔，推动尾座套筒伸出。当数控系统指令其退回时，压力油进入套筒液压缸的右腔，从而使尾座套筒退回。

尾座套筒移动的行程，靠调整套筒外部连接的行程杆10上面的移动挡块6来完成。图中所示移动挡块的位置在右端极限位置时，套筒的行程最长。

当套筒伸出到位时，行程杆上的挡块6压下确认开关9，向数控系统发出尾座套筒到位信号。当套筒退回时，行程杆上的固定挡块7压下确认开关8，向数控系统发出套筒退回的确认信号。

第三节 数控车床的液压原理图及换刀控制

MJ-50数控车床卡盘的夹紧与松开、卡盘夹紧力的高低压转换、回转刀架的松开与夹紧、刀架刀盘的正转反转、尾座套筒的伸出与退回都是由液压系统驱动的，液压系统中各电磁阀电磁铁的动作是由数控系统的PC控制实现的。

一、液压系统原理图

图2-11是MJ-50数控车床液压系统原理图。机床的液压系统采用单向变量液压泵，系统压力调整至4MPa，由压力表14显示。泵出口的压力油经过单向阀进入控制油路。

（一）卡盘动作的控制

主轴卡盘的夹紧与松开，由一个2位四通电磁阀1控制。卡盘的高压夹紧与低压夹紧的转换，由电磁阀2控制。当卡盘处于正卡（也称外卡）且在高压夹紧状态下，夹紧力的大小由减压阀6来调整，由压力表12显示卡盘压力。系统压力油经减压阀6──→电磁阀2（左

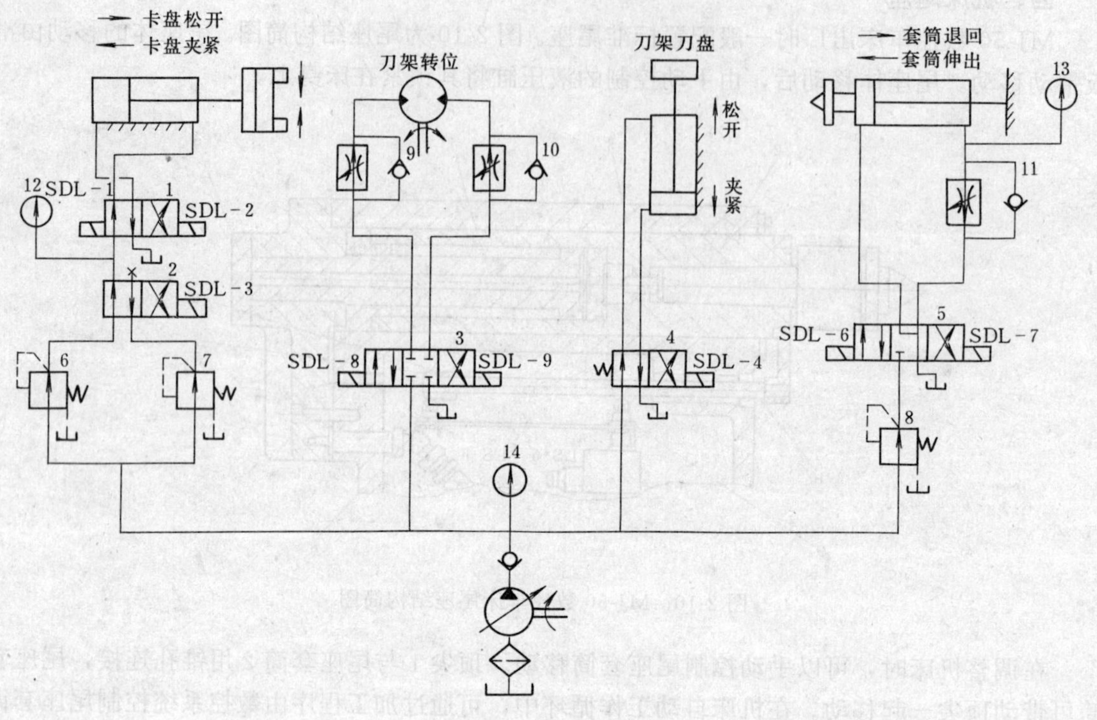

图 2-11 液压系统原理

位）⟶电磁阀 1（左位）⟶液压缸右腔，活塞杆左移，卡盘夹紧。这时液压缸左腔的油液经阀 1（左位）直接回油箱。反之，系统压力油经减压阀 6⟶电磁阀 2（左位）⟶电磁阀 1（右位）⟶液压缸左腔，活塞杆右移，卡盘松开。这时液压缸右腔的油液经阀 1（右位）直接回油箱。当卡盘处于正卡且在低压夹紧状态下，夹紧力的大小由减压阀 7 来调整。系统压力油经减压阀 7⟶电磁阀 2（右位）⟶电磁阀 1（左位）⟶液压缸右腔，卡盘夹紧。反之，系统压力油经减压阀 7⟶电磁 2（右位）⟶电磁阀 1（右位）⟶液压缸左腔，卡盘松开。

（二）回转刀架动作的控制

回转刀架换刀时，首先是刀盘松开，之后刀盘就近转位到达指定的刀位，最后刀盘复位夹紧。刀盘的夹紧与松开，由一个 2 位四通电磁阀 4 控制。刀盘的旋转有正转和反转两个方向，它由一个 3 位四通电磁阀 3 控制，其旋转速度分别由调速阀 9 和 10 控制。电磁阀 4 在右位时，刀盘松开，系统压力油经电磁阀 3（左位）⟶调速阀 9⟶液压马达，刀架正转。若系统压力油经电磁阀 3（右位）⟶调速阀 10⟶液压马达，则刀架反转。电磁阀 4 在左位时，刀盘夹紧。

（三）尾座套筒动作的控制

尾座套筒的伸出与退回由一个 3 位四通电磁阀 5 控制，套筒伸出工作时的预紧力大小通过减压阀 8 来调整，并由压力表 13 显示。系统压力油经减压阀 8⟶电磁阀 5（左位）⟶液压缸左腔，套筒伸出。这时液压缸右腔油液经阀 11⟶电磁阀 5（左位）回油箱。反之，系统压力油经减压阀 8⟶电磁阀 5（右位）⟶阀 11⟶液压缸右腔，套筒退回。这时液压缸左腔的油液经电磁阀 5（右位）直接回油箱。

各电磁阀电磁铁动作如表 2-2 所示。

二、回转刀架转位换刀的控制

回转刀架的自动转位换刀是由 PC 顺序控制实现的。在机床自动加工过程中，当完成一个工步需要换刀时，加工程序中的 T 代码指令回转刀架转位换刀。这时由 PC 输出执行信号，首先使电磁铁线圈 SDL-4 得电动作，刀盘松开，同时刀盘的夹紧确认开关 PRS6 断电，并延时 200ms。之后，根据 T 代码指定的刀具号，由液压马达驱动刀盘，就近转位选刀，若 SDL-8 得电则刀架正转，若 SDL-9 得电则刀架反转。刀架转位后是否到达 T 代号指定的刀具位置，由一组刀号确认开关 PRS1～PRS4 并与奇偶校验开关 PRS5 来确认。如果指令的刀具到位，开关 PRS7 通电，发出液压马达停转信号，使电磁铁线圈 SDL-8 或 SDL-9 失电，液压马达停转。同时，SDL-4 失电，刀盘夹紧，即完成了回转刀架的一次转位换刀动作。这时，开关 PRS6 通电，确认刀盘已夹紧，机床可以进行下一个动作。回转刀架转位换刀的流程图如图 2-12 所示。

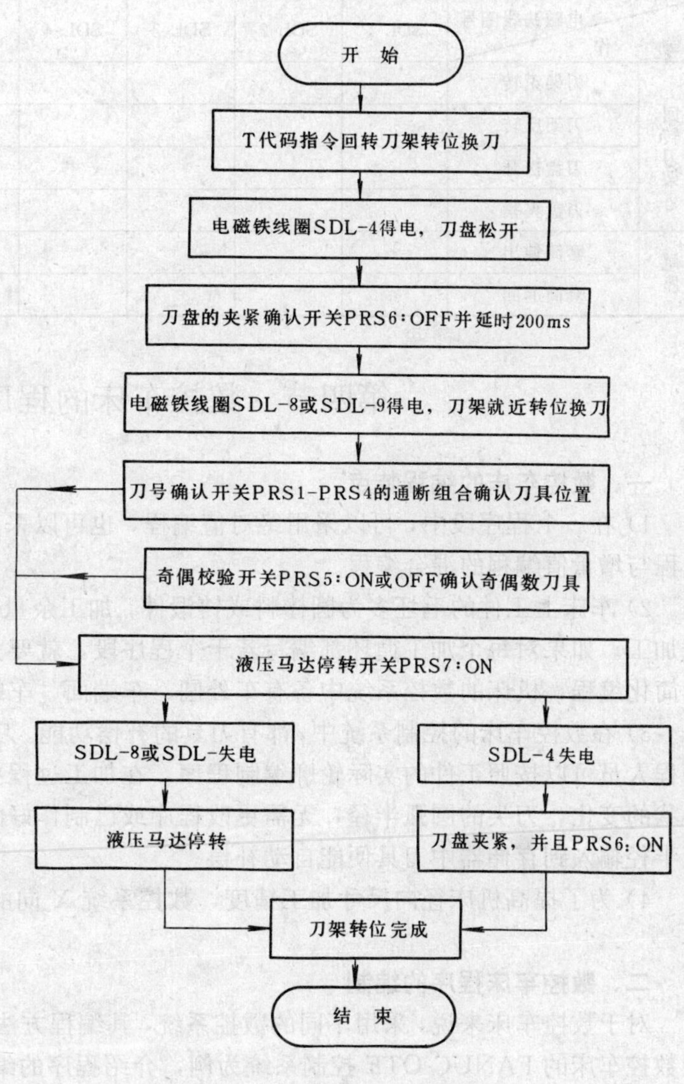

图 2-12 回转刀架转位流程图

表 2-2 电磁铁动作顺序表

动作 \ 电磁铁线圈号			SDL-1	SDL-2	SDL-3	SDL-4	SDL-8	SDL-9	SDL-6	SDL-7
卡盘正卡	高压	夹紧	+	−	−					
		松开	−	+	−					
	低压	夹紧	+	−	+					
		松开	−	+	+					
卡盘反卡	高压	夹紧	−	+	−					
		松开	+	−	−					
	低压	夹紧	−	+	+					
		松开	+	−	+					

（续）

动作	电磁铁线圈号	SDL-1	SDL-2	SDL-3	SDL-4	SDL-8	SDL-9	SDL-6	SDL-7
回转刀架	刀架正转					+	−		
	刀架反转					−	+		
	刀盘松开				+				
	刀盘夹紧				−				
尾座	套筒伸出							+	−
	套筒退回							−	+

第四节　数控车床的程序编制

一、数控车床的编程特点

1）在一个程序段中，可以采用绝对值编程，也可以采用增量值编程，还可以采用绝对值编程与增量值编程的混合编程。

2）车床上工件的毛坯多为圆棒料或铸锻件，加工余量较大，一个表面需要进行多次反复的加工。如果对每个加工循环都编写若干个程序段，就要大大增加编程的工作量。因此，为了简化编程，机床的数控系统中备有车外圆、车端面、车螺纹等不同形式的循环功能。

3）在数控车床的控制系统中，都有刀具的补偿功能。刀具的补偿功能为编程提供了方便。编程人员可以按照工件的实际轮廓编制程序，在加工过程中，对刀具位置的变化，刀具几何形状的变化，刀尖的圆弧半径，无需更改程序或已制作好的穿孔带，只是将变化的尺寸或圆弧半径输入到存储器中刀具便能自动补偿。

4）为了提高机床径向尺寸加工精度，数控系统 X 向的脉冲当量取为 Z 向脉冲当量的一半。

二、数控车床程序的编制

对于数控车床来说，采用不同的数控系统，其编程方法也不尽相同。这里，我们以 MJ-50 型数控车床的 FANUC-OTE 控制系统为例，介绍程序的编制及相关问题。

（一）编制程序前的预备工作

1. 阅读机床说明书和编程手册

在编制程序前要认真阅读机床说明书和编程手册，以便于了解机床的结构和数控系统的功能及其他的有关参数。

OTE 系统的准备功能如表 2-3 所示，辅助功能如表 2-4 所示。

本系统可以采用 ISO 或 EIA 代码。编程时使用字地址程序段格式，小数点编程。

采用绝对值编程用符号 X、Z 表示，采用增量值编程用符号 U、W 表示。在实际编程中，通常用绝对值编程，这样可以减少编程的错误。有时为了免去编程时的一些尺寸计算，绝对值编程和增量值编程在同一程序段中混用。

2. 制定加工工艺

根据零件图样对工件的形状、加工精度、技术条件、毛坯等进行详细分析，并在此基础上确定加工的工步顺序和装夹方法，合理选用切削用量和刀具的形状、尺寸、规格以及在回转刀架上的安装位置等等。

编程者在编程时，应特别注意：选择最佳的切削条件；选择最短的刀具途径，以提高效率；充分利用机床数控系统的指令功能，以简化编程。

表 2-3　准备功能

序号	代码	组别	功　能	序号	代码	组别	功　能
1	*G00	01	快速定位	17	G50	00	坐标系设定、主轴最大速度设定
2	G01		直线插补	18	G65		调用宏指令
3	G02		圆弧插补（顺时针）	19	G70	00	精车循环
4	G03		圆弧插补（逆时针）	20	G71		外圆粗车循环
5	G04	00	暂停	21	G72		端面粗车循环
6	G10		数据设定	22	G73		固定形状粗车循环
7	G20	06	英制输入	23	G74		端面钻孔循环
8	*G21		米制输入	24	G75		外圆车槽循环
9	*G25	08	主轴速度波动检测断	25	G76		多头螺纹循环
10	G26		主轴速度波动检测通	26	G90	01	外圆切削循环
11	G27	00	参考点返回检查	27	G92		螺纹切削循环
12	G28		参考点返回	28	G94		端面切削循环
13	G32	01	螺纹切削	29	G96		主轴恒线速控制
14	*G40	07	取消刀尖半径补偿	30	*G97		取消主轴恒线速控制
15	G41		刀尖半径左补偿	31	G98		每分钟进给
16	G42		刀尖半径右补偿	32	*G99		每转进给

注：1. 00 组的 G 代码为非模态，其他各组中的 G 代码均为模态。

2. 标有 * 的 G 代码为数控系统通电后的状态。

表 2-4　辅助功能

序　号	代　码	功　能	序　号	代　码	功　能
1	M00	程序停止	9	M23	切削螺纹倒角
2	M01	选择停止	10	M23	切削螺纹不倒角
3	M02	程序结束	11	M25	误差检测
4	M03	主轴正转	12	M26	误差检测取消
5	M04	主轴反转	13	M30	复位并返回程序开始
6	M05	主轴停止	14	M98	调子程序
7	M08	冷却开	15	M99	返回主程序
8	M09	冷却关			

（二）坐标系的设定

在编写工件的加工程序时，首先是设定坐标系。

1. 机床坐标系的设定

机床欲对工件的车削进行程序控制，必须首先设定机床坐标系。对于数控车床，我们要了解下面的概念：

机床原点：机床原点为机床上的一个固定点，数控车床一般将其定义在主轴前端面的中心。

机床坐标系：是以机床原点为坐标原点建立的 X、Z 轴两维坐标系。Z 轴与主轴中心线重合，为纵向进刀方向；X 轴与主轴垂直，为横向进刀方向。

机床参考点：是指刀架中心退离距机床原点最远的一个固定点。该点在机床制造厂出厂时已调试好，并将数据已输入到数控系统中。

MJ-50 数控车床的机床坐标系及机床参考点与机床原点的相对位置如图 2-13 所示。

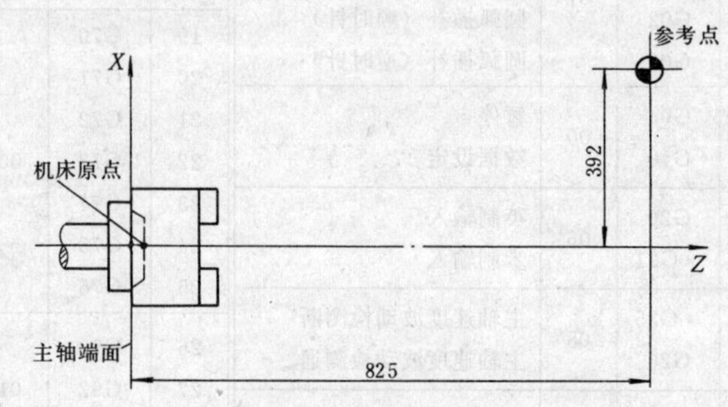

图 2-13 机床坐标系

数控车床开机时，必须先确定机床参考点，我们也称其为刀架返回机床参考点的操作。只有机床参考点确定以后，车刀移动才有了依据，否则，不仅编程无基准，还会发生碰撞等事故。

机床参考点的位置由设置在机床 X 向、Z 向滑板上的机械挡块通过行程开关来确定。当刀架返回机床参考点时，装在 X 向和 Z 向滑板上的两挡块分别压下对应的开关，向数控系统发出信号，停止滑板运动，即完成了返回机床参考点的操作。在机床通电之后，刀架返回参考点之前，不论刀架处于什么位置，此时，CRT 屏幕上显示 X、Z 坐标值均为 0。当完成了返回机床参考点的操作后，CRT 屏幕上立即显示出刀架中心在机床坐标系中的坐标值，即建立起了机床坐标系。

机床参考点在以下三种情况下必须设定：

1）机床关机以后重新接通电源开关时。

2）机床解除急停状态后。

3）机床超程报警信号解除之后。

在上述三种情况下，数控系统失去了对机床参考点的记忆，因此必须进行返回机床参考点的操作。

2. 工件坐标系的设定

当采用绝对值编程时，必须首先设定工件坐标系。该坐标系与机床坐标系是不重合的。

工件坐标系是用于确定工件几何图形上各几何要素（如点、直线、圆弧等）的位置而建立的坐标系，是编程人员在编程时使用的。工件坐标系的原点就是工件原点。而工件原点是人为设定的。数控车床工件原点一般设在主轴中心线与工件左端面或右端面的交点处。

设定工件坐标系就是以工件原点为坐标原点，确定刀具起始点的坐标值。工件坐标系设定后，CRT 屏幕上显示的是车刀刀尖相对工件原点的坐标值。编程时，工件的各尺寸的坐标值都是相对工件原点而言的。因此，数控车床的工件原点又是程序原点。

建立工件坐标系使用 G50 准备功能指令，如图 2-14 所示，O 为工件原点，P_0 为刀具起始点，设定工件坐标系的指令为

G50　X300　Z480

工件原点是设定在工件左端面的中心还是设定在右端面的中心，主要是考虑工件图样上的尺寸能够方便地换算成坐标值，以方便编程，例如车削图 2-15 的阶梯轴。

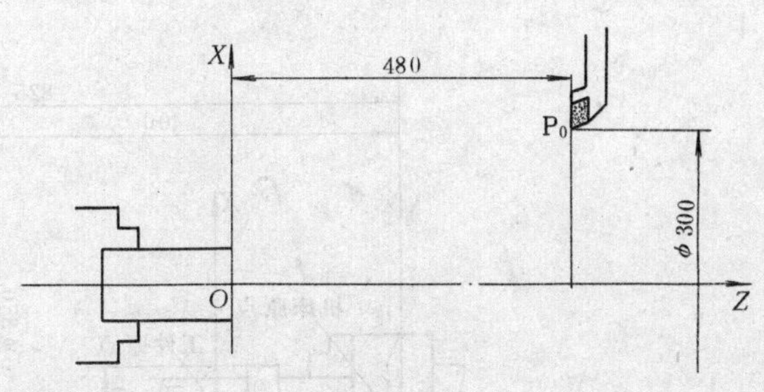

图 2-14　工件坐标系

同是车 ϕ40mm 端面和 ϕ40mm×20mm 外圆，如 a 图所示，将程序原点设定在工件左端面的 O 点，车 ϕ40mm 端面时的程序如下（不考虑 F、S、T、M 功能）：

……

N150　G00　X46.　Z60.；

N160　G01　X0；

……

车 ϕ40mm×20mm 外圆的程序如下：

……

N150　G00　X40.　Z62.；

N160　G01　　　　Z40.；

……

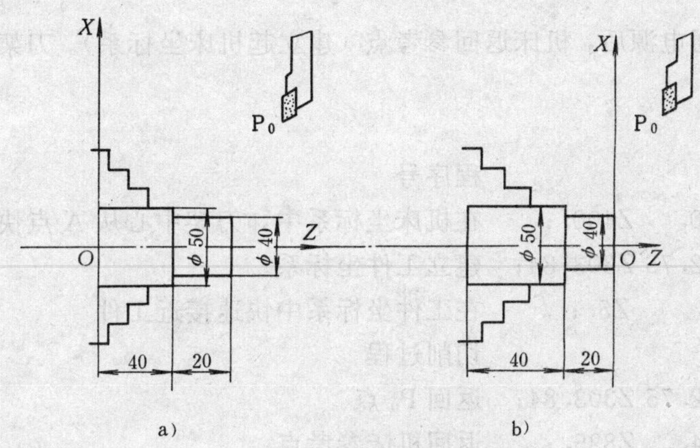

图 2-15　工件原点的确定

如 b 图所示，将工件原点设定在工件右端面的 O 点，车 ϕ40mm 端面的程序如下：

……

N150　G00　X46.　Z0.；

N160　G01　X0；

……

车 ϕ40mm×20mm 外圆的程序如下：

……

N150　G00　X40.　Z2.；

N160　G01　　　　Z-20；

从上述两例可以看出，将工件坐标系的程序原点设定在工件的右端面要比设定在工件左端面时计算各尺寸的坐标值方便，从而给编程带来方便，故推荐采用 b 图的方案，将程序原点设定在工件右端面的中心。

车床刀架的换刀点是指刀架转位换刀时所在的位置。换刀点是任意一点，可以和刀具起始点重合，它的设定原则是以刀架转位时不碰撞工件和机床上其他部件为准则。换刀点的坐标值一般用实测的方法来设定。

用 G50 指令设定工件坐标系的实例：加工如图 2-16 所示的工件。

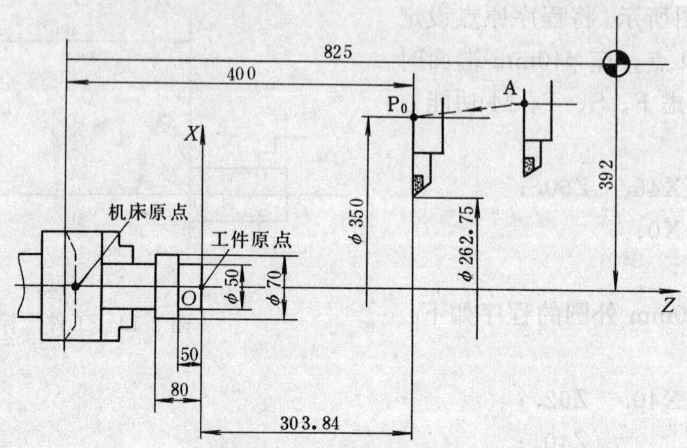

图 2-16　设定工件坐标系实例

初始条件：接通电源后，机床返回参考点（建立起机床坐标系）。刀架中心位于机床坐标系中任意点 A 处。

加工程序

O0010	程序号
N110 G00 X350.　　Z400.；	在机床坐标系中，刀架中心从 A 点快速定位到 P_0 点
N120 G50 X262.75 Z303.84；	建立工件坐标系
N130 G00 X50.　　Z5.；	在工件坐标系中快速接近工件
…	切削过程
N200 G00 X262.75 Z303.84；	返回 P_0 点
N210 G00 X784.　　Z825.；	返回机床参考点
N220 M30	程序结束

（三）刀具补偿功能

刀具功能称为 T 功能，它是进行刀具选择和刀具补偿的功能。指令格式为

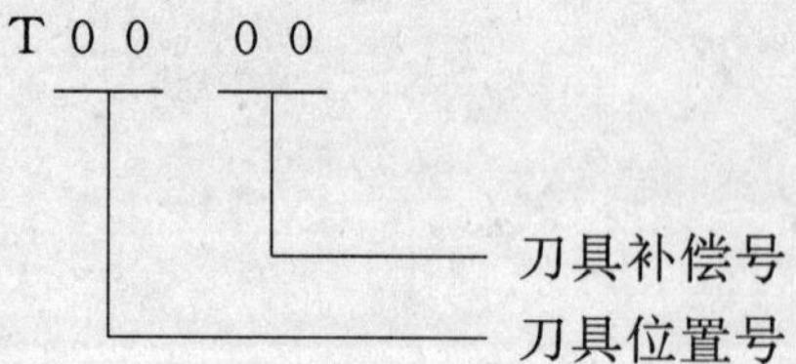

刀具补偿号从 01 组开始，00 组表示取消刀补。通常以同一编号指令刀位号和刀具补偿号，以减少编程时的错误。

数控车床的刀具补偿功能包括刀具位置补偿和刀尖圆弧半径补偿两个方面。

1. 刀具位置补偿

刀具的位置补偿又称为刀具偏置补偿或刀具偏移补偿。在下面三种情况下，均需进行刀

具位置的补偿。

1）在实际加工中，通常是用不同尺寸的若干把刀具加工同一轮廓尺寸的零件，而编程时是以其中一把刀为基准设定工件坐标系的，因此必须将所有刀具的刀尖都移到此基准点。利用刀具位置补偿功能，即可完成。

2）对同一把刀来说，当刀具重磨后再把它准确地安装到程序所设定的位置是非常困难的，总是存在着位置误差。这种位置误差在实际加工时便成为加工误差。因此在加工以前，必须用刀具位置补偿功能来修正安装位置误差。

3）每把刀具在其加工过程中，都会有不同程度的磨损，而磨损后刀具的刀尖位置与编程位置存在差值，这势必造成加工误差。这一问题也可以用刀具位置补偿的方法来解决。

刀具位置补偿通常是用手动对刀和测量工件加工尺寸的方法，测出每把刀具的位置补偿量并输入到相应的存储器中。当程序执行了刀具位置补偿功能之后，刀尖的实际位置就代替了原来的位置。

值得说明的是，刀具位置补偿一般是在换刀指令后第一个含有移动指令的程序段中进行，或者说位置补偿是在上个程序段的执行过程中完成的，例如 N10 程序段。

N10　G00　X50.　Z78.　T0100；

该程序段中没有刀补，刀尖运动轨迹如图 2-17a 中实线所示，即从 P_0 运动到 P_1。

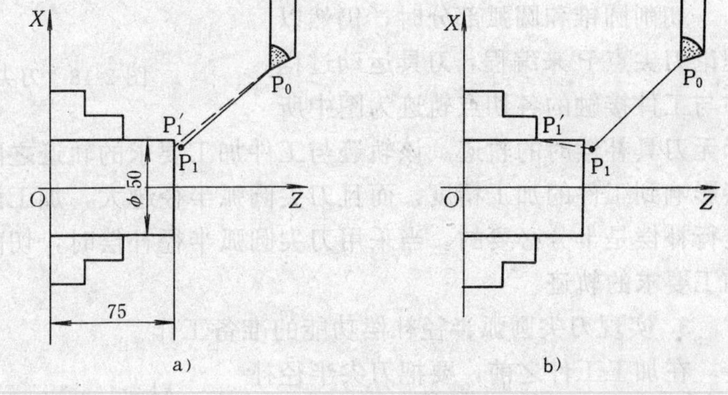

图 2-17　补偿程序执行情况

当 N10 程序增加了刀补之后变为

N10　G00　X50.　Z78.　T0101；

刀具的位置补偿量是在 01 号的存储器中，设定 $X=+2$、$Z=-2$，其运动结果如 a 图中虚线所示，刀尖从 P_0 运动到 P_1'。如果下一个程序段是车 50 外圆，那么刀尖由 P_1' 点开始运动，加工出的工件表面是符合零件图样要求的。

如果采用下面的两程序段，其结果就不同了。

N10　G00　X50.　Z78.　T0100；

N20　G01　　　　Z15.　T0101；

执行完 N10 程序段后，刀尖从 P_0 运动到 P_1，执行 N20 时再进行刀具补偿，切削出的工件表面必然是圆锥面，如 b 图中虚线所示，故加工出的是不合格的工件。

取消刀具位置补偿是在加工完该刀的工序之后，返回换刀点的程序段中执行。

2. 刀尖圆弧半径补偿

编制数控车床加工程序时，将车刀刀尖看作一个点。但是为了提高刀具寿命和降低加工表面的粗糙度 R_a 值，通常是将车刀刀尖磨成半径不大的圆弧，一般圆弧半径 R 在 0.4～1.6mm 之间。如图 2-18 所示，编程时以理论刀尖点 P 来编程，数控系统控制 P 点的运动轨迹。而切削时，实际起作用的切削刃是圆弧的各切点，这势必会产生加工表面的形状误差。而刀尖圆弧半径补偿功能就是用来补偿由于刀尖圆弧半径引起的工件形状误差。

切削工件右端面时，车刀圆弧的切点A与理论刀尖点P的Z坐标值相同，车外圆时车刀圆弧的切点B与P点的X坐标值相同，切削出的工件没有形状误差和尺寸误差，因此可以不考虑刀尖半径补偿。如果切削外圆后继续切削虚线所示的端面，则在外圆与端面的连接处，存在加工误差BCD（误差值为刀尖圆弧半径），这一加工误差是不能靠刀尖半径补偿方法来修正的。

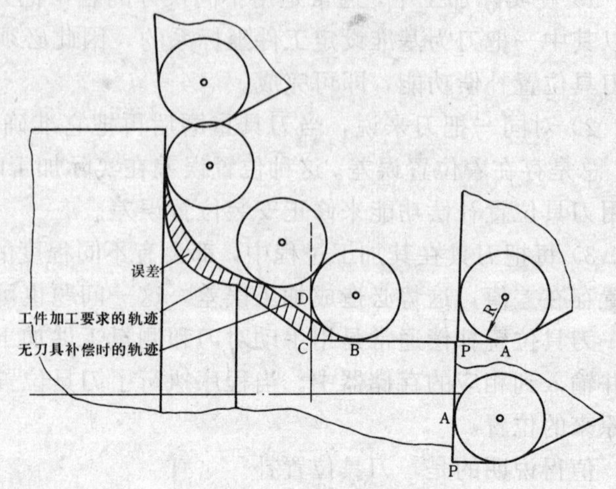

图 2-18　刀尖圆弧半径对加工精度的影响

切削圆锥和圆弧部分时，仍然以理论刀尖点P来编程，刀具运动过程中与工件接触的各切点轨迹为图中所示无刀具补偿时的轨迹。该轨迹与工件加工要求的轨迹之间存在着图中斜线部分的误差，直接影响到工件的加工精度，而且刀尖圆弧半径越大，加工误差越大。可见，对刀尖圆弧半径进行补偿是十分必要的。当采用刀尖圆弧半径补偿时，切削出的工件轮廓就是图中所示工件加工要求的轨迹。

3. 实现刀尖圆弧半径补偿功能的准备工作

在加工工件之前，要把刀尖半径补偿的有关数据输入到存储器中，以便使数控系统对刀尖的圆弧半径所引起的误差进行自动补偿。

(1) 刀尖半径

工件的形状与刀尖半径的大小有直接关系，必须将刀尖圆弧半径输入到存储器中。

(2) 车刀的形状和位置参数

车刀的形状有很多，它能决定刀尖圆弧所处的位置，因此也要把代表车刀形状和位置的参数输入到存储器中。我们将车刀的形状和位置参数称为刀尖方位T。车刀的形状和位置如图2-19所示，分别用参数0～9表示，P点为理论刀尖点。

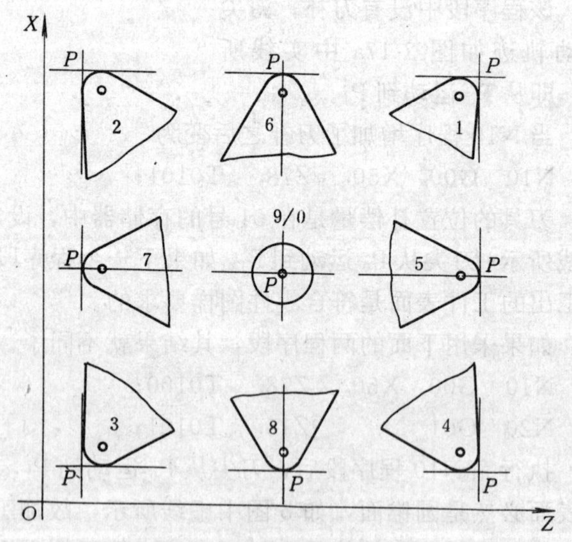

图 2-19　车刀形状和位置

表2-5列出了典型车刀的形状、位置和参数之间的关系。

(3) 参数的输入

与每个刀具补偿号相对应有一组X和Z的刀具位置补偿值、刀尖圆弧半径R以及刀尖方

表 2-5　典型车刀的形状、位置和参数之间的关系

参数	刀尖圆弧的位置	典　型　车　刀　形　状
3	P	
8	P	
4	P	
5	P	
1	P	
6	P	
2	P	
7	P	

位 T 值，输入刀尖圆弧半径补偿值时，就是要将参数 R 和 T 输入到存储器中。例如某程序中编入下面的程序段：

N100　G00　G42　X100　Z3　T0101；

此时若输入刀具补偿号为 01 的参数，CRT 屏幕上显示图 2-20 的内容。在自动加工工件的过程中，数控系统按照 01 刀具补偿栏内的 X、Z、R、T 的数值，自动修正刀具的位置误差和自动进行刀尖圆弧半径的补偿。

程序号为 O0002 的程序中各刀具补偿值均已被输入存储器，CRT 屏幕上显示各刀具补偿号对应的刀补值如图 2-21 所示。

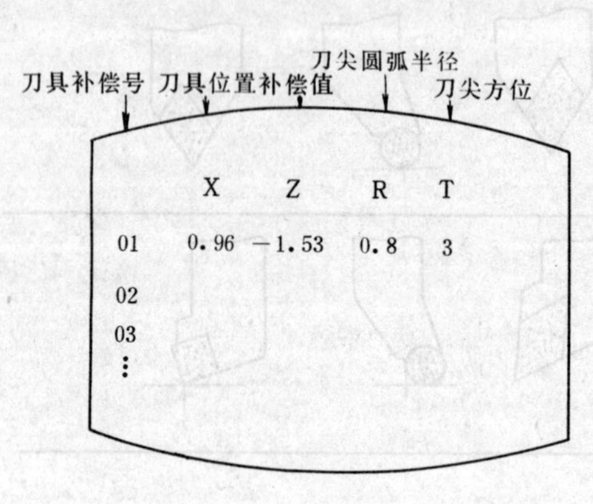

图 2-20　显示器屏幕显示刀补参数

OFFSET/WEAR　　　　O0002　N0400

No	X	Z	R	T
01	001.060	001.200	002.000	1
02	000.750	000.300	000.800	2
03	001.008	001.430	000.000	0
04	000.020	000.090	000.000	0
05	000.520	002.000	000.000	0
06	000.240	000.000	000.000	0
07	000.000	000.000	000.000	0
08	000.000	000.000	000.000	0

ACTUAL　POSITION（RELATIUE）

U　476　　　W　532

S　0　T0800

ADRS　　　JOG

图 2-21　刀具补偿值显示

4. 刀尖圆弧半径补偿的方向

在进行刀尖圆弧半径补偿时，刀具和工件的相对位置不同，刀尖半径补偿的指令也不同。图 2-22 表示了刀尖半径补偿的两种不同方向。

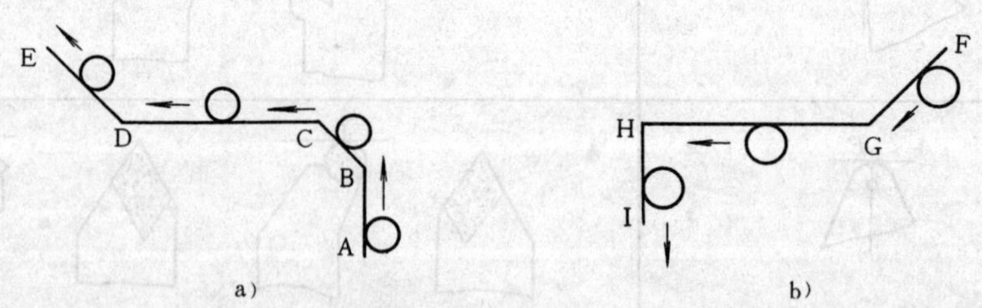

图 2-22　刀尖圆弧半径补偿方向

a）刀尖半径右补偿　b）刀尖半径左补偿

如果刀尖沿 ABCDE 运动（见 2-22a 图），顺着刀尖运动方向看，刀具在工件的右侧，即为刀具的右补偿。用 G42 指令刀尖半径右补偿。若刀尖沿 FGHI 运动（见 2-22b 图），顺着刀尖运动方向看，刀具是在工件的左侧，即为刀具的左补偿。用 G41 指令刀尖半径左补偿。如果取消刀具的左补偿或右补偿，可用 G40 指令编程，则车刀轨迹按现刀尖轨迹运动。

（四）循环功能的应用

MJ-50 数控车床使用的 FANUC-OTE 系统具有循环功能（见表 2-3），若能恰当地使用循环功能编制程序，可免去许多复杂的计算过程，而且程序也得到简化。

1. 固定循环

可以用 G90、G92、G94 代码分别进行外圆切削循环、螺纹切削循环和端面切削循环。

(1) 外圆车削循环

G90　X (U) ——Z (W) ——F——

如图 2-23 所示，刀尖从起始点 A 开始，按矩形循环，最后又回到起始点。图中虚线表示刀具快速移动，实线表示按 F 指令的工进速度移动。

图 2-24 所示为车圆锥面循环，其程序段为：

G90　X (U) ——Z (W) ——R——F——；

刀尖从起始点 A 开始按梯形循环，最后又回到起始点。R 为圆锥体大小端的半径差值。

(2) 螺纹切削循环

G92　X (U) ——Z (W) ——F——；为车普通螺纹的指令。如图 2-25a 所示，刀尖从起始点 A 开始，按矩形循环。F 为工件螺距。

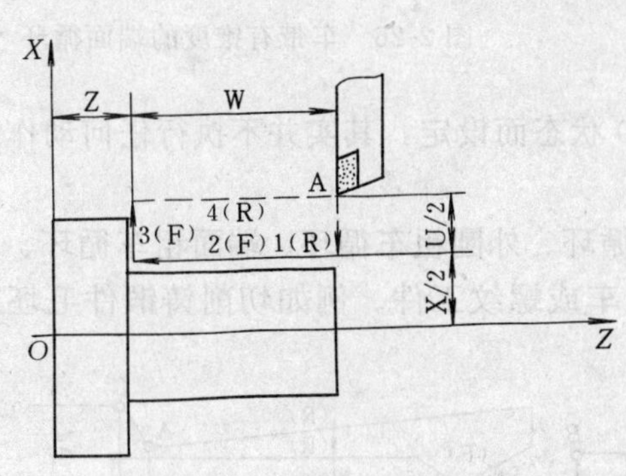

图 2-23　外圆切削循环

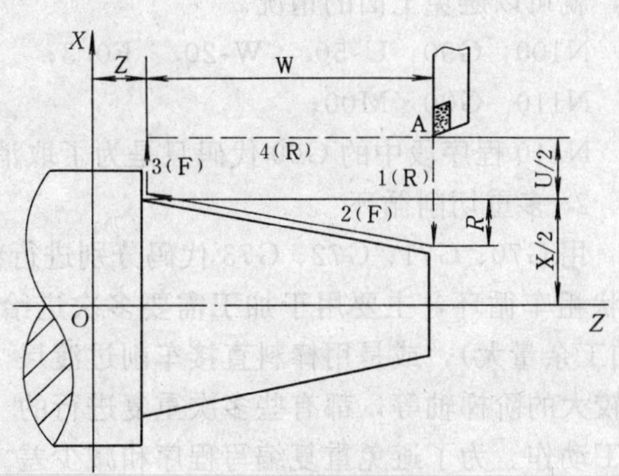

图 2-24　车圆锥面循环

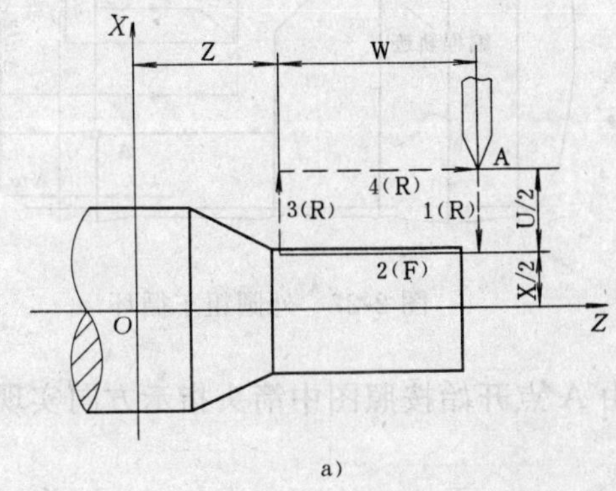

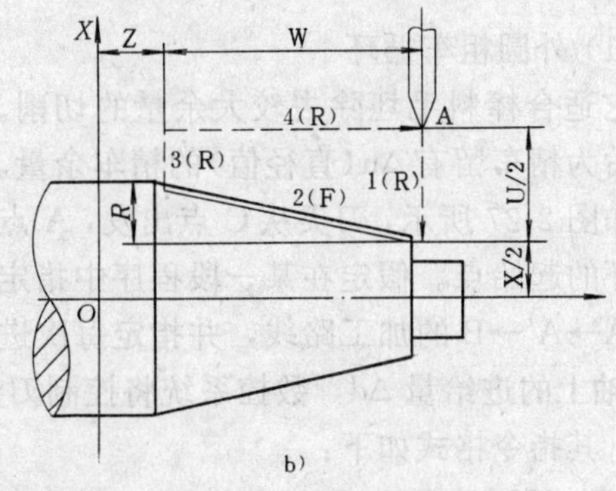

图 2-25　螺纹切削循环

G92　X (U) ——Z (W) ——R——F——；为车圆锥螺纹的指令。图 2-25b 刀尖从起始点 A 开始，按梯形循环。F 为工件螺距，R 为圆锥螺纹大小端的半径差值。

(3) 端面切削循环

G94　X (U) ——Z (W) ——R——F——；图 2-26 为切削带有锥度的端面循环。刀尖从起始点 A 开始按 1、2、3、4 顺序循环，2 (F)、3 (F) 表示 F 代码指令的工进速度，1

(R)、4（R）的虚线表示刀具快速移动。R 为锥面的长度。

当去掉 G94 中的 R 时，即为切削不带锥度的端面循环。

应该提起注意的是，G90、G92、G94 都是模态 G 代码，当这些代码设有被同组的其他代码（G00、G01 等）取代以前，程序中如果又出现了 M 代码，那么数控系统将 G90、G92、G94 代码重新执行一遍，然后才执行 M 功能，在编程时要注意到这一点。

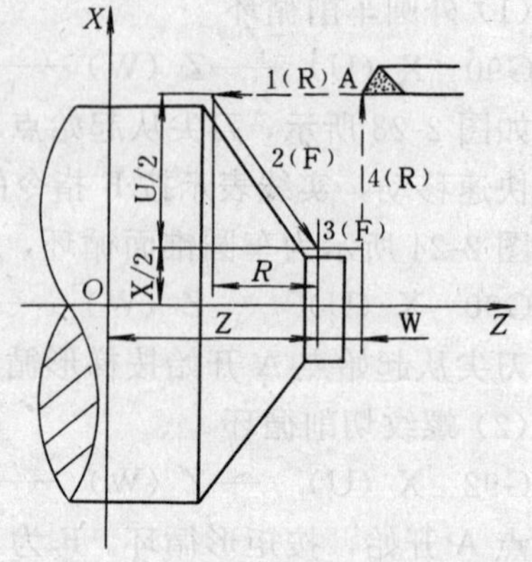

图 2-26　车带有锥度的端面循环

例如：M100　G90　U-50.　W-20.　F0.3；

N110　M00；

当执行到 N110 程序段时，先重复执行 N100 程序段的动作，然后再执行 M00 指令。如果改为下面的程序，就可以避免上面的情况。

N100　G90　U-50.　W-20.　F0.3；

N110　G00　M00；

N110 程序段中的 G00 代码只是为了取消 G90 状态而设定，其实并不执行任何动作。

2. 多重切削循环

用 G70、G71、G72、G73 代码分别进行精车循环、外圆粗车循环、端面粗车循环、固定形状粗车循环，主要用于加工需要多次进给的粗车或螺纹工件。例如切削铸锻件毛坯工件（加工余量大），或是用棒料直接车削过渡尺寸较大的阶梯轴等，都有些多次重复进行的加工动作。为了避免重复编写程序和减少差错，数控系统能自动地计算出粗加工路线和进给次数，并控制机床自动地完成工件的加工。

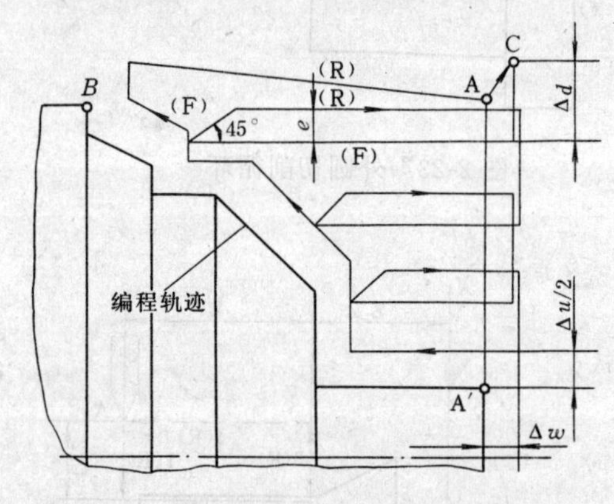

图 2-27　外圆粗车循环

(1) 外圆粗车循环

它适合棒料毛坯除去较大余量的切削。粗车后为精车留有 Δu(直径值)的精车余量。

如图 2-27 所示，刀尖从 C 点出发，A 点为循环的起始点。假定在某一段程序中指定了由 A→A′→B 的加工路线，并指定每次进给 *X* 轴上的进给量 Δd，数控系统将控制刀尖由 A 点开始按照图中箭头指示方向实现粗加工循环。其指令格式如下：

G71　U（Δd）　R（e）

G71　P（ns）　Q（nf）　U（Δu）　W（Δw）　F（f）；

N（ns）…………；
⋮
⋮
N（nf）…………；　} 在顺序号为 N（ns）和 N（nf）的程序段之间，指定工件由 A→A′→B 的精车工路线。

G71 指令中各地址数字的含义为

Δd——背吃刀量（半径值），该值设有正负号，方向为AA′的方向。

e——每次切削循环的退刀量。

ns——指定工件由 A 点到 B 点的精加工路线的第一个程序段的顺序号。

nf——指定工件由 A 点到 B 点的精加工路线的最后一个程序段的程序号。

Δu——X 方向上的精车余量（直径值）。

Δw——Z 方向上的精车余量。

G72 指令为端面粗车循环，用于端面形状变化大的场合。

(2) 固定形状粗车循环

这种循环方式适合于加工已基本铸造或锻造成型的一类工件，因为其粗加工余量比用棒料直接粗车出工件的余量要小得多，故可节省加工时间。其循环方式如图 2-28 所示，指令格式为

G73　U（Δi）　W（Δk）　R（d）

G73　P（ns）　Q（nf）　U（Δu）　W（Δw）　F（f）;

N（ns）…………;
⋮
⋮
N（nf）…………;

在顺序号为 N（ns）和 N（nf）的程序段之间，指令由 A→A′→B 的精加工路线。

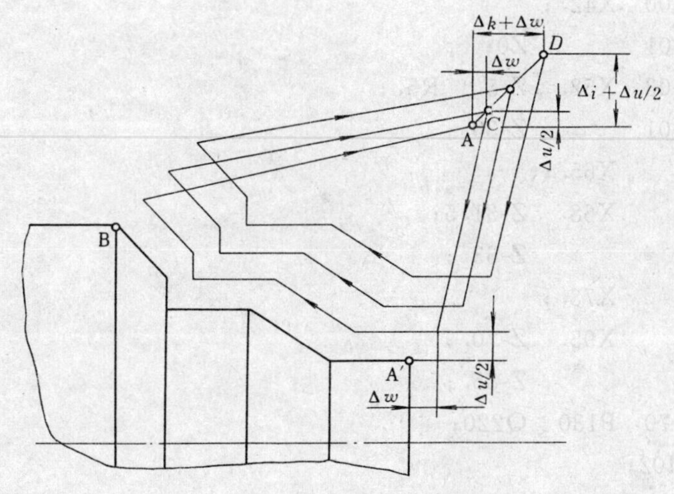

图 2-28　固定形状粗车循环

G73 指令中各地址数字的含义为

Δi——*X* 轴上的总退刀量（半径值）。

Δk——*Z* 轴上的总退刀量。

d——重复加工的次数。

ns——指定工件由 A 点到 B 点的精加工路线的第一个程序段的顺序号。

nf——指定工件由 A 点到 B 点的精加工路线的最后一个程序段的顺序号。

Δu——*X* 轴上的精加工余量（直径值）。

Δw——*Z* 轴上的精加工余量。

(3) 精车循环

当用 G71、G72、G73 指令对工件进行粗加工之后，可以用 G70 指令完成精车循环。即让刀具按粗车循环指令的精加工路线，切除粗加工中留下的余量。

G70 指令格式为：G70　P (ns)　Q (nf)

ns 为指定精加工路线的第一个程序段的顺序号。

nf 为指定精加工路线的最后一个程序段的顺序号。

图 2-29 是一个使用外圆粗车循环和精车循环加工举例。毛坯的直径为 ϕ95mm，要求粗加工循环为精车循环留出加工余量：直径方向 0.4mm，轴向 0.2mm。工件坐标系如图中所示。

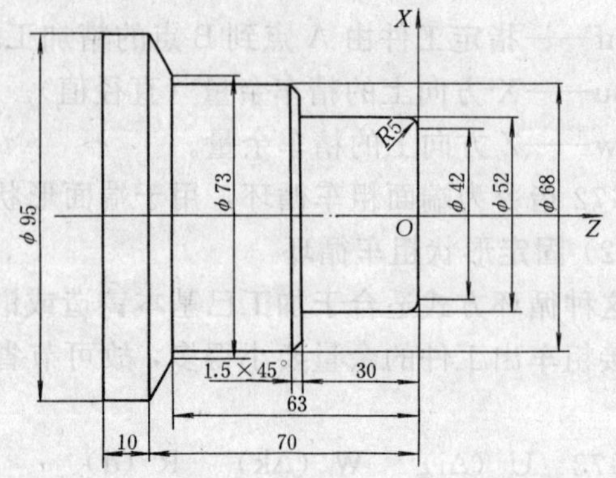

图 2-29　使用 G71、G70 指令加工举例

```
N100  G00  X96.   Z20.;
N110  G71  U3.    R1.;
N120  G71  P130   Q220  U0.4  W0.2  F0.3;
N130  G00  X42.;
N140  G01         Z0;
N150  G03  X52.   Z-5.   R5.;
N160  G01         Z-30.;
N170       X65.;
N180       X68.   Z-31.5;
N190              Z-63.;
N200       X73.;
N210       X95.   Z-70.;
N220              Z-85.;
N230  G70  P130   Q220;
N240  M02;
```

三、数控车床编程举例

精车如图 2-30 所示的零件。

工件的加工顺序为：

(1) 用 3 号刀切削工件的外轮廓自右向左加工，其加工路线为：倒角→车 ϕ24mm 外圆→车锥面→车 ϕ45mm 外圆→车 R55mm 圆弧→车 ϕ40mm 外圆→车 R44mm 圆弧→车 R20mm 圆弧→车 ϕ30mm 外圆→车端面→倒角→车 ϕ50mm 外圆→车端面。

(2) 用 2 号刀车槽。

(3) 用 4 号刀车螺纹，用螺纹循环指令切削 M24×1.5 螺纹。

工件坐标系如图中所示。

现以 3 号刀为基准刀，并测得 3 号刀与其他两把刀的位置偏差作为刀具位置补偿值输入

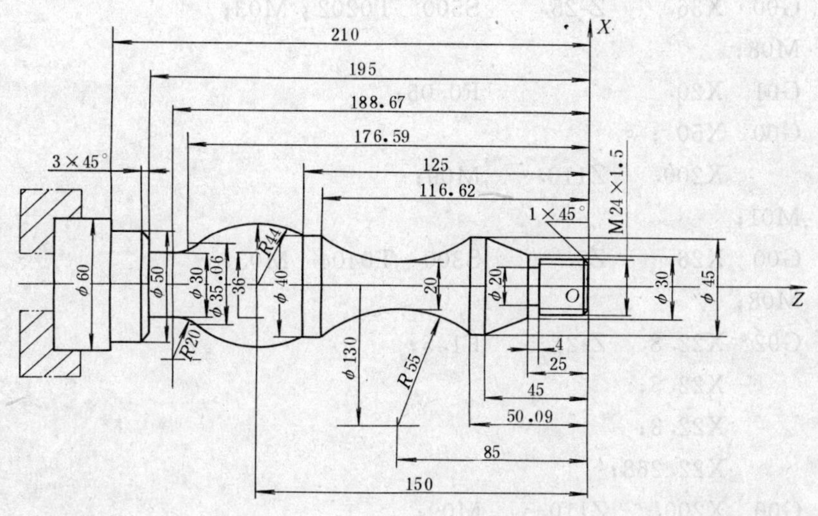

图 2-30 车削零件示意图

到相应的存储器中。

设定：2 号刀位装夹车槽刀

3 号刀位装夹精车刀

4 号刀位装夹螺纹刀

该零件的加工程序如下：

```
O0001
N10   G50  X200.    Z110.;
N20   G00  X28.     Z2.            S700  T0303  M03;
N30        X18.                           M08;
N40   G01  X24.     Z-1.           F0.08;
N50                 Z-24.5;
N60        X30.;
N70        X45.     Z-45.;
N80                 Z-50.09;
N90   G02  X40.     Z-116.62  R55.;
N100  G01           Z-125.;
N110  G03  X35.06   Z-176.59  R44.;
N120  G02  X30.     Z-188.67  R20.;
N130  G01           Z-195.;
N140       X44.;
N150       X50.     Z-198.;
N160                Z-210.;
N170       X60.;
N180  G00  X200.    Z110.     M09;
N190  M01;
```

```
N200  G00  X36.    Z-25.   S500  T0202  M03;
N210  M08;
N220  G01  X20.            F0.05;
N230  G00  X50.;
N240       X200.   Z110.   M09;
N250  M01;
N260  G00  X26.    Z5.     S300  T0404  M03;
N270  M08;
N280  G92  X22.8.  Z-21.5  F1.5;
N290       X22.5;
N300       X22.3;
N310       X22.268;
N320  G00  X200.   Z110.   M09;
N330  M30;
```

第五节　数控车床的操作

一、操作面板

MJ-50 数控车床的操作面板位于机床的右上方，它由上下两部分组成，上半部分为数控系统操作面板，下半部分为机床操作面板。

（一）数控系统操作面板

MJ-50 数控车床的数控系统操作面板如图 2-31 所示。它是由 CRT 显示器和 MDI 键盘两部分组成。显示器左下侧为 NC 装置电源按钮，“ON”为电源通按钮，“OFF”为电源断按钮。电源按钮上方为主轴负载表，用于显示主轴功率。

1. CRT 显示器

CRT 显示器可以显示机床的各种参数和功能。如显示机床参考点坐标、刀具起始点坐标、输入数控系统的指令数据、刀具补偿量的数值、报警信号、自诊断结果、滑板快速移动速度以及间隙补偿值等等。

2. MDI 键盘

(1) 功能键

“POS”键显示现在机床的位置。

“PRGRM”键在 EDIT 方式下，编辑、显示存储器里的程序；在 MDI 方式下，输入、显示 MDI 数据；在机床自动操作时，显示程序指令值。

“MENU/OFSET”键用于设定、显示补偿值和宏程序变量。

“DGNOS/PARAM”键用于参数的设定、显示及自诊断数据的显示。

“OPR/ALARM”键用于显示报警号。

“AUX/GRAPH”键用于图形的显示。

(2) 数据输入键

数据输入键有 13 个，可用来输入字母、数字及其他的符号。每次输入的字符都显示在

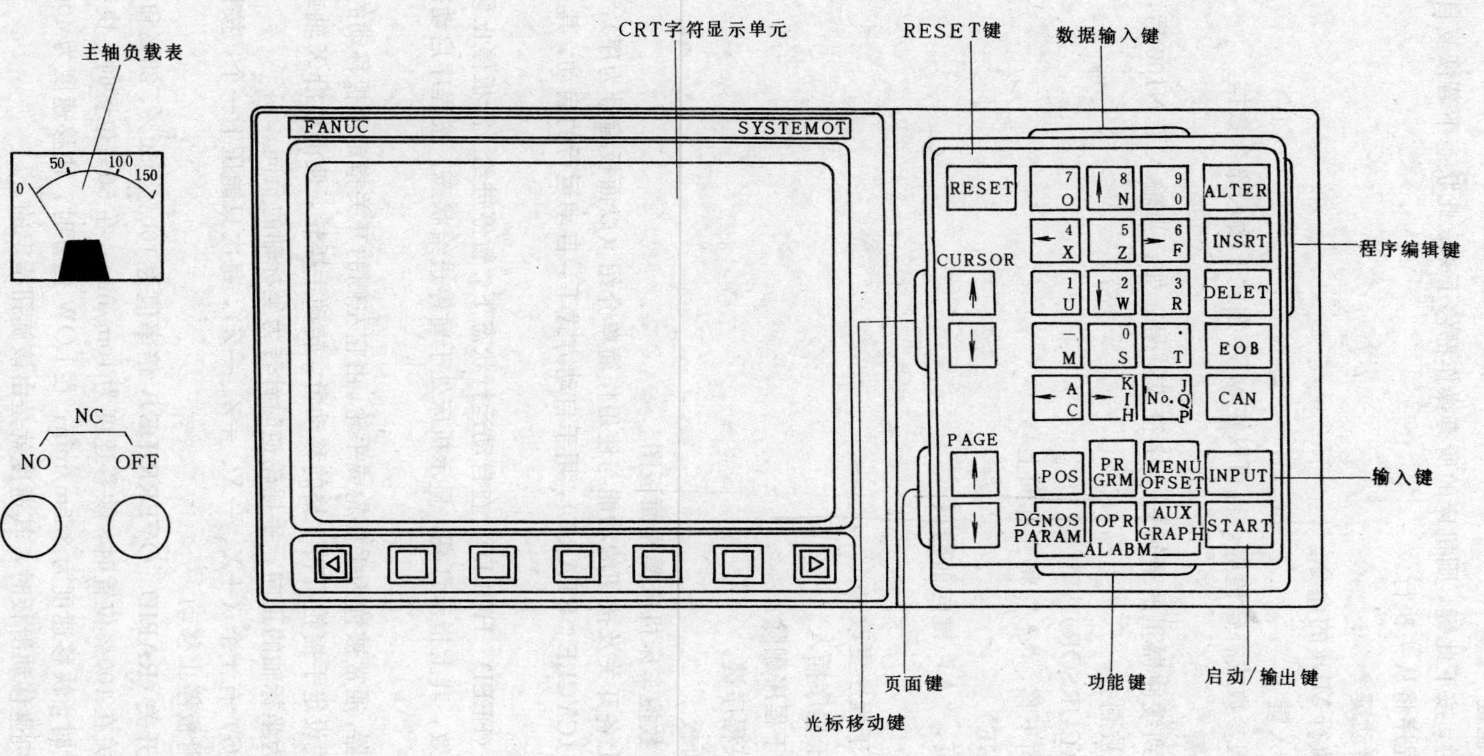

图 2-31 MJ-50 数控车床数控系统操作面板

CRT 屏幕上。

(3)“RESET”复位键

当机床自动运行时，按下此键，则机床的所有操作都停下来。此状态下若恢复自动运行，滑板需返回参考点，程序将从头执行。

(4)“START”启动键

按下此键，便可执行 MDI 的命令。

(5)“INPUT”输入键

压下此键，可输入参数或补偿值等，也可以在 MDI 方式下输入命令数据。

(6)“CAN”删除键

用于删除已输入到缓冲器里的最后一个字符或符号。如：当输入了 N100 后，又压下“CAN”键，则 N100 被删去。

(7) 光标移动键（CURSOR）

“↓”键将光标向下移，“↑”将光标向上移。

(8) 页面键（PAGE）

“↓”键向后翻页，“↑”键向前翻页。

(9) 程序编辑键

“ALTER”键用于程序更改。

“INSRT”键用于程序插入。

“DELET”键用于程序删除。

(10)“EOB”结束程序键。

（二）机床操作面板

图 2-32 为 MJ-50 数控车床机床操作面板图。

下面对操作面板上各开关及按钮的功能与使用作简单介绍（以面板编号为序）：

1. 程序启动按钮（CYCLE START），用于自动方式下，自动运行的启动。其上指示灯亮显示自动运行状态。

2. 进给保持按钮（FEED HOLD），在自动运行状态下，暂停进给（滑板停止移动），但 M、S、T 功能仍然有效，其上指示灯亮，显示机床处于暂停进给状态。按程序启动按钮，可以恢复自动运行。

3. 手摇脉冲发生器，通常被称为手摇轮或手轮。由它左侧的开关指定滑板移动的坐标轴，由“MODE”旋转开关设定手摇轮每转 1 格的移动量，转动手摇轮，使滑板沿 X 轴或 Z 轴移动。手摇轮顺时针转为坐标轴的正向，手摇轮逆时针转为坐标轴的负向。

4. 点动按钮（JOG）有 4 个（$+X$、$-X$、$+Z$、$-Z$），每次只能压下一个，按钮压下时滑板移动，抬起时，滑板停止移动。

5. 快速倍率旋转开关（RAPID OVERRIDE），倍率值为 100%、50%、25%和 LOW 四级。以 X 轴为例，开关在 100%位置时，快移速度为 10m/min；在 50%位置时，快移速度为 5m/min；在 25%位置时，快移速度为 2.5m/min；在 LOW 位置时，快移速度为 400m/min。当用“MODE”按钮快速移动滑板时，其速度就是由该旋钮指定的。

6. 进给倍率旋转开关（FEEDRATE OVERRIDE），在自动运行中，由 F 代码指定的进给速度可以用此开关来调整，调整范围 0～150%，每格增量为 10%。在点动方式下，进给速

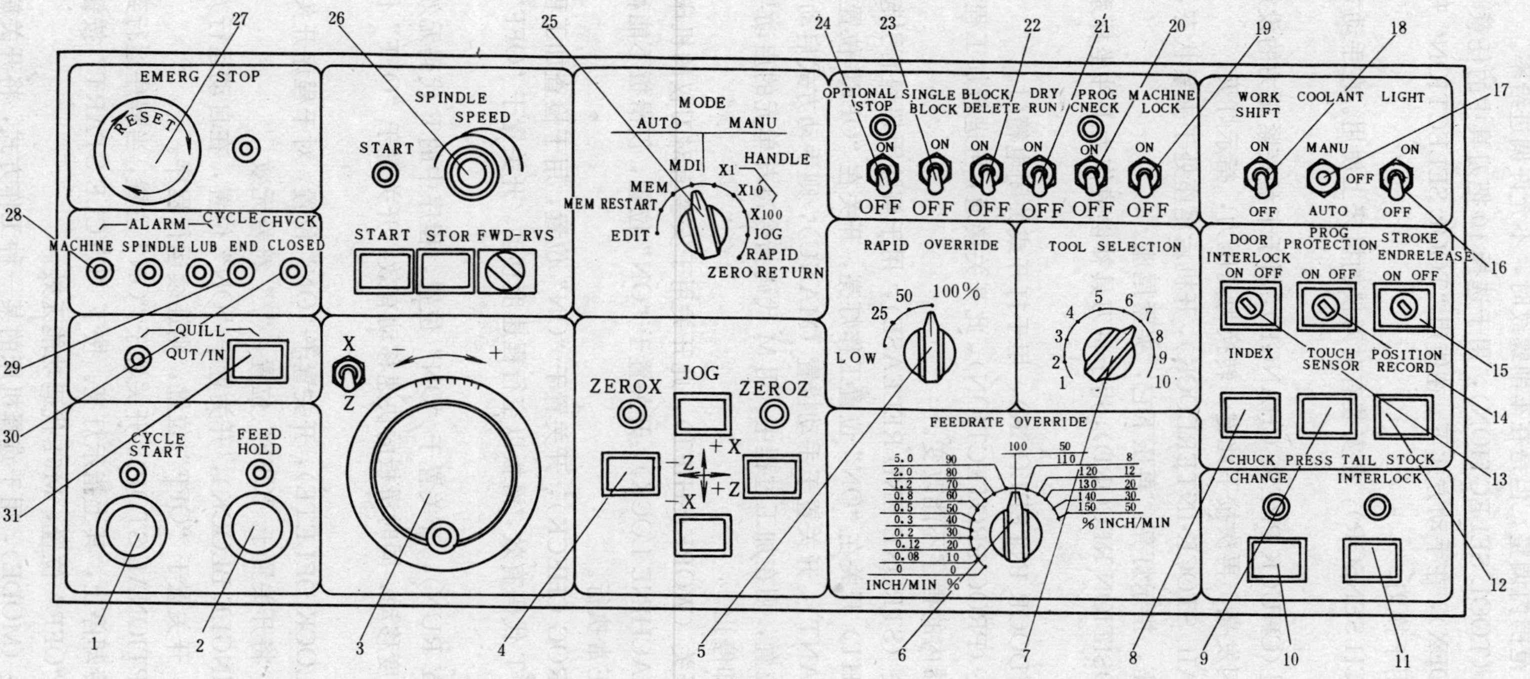

图 2-32 MJ-50 数控车床机床操作面板

度可以在 0～1260mm/min 范围内调整。但是在车削螺纹时，不允许调进给率。

7. 刀具选择旋转开关（TOOL SELECTION），用于选择 10 把刀具中的任意一把。

8. 刀架转位按钮（INDEX），在手动方式下，在使用“TOOL SELECTION”开关指定了刀具号之后，压下此按钮用于换刀。

9. 对刀仪按钮（TOUCH SENSOR），在安装有对刀仪的机床上使用。在手动方式下，用于对刀仪的摆出和摆回。

10. 卡盘压力转换按钮（CHUCK PRESS CHANGE），用于卡盘夹紧压力的设定。按下此键，为低压力时指示灯闪闪发亮，再次按下此键，转换为高压力，指示灯灭。

11. 尾座夹紧按钮（TAIL STOCK INTERLOCK），开机后尾座处于夹紧状态，指示灯不亮。压下此按钮，松开尾座，指示灯亮。再压下它，夹紧尾座。

12. 位置记录按钮（POSITION RECORD），用于将刀具补偿值作为工件坐标系与机床坐标系的差值设定。

13. 门联锁钥匙开关（DOOR INTERLOCK），用于打开或关闭电箱门。

14. 程序保护钥匙开关（PROG PROTECTION），此开关接通，可进行加工程序的编辑、存储。此开关断开，存储器内的程序不能改变。

15. 超程解除钥匙开关（STROKE END RELEASE），用于解除因超程而引起的报警。

16. 机床灯开关（LIGHT）开关在“ON”位置工作灯亮，开关在“OFF”位置工作灯灭。

17. 冷却开关（COOLANT），开关置于手动位置（MANU），则手动方式启动冷却单元；开关置于自动（AUTO）位置，则在加工过程中，用 M 代码指令冷却单元的启动与停止；开关置于“OFF”位置，冷却停止。

18. 工件坐标系偏置开关（WORK SHIFT），此开关用于安装有对刀仪的机床。

19. 机床锁定开关（MACHINE LOCK），开关置于“ON”位置，仅滑板不能移动，开关置于“OFF”位置，操作正常执行。

20. 程序检查开关（PROG CHECK），开关置于“ON”位置，用于检查加工程序，此时程序中的 M、S 代码无效，T 代码有效，滑板以空行程速度移动。开关置于“OFF”位置，执行正常操作。

21. 空运行开关（DRY RUN），开关置于“ON”位置，程序中的 F 代码无效，滑板以“进给倍率”开关指定的速度移动，同时滑板的快速移动有效。开关置于“OFF”位置，F 代码有效。

22. 程序段跳开关（BLOCK DELETE），开关置于“ON”位置，对于程序开头有“/”符号的程序段被跳过不执行。将开关置于“OFF”位置，“/”符号无效。

23. 单步运行开关（SINGLE BLOCK），开关置于“ON”位置，在自动运行方式下，执行一个程序段后自动停止；开关置于“OFF”位置，则连续运行程序。

24. 选择停止开关（OPTIONAL STOP），开关置于“ON”位置，当程序运行到 M01 时，暂停运行，且主轴停转，冷却停止，其上指示灯亮。按下“CYCLE START”按钮，继续执行下面的程序。开关置于“OFF”位置，M01 代码功能无效。

25. 方式选择旋转开关（MODE），用于选择机床的某一种工作方式，将开关旋至所要求的工作方式时，才能操作机床。此开关有自动方式和手动方式两种。

(1)“AUTO”自动方式中有 4 种工作方式

"EDIT"编辑方式：可将工件程序手动输入到存储器中，可以对存储器内的程序进行修改、插入和删除；输入或输出穿孔带程序。

"MEM RESTART"自启动方式：对安装有自动装料装置的机床，实现连续加工工件。

"MEM"存储器工作方式：机床执行存储器中的程序，自动加工工件。

"MDI"手动数据输入方式：用MDI键盘直接将程序段输入到存储器内，并立即运行，将此方法称为MDI工作方式。用MDI键盘将加工程序输入到存储器内，此方法称为手动数据输入。

(2)"MANU"手动方式中有4种工作方式

"HANDLE"手摇轮方式：可转动手摇轮使滑板移动，每次只能移动一个坐标轴。在"HANDLE"方式下，可以选择（X1、X10、X100）3种滑板移动的速度。

"JOG"点动方式：可用"JOG"按钮使滑板移动，移动速度由"FEEDRATE OVERRIDE"开关设定。

"RAPID"快速点动方式：用"JOG"按钮使滑板快速移动，移动速度由"RAPID OVERRIDE"开关设定。

"ZERO RETURN"返回参考点方式：用"JOG"按钮，使 X、Y 轴返回机床参考点，对应的ZEROX、ZEROZ参考点指示灯亮。

26. 主轴功能按扭（SPINDLE）。

1）"FWD-RVS"为正反转开关，用以指定主轴的旋转方向。

2）压下停止"STOP"按钮，主轴停转。

3）压下启动"START"按钮，在手动方式下，主轴按指定的方向旋转；在自动方式下，主轴正转，用于检查工件的装夹情况。其上指示灯亮显示主轴正在转动。

4）速度调整旋钮"SPEED"用于调整主轴转速。

27. 紧急停止按钮(EMERG STOP)，当出现异常情况时，按下此按钮机床立即停止工作。待故障排除恢复机床工作时，需按照按钮上的箭头方向转动，按钮即可弹起。

28. 报警指示灯（ALARM）有3个：①机床报警灯（MACHINE）机床因出现电动机过载、液压系统压力不足、换刀错误、卡盘设有夹紧工件主轴便旋转等情况时，报警灯亮。②主轴报警灯（SPINDLE）主轴伺服单元出现异常现象，报警灯亮。③润滑报警灯（LUB）润滑油不足，报警灯亮。

29. 程序结束指示灯（CYCLE END)，加工完一个工件，指示灯亮。

30. 卡盘夹紧指示灯（CHUCK CLOSED)，卡盘已夹紧，指示灯亮。

31. 套筒伸/缩按钮（QUILL OUT/IN)，压下按钮，尾座套筒伸出，左侧指示灯亮。再次压下按钮，尾座套筒退回，指示灯灭。

二、机床的操作

工件的加工程序编制工作完成之后，就可以操作机床对工件进行加工。下面根据MJ-50数控车床的功能，介绍机床的各种操作。

（一）电源接通前后的检查工作

1. 电源接通前的检查

在机床主电源开关接通之前，操作者必须做好下面的检查工作：

1）检查机床的防护门电箱门等是否关闭。

2）检查润滑装置上油标的液面位置。

3）检查切削液的液面是否高于水泵吸入口。

4）检查所选择的液压卡盘的夹持方向是否正确。卡盘正反卡开关设置在电箱内。

5）检查是否遵守了《机床使用说明书》中规定的注意事项。

当检查以上各项均符合要求时，方可合上机床主电源开关，即刻机床工作灯亮，风扇启动，润滑泵、液压泵启动。

2．电源接通后的检查操作

机床通电之后，操作者应做好下面的检查工作：

1）压下NC装置电源启动键“ON”，在CRT显示器上应出现机床的初始位置坐标。

2）检查安装在机床上部的总压力表，若表头读数为“4MPa”，说明系统压力正常，可以进行下面的操作。

（二）手动操作机床

当机床按照加工程序对工件进行自动加工时，机床的操作基本上是自动完成的，而其他情况下，要靠手动机床操作。

1．手动返回机床参考点

由于机床采用增量式测量系统，故一旦机床断电后，其上的数控系统就失去了对参考点坐标的记忆。当再次接通数控系统的电源后，操作者必须首先进行返回参考点的操作。另外，机床在操作过程中遇到急停信号或超程报警信号，待故障排除后，恢复机床工作时，也必须进行返回机床参考点的操作。具体操作步骤如下：

1）将“MODE”开关置于ZERO RETURN方式。提醒操作者注意：当滑板上的挡块距离参考点开关的距离不足30mm时，要首先用“JOG”按钮使滑板向参考点的负方向移动，直到距离大于30mm停止点动，然后再返回参考点。

2）分别按下X轴和Z轴的“JOG”按钮，使滑板沿X轴或Z轴正向移向参考点。在此过程中，操作者应按住“JOG”按钮，直到参考点返回指示灯亮，再松开按钮。在滑板移动到两轴参考点附近时，会自动减速移动。

2．滑板的手动进给

当手动调整机床时，或是要求刀具快速移动接近或离开工件时，需要手动操作滑板进给。

滑板进给的手动操作有两种，一种是用“JOG”按钮使滑板快速移动，另一种是用手摇轮移动滑板。

（1）快速移动

机床装刀或是手动操作时，要求刀具能快速移动接近或离开工件，其操作方法如下：

1）首先将“MODE”开关置于RAPID方式。

2）用“RAPID OVERRIDE”开关选择滑板快移的速度。

3）按下“JOG”按钮，使刀架快速移动到预定位置。

（2）手摇轮进给

手动调整刀具时，要用手摇轮确定刀尖的正确位置，或是试切削时，一面用手摇轮微调进给速度，一面观察切削情况。其操作步骤如下：

1）将“MODE”开关转到“HANDLE”位置（可选择3个位置）。

2）选择手摇轮每转动1格滑板的移动量，将“MODE”转开关转至X1，手摇轮转1格滑板移动 0.001mm，若指向 X10，手摇轮转 1 格滑板移动 0.01mm，若指向 X100，手摇轮转 1 格滑板移动 0.1mm。

3）使手摇轮左侧的 X、Y 轴选择开关扳向滑板要移动的坐标轴。

4）转动手摇脉冲发生器，使刀架按指定的方向和速度移动。

3. 主轴的操作

主轴的操作主要包括主轴的启动与停止和主轴的点动。

（1）主轴启动与停止

主轴的启动与停止是用来调整刀具或试调机床的。具体操作步骤如下：

1）将“MODE”开关置于手动方式（MANU）中任意一个位置。

2）用主轴功能按钮中的“FWD-RVS”开关确定主轴旋转方向，在“FWD”位置，主轴正转，开关指向“RVS”位置，主轴反转。

3）旋转主轴“SPEED”至低转速区，防止主轴突然加速。

4）按下“START”按钮，主轴旋转。在主轴转动过程中，可以通过“SPEED”旋钮改变主轴的转速，且主轴的实际转速显示在 CRT 显示器上。

5）按下主轴 STOP 按钮，主轴停止转动。

（2）主轴的点动

主轴的点动是用于使主轴旋转到便于装卸卡爪的位置或是检查工件的装夹情况。其操作方法是：

1）将“MODE”开关置于自动方式（AUTO）中的任意一个位置。

2）将主轴“FWD-RVS”开关指向所需的旋转方向。

3）压下“START”按钮，主轴转动，按钮抬起，主轴停止转动。

4. 刀架的转位

装卸刀具，测量切削刀具的位置以及对工件进行试切削时，都要靠手动操作实现刀架的转位。其操作步骤如下：

1）首先将“MODE”开关置于“MANU”方式中的任意一个位置。

2）将“TOOL SELECTION”开关置于指定的刀具号位置。

3）按下“INDEX”，则回转刀架上的刀盘顺时针转动到指定的刀位。

5. 手动尾座的操作

手动尾座的操作包括尾座体移动和尾座套筒的移动。

（1）尾座体的移动

手动尾座体使其前进或后退，主要用于轴类零件加工时，调整尾座的位置，或是加工短轴和盘类零件时，将尾座退至某一合适的位置。其操作步骤如下：

1）将“MODE”开关置于“MANU”方式中的任一位置。

2）压下“TAIL STOCK INTERLOCK”按钮，松开尾座，其按钮上方指示灯亮。

3）移动滑板带动尾座移动至预定位置。

4）再次压下“TAIL STOCK INTERLOLK”按钮，尾座被锁紧，且指示灯灭。

（2）尾座套筒的移动

尾座套筒的伸出或退回是在加工轴类零件时，顶尖顶紧或松开工件。操作方法如下：

1）首先将“MODE”开关置于“MANU”方式中的任一位置。

2）按下“QUILL”按钮，尾座套筒带着顶尖伸出，指示灯亮。

3）再次按下“QUILL”按钮，尾座套筒带着顶尖退回，指示灯灭。

6．卡盘的夹紧与松开操作

机床在手动操作或自动运转时，卡盘的夹紧和松开是通过脚踏开关实现的，其操作步骤如下：

1）扳动电箱内卡盘正、反卡开关，选择卡盘正卡或反卡。

2）若第一次踏下开关卡盘松开，则第二次踏下开关卡盘夹紧。

（三）机床的急停

机床无论是在手动或自动运转状态下，遇有不正常情况，需要机床紧急停止时，可通过下面一种操作来实现。

1．按下紧急停止按钮

按下“EMERG STOP”按钮后，除润滑油泵外，机床的动作及各种功能均被立即停止。同时CRT屏幕上出现CNC数控未准备好（NOT READY）报警信号。

待故障排除后，顺时针旋转按钮，被压下的按钮跳起，则急停状态解除。但此时要恢复机床的工作，必须进行返回机床参考点的操作。

2．按下复位键（REET）

机床在自动运转过程中，按下此键则机床全部操作均停止，因此可以用此键完成急停操作。

3．按下NC装置电源断开键

按下NC的“OFF”键，机床停止工作。

4．按下进给保持按钮（FEED HOLD）

机床在自动运转状态下，按下“FEED HOLD”按钮，则滑板停止运动。但机床的其他功能仍有效。当需要恢复机床运转时，按下“CYCLE START”按钮，机床从当前位置开始继续执行下面的程序。

（四）程序的输入、检查和修改

1．程序的输入

将编制好的工件程序输入到数控系统中去，以实现机床对工件的自动加工。程序的输入方法有两种：一种是通过MDI键盘输入；另一种是通过纸带阅读机输入。

使用MDI键盘输入程序的操作方法如下：

1）将“PROG PROTECTION”开关置于“ON”位置。

2）将“MODE”开关置于“EDIT”方式。

3）压下“PRGRM”键，用数据输入键输入程序号：O××××之后按下“INPUT”键则程序号被输入。

4）按下“EOB”键，再按下“INPUT”键，则程序结束符号“；”被输入。

5）依次输入各程序段，每输入一个程序段后，按下“EOB”键→按下“INPUT”键，直到全部程序段输入完成。

通过纸带阅读机输入程序的方法，是使用纸带阅读机将穿在纸带上的程序直接送入存储器。

2．程序的检查

对于已输入到存储器中的程序必须进行检查，并对检查中发现的程序指令错误、坐标值错误、几何图形错误等必须进行修改，待加工程序完全正确，才能进行空运行操作。程序检查的方法是对工件图形进行模拟加工。在模拟加工中，逐段地执行程序，以便进行程序的检查。其操作过程如下：

1）按前面讲述的方法，进行手动返回机床参考点的操作。

2）在不装工件的情况下，使卡盘夹紧。

3）置“MODE”开关于“MEM”位置。

4）置“MACHINE LOCK”开关于“ON”位置；置“SINGLE BLOCK”开关于“ON”位置。

5）按下“PRGRM”键，输入被检查程序的程序号 CRT 显示存储器的程序。

6）将光标移到程序号下面，按下“CYCLE START”按钮，机床开始自动运行，同时指示灯亮。

7）CRT 屏幕上显示正在运行的程序。

3. 程序的修改

对程序输入后发现的错误，或是程序检查中发现的错误，必须进行修改，即对某些程序段要进行修改、插入和删除，操作步骤如下：

1）将“PROG PROTECTION”开关置于“ON”位置。

2）将“MODE”开关置于“EDIT”方式。

3）压下“PRGRM”键，输入需要修改程序的程序号，CRT 显示该程序。

移动光标到要编辑的位置，当输入要更改的字符后按下“ALTER”键；当输入新的字符后按下“INSRT”键；当要删除字符时，按下“DELET”键。

（五）刀具补偿值的输入和修改

为保证加工精度和编程方便，在加工过程中必须进行刀具补偿，每一把刀具的补偿量需要在空运行前输入到数控系统中，以便在程序的运行中自动进行补偿。

1. 刀具补偿值的输入

为了编程及操作的方便，通常是使 T 代码指令中的刀具编号和刀具补偿号相同。例如：T0101、T0404、T1010 等。

（1）更换刀具后刀具补偿值的输入

更换刀具时引起刀具位置变化，需要进行刀具的位置补偿。我们以下面的实例说明补偿值的输入过程。

如图 2-33 所示，更换刀具后，测得其位置尺寸变化为（双点划线所示为更换后刀具位置）：

X 向变化－0.1mm（直径变化为－0.2mm）

Z 向变化＋0.2mm

对应补偿值为：

X＝＋0.2mm　Z＝－0.2mm

设定该刀具号和补偿号均为 02，按下面的顺序输入刀具补偿值：

1）按下功能键“OFSET”，CRT 屏幕上显示“OFFSET/WEAR”画面。

2）将光标移到设定的补偿号为 02 的一行上。

3）绝对值坐标编程时，按下“X”→输入“0.2”→按下“INPUT”键；按下“Z”键→输入“－0.2”→按下“INPUT”键。

增量坐标编程时，将“X”改为“U”键，将“Z”键改为“W”键，而输入的补偿值相同。

刀具补偿值输入到数控系统之后，刀具的运动轨迹便会自动校正。如图 2-34 所示，双点划线为刀具补偿值为“0”的刀具轨迹，实线为刀具补偿值 $X=+0.2\text{mm}$、$Z=-0.2\text{mm}$ 的刀具轨迹。

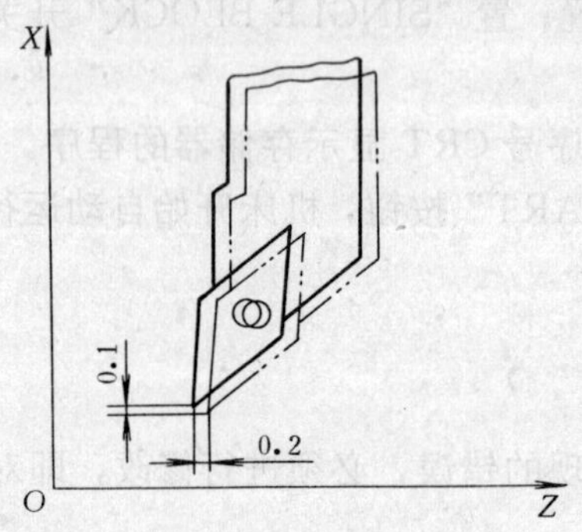

图 2-33 更换刀具引起的刀尖位置变化

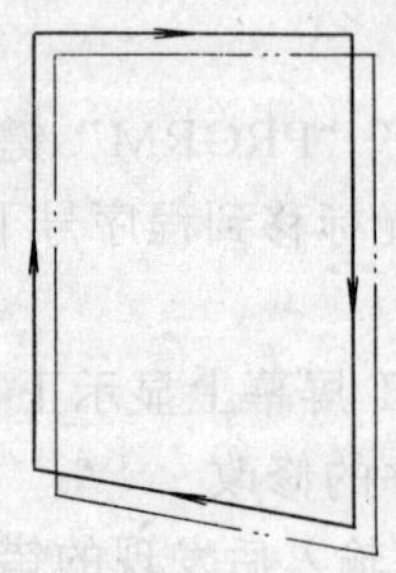

图 2-34 有刀补和无刀补刀尖运动轨迹

（2）刀具补偿值的直接输入法

在实际编程时可以不使用 G50 指令设定工件坐标系，而是将任一位置作为加工的起始点，当然该点的设置要保证刀具与卡盘或工件不发生干涉。用试切法确定每一把刀具起始点的坐标值，并将此坐标值作为刀补值输入到相应的存储器内。其操作过程如下：

1）手动返回机床参考点。

2）任选一把加工中所使用的刀具。

3）卡盘夹紧工件。

4）按下“OFSET”键，CRT 屏幕上显示“OFFSET/GEOMETRY”画面。

5）将光标移动到该刀具补偿号的 Z 值处。

6）以手摇轮方式移动滑板，轻轻车一刀工件端面，沿 X 向退刀，并停下主轴，按下“POSITION RECORD”按钮。

7）测量工件端至工件原点的距离。

8）按下“M”键和“Z”键，输入工件原点到工件端面的距离，按下“INPUT”键。如果端面需留有精加工余量，则将该余量值加入刀补值。

9）将光标移到该刀具补偿号的 X 值处。

10）用手摇轮方式轻轻车一刀外圆，沿 Z 向退刀主轴停转，按下“POSITION RECORD”按钮。

11）测量切削后的工件直径。

12）按下“M”键和“X”键，输入测量到的直径值，按下“INPUT”键。

13）对其他的刀具，返回第 2 步，重复执行以上的操作，直到所有刀具的补偿值输入完毕。

例如：加工某工件，需用若干把车刀，编程时不使用 G50 指令设定工件坐标系，采用以上方法输入每把刀具的刀补数据后，下面的程序能正确执行。

N100　G96　G40　　S150　T0100　M03；刀架转位换刀，不使用刀具补偿

N110　G00　X100.　Z0.　　T0101　M08；快速接近工件，对 1 号刀具进行补偿

N120　G01　X20.　　F0.3

⋮

⋮

N240　G00　X200.　Z150.　T0100；快速返回换刀点，并取消 1 号刀具的补偿

N250　M01；

⋮

⋮

N400　G97　S800　　T0200　M03；刀架转位换刀，不使用刀具补偿

N410　G00　X0.　　Z3.　　T0200；快速接近工件，对 2 号刀具进行补偿

（3）刀具位置补偿值的修改

当我们使用带有刀具补偿值的车刀加工工件时，如果测得加工后的工件尺寸比图样要求的尺寸大，说明刀具磨损了，这就需要修改已存储在刀具补偿存储器里的该刀具补偿值，以便加工出合格的工件。

例如：加工图 2-35 中 ϕ25mm 外圆，在加工过程中发现由于刀具磨损，使工件尺寸产生误差，测量工件直径 ϕ=25.1mm，计算差值为（25.1－25.0）mm＝0.1mm，即切削出工件的实际尺寸比图样要求尺寸大 0.1mm，故需对原刀具补偿值进行修改。设 X 轴原输入的刀具补偿值为 0.2mm，（0.2－0.1）mm＝0.1mm，即 0.1mm 为刀具补偿的修改值。修改刀具补偿值的操作如下：

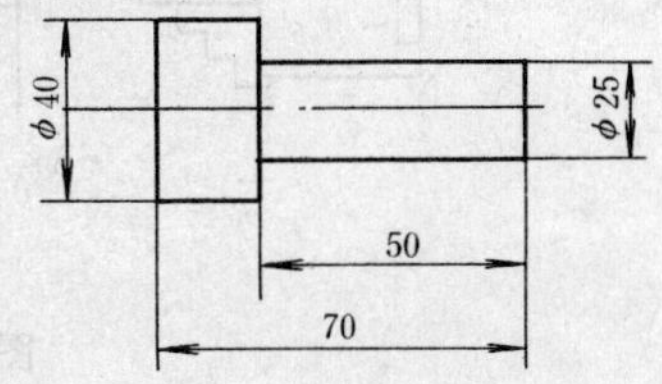

图 2-35　车削外圆

1）按下“OFSET”键，CRT 屏幕上显示“OFFSET/WEAR”画面。

2）将光标移到刀具的补偿号上。

3）采用绝对值编程时，输入 X=0.1；采用增量值编程时，输入 U=－0.1。

4）按下“INPUT”键，修改后的刀补值取代了原刀补值。

（六）数控车床避免碰撞的方法

数控车床的价格一般为普通车床价格的 5～10 倍，一但发生碰撞，经济损失严重。这就要求编程人员和机床操作者在工作中必须严谨、细致。下面是避免机床发生碰撞的几种方法。

1．避免程序中的坐标值超越卡爪尺寸

如图 2-36 所示，以工件的右端面中心为工件原点设定工件坐标系，工件原点至卡爪端面的距离为 70mm。编程时要注意到各程序段中 Z 方向的负值不得大于 70mm，否则就会发生刀具与卡爪相碰的事故。例如：加工程序中，某一程序段的 Z=－70.5mm，则刀具与卡爪之间有 0.5mm 的干涉量，势必导致

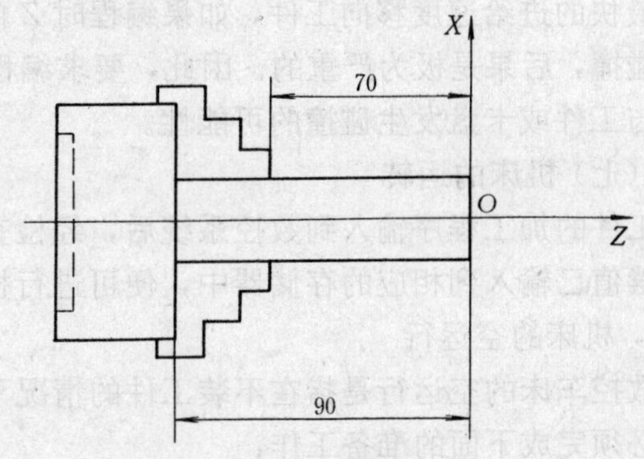

图 2-36　工件原点与卡爪端面尺寸图

碰撞，由此可见，编程人员在程序编制结束以后，必须认真检查所有程序段中的 Z 轴尺寸是否有超出 70mm 的负值，一旦查出，要立即纠正，以避免机床受损。

2. 当工件形状特殊时避免发生碰撞

如图 2-37 所示，工件需车槽，工件原点在右端面，换刀点为 P_0。当车槽加工完成后，刀架需快速退回换刀点，如果用 N200 G00 X80. Z50. ；程序段完成退刀，则刀尖轨迹为斜线（如 a 图所示），刀具在运动过程中要与工件的台阶台碰撞，工件和刀具都要损坏，严重的还要破坏机床的精度。

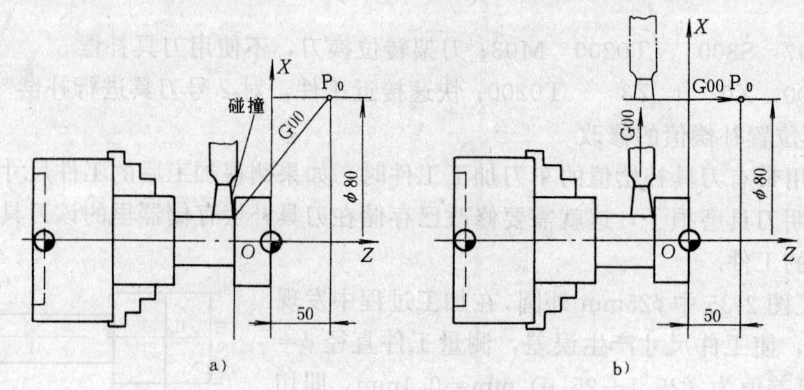

图 2-37 槽形工件产生碰撞的实例
a）产生碰撞 b）避免碰撞的方法

正确的程序为

N200 G00 X80. ；

N210 Z50. ；

执行上面的程序退刀，刀具的运动轨迹如 b 图所示，避免了碰撞。

3. 防止程序中 G00 的负值引起碰撞

当需要刀具快速移动接近工件时，要用 G00 指令快速定位。当机床执行该指令时，刀具将以最快的进给速度移向工件，如果编程时 Z 的负值计算有误，将导致刀具在快速移动中与工件碰撞，后果是极为严重的。因此，要求编程人员对 G00 的负值尺寸要反复核对，以控制车刀与工件或卡盘发生碰撞的可能性。

（七）机床的运转

工件的加工程序输入到数控系统后，经检查无误，且各刀具的位置补偿值和刀尖圆弧半径补偿值已输入到相应的存储器中，便可进行机床的空运行和实际切削。

1. 机床的空运行

数控车床的空运行是指在不装工件的情况下，自动运行加工程序。在机床空运行之前，操作者必须完成下面的准备工作：

1）各刀具装夹完毕。

2）各刀具的补偿值已输入数控系统。

3）将“FEEDRATE OVERRIDE”开关旋至适当位置，一般置于 100%。

4）置“SINGLE BOLCK”开关→“ON”。

5）置“OPTINAL TOP”开关→“ON”。

6）置“MACHINE LOCK”开关→“ON”。

7）置“DRY RUN”开关→“ON”。

8）将尾座体退回原位，并使套筒退回。

9）卡盘夹紧。

完成了上面的操作之后，便可执行加工程序，其操作过程如图 2-38 所示。

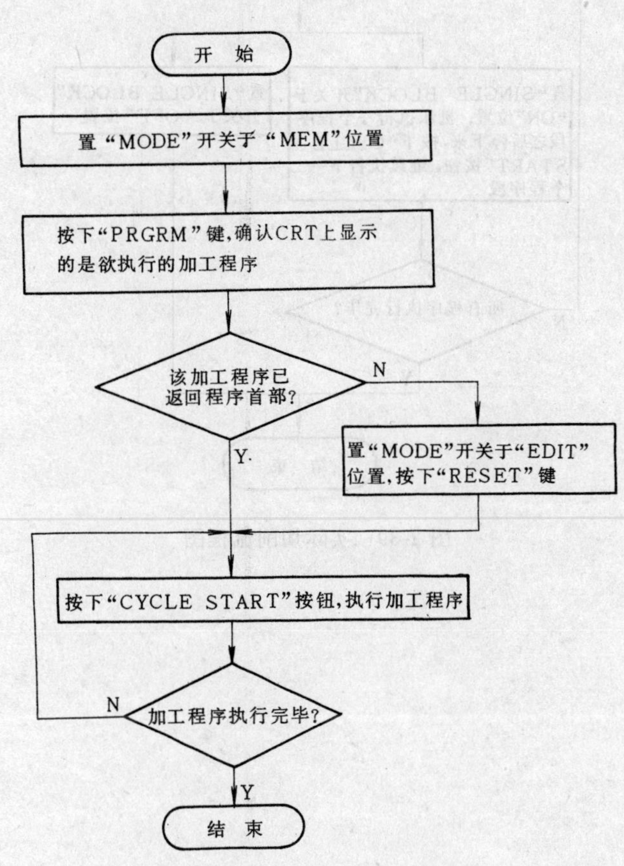

图 2-38 空运行流程图

2. 机床的实际切削

当机床的空运行完成，且由加工程序控制的机床加工过程正确，就可以进行机床的实际切削，其操作过程如图 2-39 所示。

经实际切削证明，工件的加工程序正确，且加工出了符合零件图样要求的工件，便可连续执行程序，进行工件的正式加工。

本章重点介绍了数控车床的传动与结构、机床的操作等，如果在普通数控机床的基础上，增加刀库容量和主轴的 C 轴坐标功能就可以构成一台车削中心。

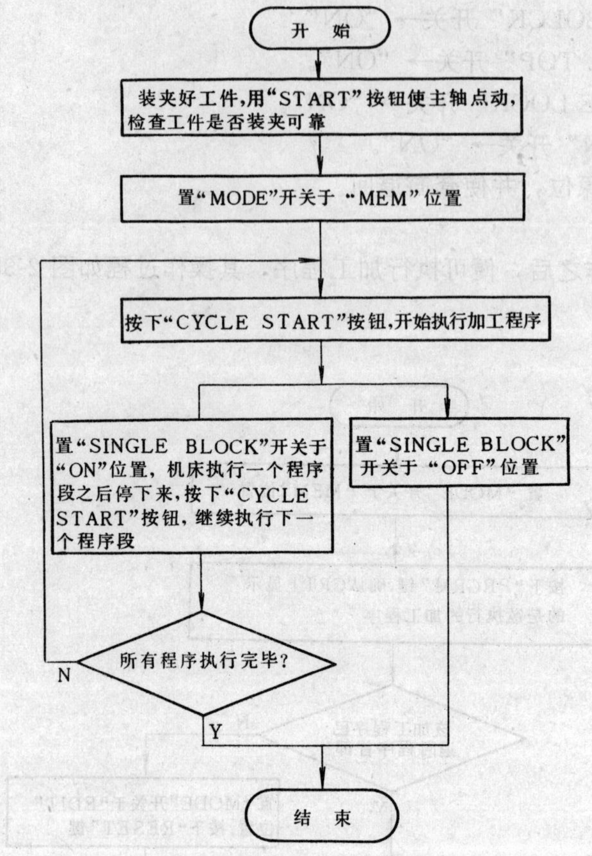

图 2-39 实际切削流程图

第三章　数 控 铣 床

数控铣床是一种用途广泛的机床，分有立式和卧式两种，一般数控铣床是指规格较小的升降台式数控铣床，其工作台宽度多在400mm以下，规格较大的数控铣床，例如工作台宽度在500mm以上的，其功能已向加工中心靠近，进而演变成柔性加工单元。数控铣床多为三坐标、两轴联动的机床，也称两轴半控制，即在X、Y、Z三个坐标轴中，任意两轴都可以联动。一般情况下，在数控铣床上只能用来加工平面曲线的轮廓。对于有特殊要求的数控铣床，还可以加进一个回转的A坐标或C坐标，即增加一个数控分度头或数控回转工作台，这时机床的数控系统为四坐标的数控系统，可用来加工螺旋槽、叶片等立体曲面零件。

第一节　数控铣床的布局及主要技术参数

一、XK5040A型数控铣床的布局

图3-1所示XK5040A型数控铣床的布局图，床身6固定在底座1上，用于安装与支承机床各部件。操纵台10上有CT显示器、机床操作按钮和各种开关及指示灯。纵向工作台16、横向溜板12安装在升降台15上，通过纵向进给伺服电动机13、横向进给伺服电动机14和垂直升降进给伺服电动机4的驱动，完成X、Y、Z坐标进给。强电柜2中装有机床电气部分的接触器、继电器等。变压器箱3安装在床身立柱的后面。数控柜7内装有机床数控系统。保护开关8、11可控制纵向行程硬限位；挡铁9为纵向参考点设定挡铁。主轴变速手柄和按钮板5用于手动调整主轴的正、反转、停止及切削液开停等。

XK5040A数控铣床的主要技术参数如下：

工作台工作面积（长×宽）	1600mm×400mm
工作台最大纵向行程	900mm
工作台最大横向行程	375mm
工作台最大垂直行程	400mm
工作台T形槽数	3
工作台T形槽宽	18mm
工作台T形槽间距	100mm
主轴孔锥度	7：24；莫氏50#
主轴孔直径	27mm
主轴套筒移动距离	70mm
主轴端面到工作台面距离	50～450mm
主轴中心线至床身垂直导轨距离	430mm
工作台侧面至床身垂直导轨距离	30～405mm
主轴转速范围	30～1500r/min
主轴转速级数	18

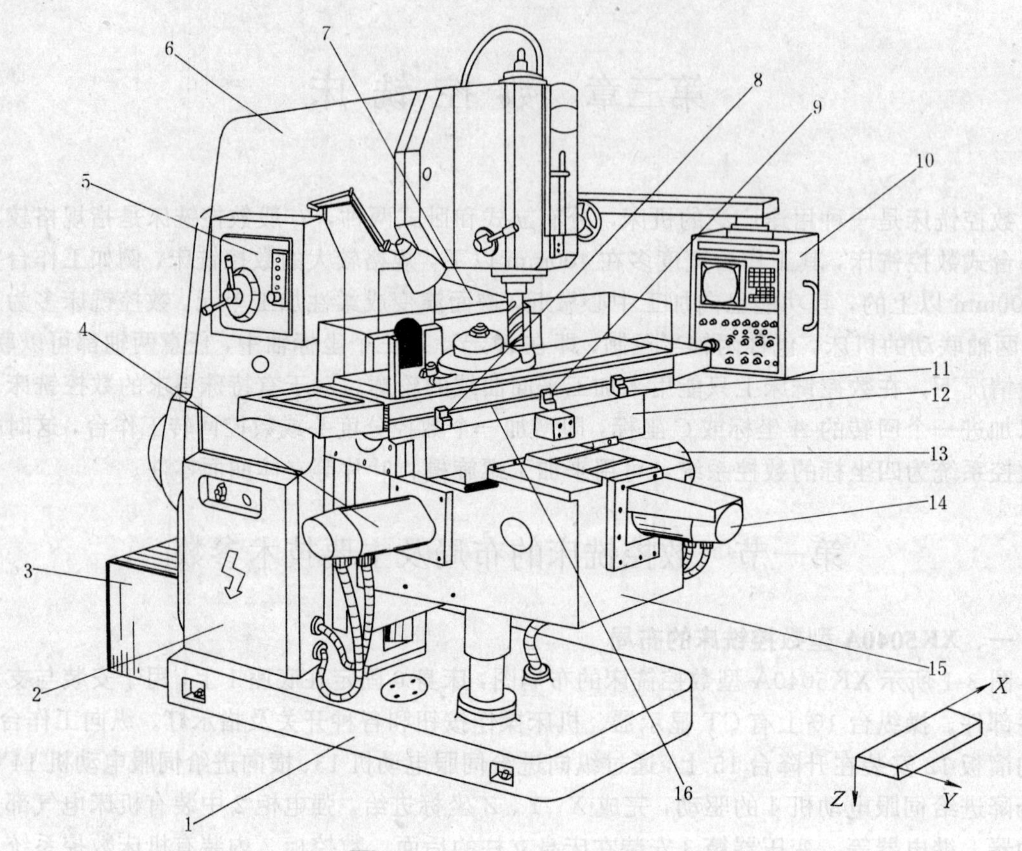

图 3-1 XK5040A 型数控铣床的布局图

工作台进给量	纵向	10～1500mm/min
	横向	10～1500mm/min
	垂直	10～600mm/min
主电动机功率		7.5kW
伺服电动机额定转矩	X 向	18N·m
	Y 向	18N·m
	Z 向	35N·m
机床外形尺寸（长×宽×高）		2495mm×2100mm×2170mm

XK5040A 型数控铣床配置的 FANUC-3MA 数控系统，半闭环控制，检测器为脉冲编码器，各轴的最小设定单位为 0.001mm。FANUC-3MA 数控系统的主要技术规格如表 3-1 所示。图 3-2 为该系统的框图，其传动系统图见图 3-3。

表 3-1 FANUC-3MA 系统主要技术规格

序号	名　称	规　格		
1	控制轴数	X、Y、Z 三轴		
2	同时控制轴数	同时两轴，手动操作仅一轴		
3	设定单位	最小设定单位	0.001mm	0.0001in
		最小移动单位	0.001mm	0.0001in

（续）

序号	名　称	规　　格
4	最大指令值	±9999.999mm ±999.9999in
5	零件程序的输入	零件程序输入方式如下： （1）由 MDI 键输入 （2）用选择功能和纸带阅读机输入程序 （3）从选择功能的输入接口输入 （4）根据录返功能（选择功能）控制零件程序
6	零件程序存储容量	4000 个字符，换算成纸带长度约 10M（使用 IC 存储器，用于电池除为后备电源）。根据选择功能，可以再增加 4000 个字符
7	零件程序的编辑	用 MDI 面板操作，对程序进行下述编辑： （1）字符的插入、变更、删除 （2）程序段或到指定程序段以前的删除 （3）程序和登录、删除
8	输入格式	采用可变程序段、字、地址格式
9	小数点的输入	可以输入带小数点的数值，使用小数点的地址是 X、Y、Z、R、F、Q
10	快速进给率	轴方向速度最高可达到 1500mm/min 或 600in/min（1in＝25.4mm） 利用快速进给倍率，快速进给速度可达到 F0，25，50，100％的倍率
11	切削进给率	可以在下列进给速度范围内设定： 1～15000mm/min 0.016～600.00in/min 切削进给速度的上限可以用参数设定，利用进给速度倍率，每 10％为一档，倍率可为 0～150％
12	自动加减速	对于运动指令，可以自动地进行加减速
13	绝对/增量值指令	通过 G 代码的变换，可以进行绝对值和增量值输入 G90；绝对值输入 G91；增量值输入
14	坐标系设定（G92）	用 G92 后面的 *X*、*Y*、*Z* 轴指令，设定坐标系，其中 *X*、*Y*、*Z* 轴的指令值为现在刀具坐标值
15	定位（G00）	指令 G00，各轴可以独立地进行快速进给，在终点减速停止
16	直线插补（G01）	指令 G01，可以用 F 代码指令的进给速度进行直线插补

（续）

序号	名　称	规　　格
17	圆弧插补（G02、G03）	指令 G02 或 G03，可以进行用 F 代码指定的进给速度进行 0°～360°的任意圆弧的插补，用 R 指定圆弧半径 G02：顺时针方向 G03：逆时针方向
18	暂停（G04）	利用 G40 指令，可以暂停执行下一个程序段的动作，其暂停时间由指令值决定。地址用 P 或 X
19	返回参考点	返回参考点的方式如下： （1）手动返回参考点 （2）返回参考点校验（G27） （3）自动返回参考点（G28） （4）从参考点返回（G29）
20	刀具半径补偿（G39～G42）	用指令 G39～G42，可以进行刀具半径补偿，最多可以指令 32 个偏置量最大值为 ±999.999mm（±99.9999in）
21	刀具长度补偿（G43、G44、G40）	G43、G44 指令进行 Z 轴刀具位置偏置。偏置号用 H 代码指定
22	固定循环（G73、G74 G76、G80～G89）	有钻孔循环、精镗循环、攻螺纹循环、反攻螺纹循环等 12 种循环
23	外部操作功能（G80、G81）	用 G81 指令，当 X、Y 轴定位结束后，输出外部操作信号。G80 是取消外部操作信号
24	辅助功能（M××）	用地址 M 后 2 位数值指令，可以控制机床的开/关。在一个程序段中，M 代码只能指令一次
25	主轴功能（S××）	利用地址 S 后的 2 位数值，可以指令主轴速度
26	刀具功能（T××）	用地址 T 后 2 位数值，指令刀具号选择
27	镜象（对称）	根据设定的参数，在自动运转时，使 X、Y 轴的运动反向
28	空运转	在空运转状态，进给速率为手动速度。快速进给指令（G00）不变，快速进给倍率有效。根据参数设定，对快速进给指令（G00）也可以有效
29	互锁	可以同时停止 X、Y、Z 轴进给或者停止 Z 轴一轴的进给。当进行互锁动作时，机械的可动部分减速后停止 当互锁信号解除时，便进行加速，然后再开始动作
30	单程序段	使程序一个程序段一个程序段地执行

（续）

序号	名　称	规　　格
31	跳过任选程序段	把机床上跳过任选程序段开关置于ON位置，则在程序执行中，便可跳过包括“/”的程序段
32	机床锁住	除机床不移动外，其他方面像机床在运动一样动作，显示也如机床运动一样。机床锁住功能即使在程序段中途也有效
33	进给保持	在各坐标上的进给可以停止一段时间。按循环起动按钮后，进给可以再开始。在进给开始前，用手动状态可以手动操作
34	紧急停	用紧急停操作，全部指令功能停止发送，机床立即停止
35	外部复位	可以从外部进行NC复位。利用复位全部指令被停止，机床减速停止
36	外部电源开/关	从机床操作面板等NC装置外部，进行电源的接通和切断
37	存储行程极限	把用参数设定的区域之外，作为禁止区域。当运动进入此区域时，使轴的动作减速停止
38	手动连续进给	（1）手动进给时，手动进给速度用旋转开关可以分为16档。16档的比率为等比级数 （2）手动快速进给时，速度用参数设定。快速进给速度也可以使用倍率
39	增量进给（步进进给）	本系统可以进行下述步进量的定位： 0.001，0.01，0.1，1mm（米制输入时） 0.0001，0.001，0.01，0.1in（英制输入时） 所以可以进行高效率的手动定位
40	程序号检索	利用手动数据输入和显示器面板（MDI & DPL）可以检索地址0后面4位数的程序号，号外，根据机床方面的信号也可以检索程序号
41	间隙补偿	用来补偿机床运动链中固有的刀具运动的空程。补偿量在0～255的范围内，每个轴用的最小转动单位，作为参数可以设定
42	环境条件	（1）环境温度 运转时0～45℃ 保管、运输时，－20～60℃ （2）温度变化 最大1.1℃/min （3）湿度 通常<75%（相对湿度） 短时间最大95% （4）环境 在尘埃、切削油、有机溶剂浓度较高的环境中使用时，应与制造厂家商量

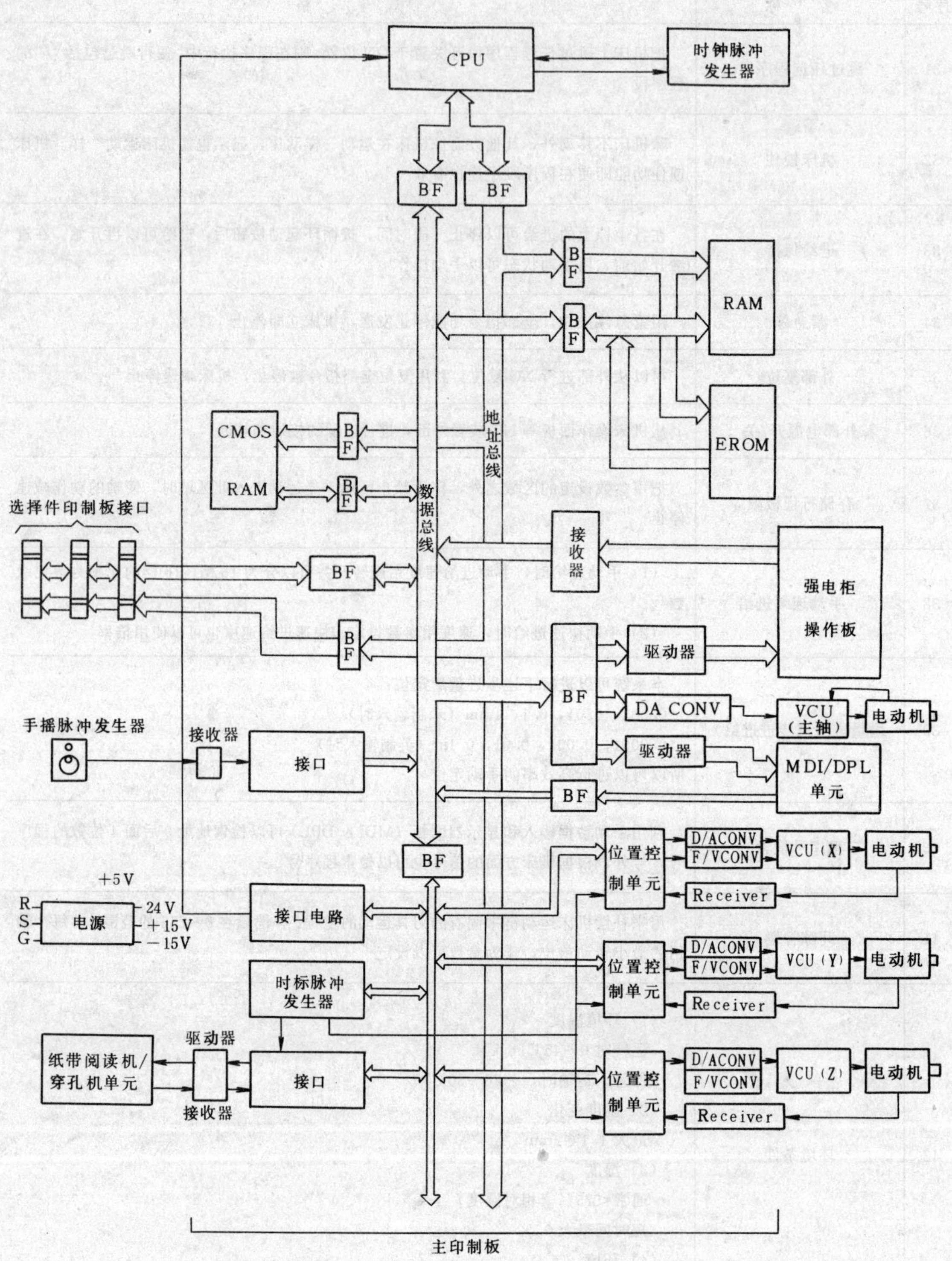

图 3-2 FANUC-3MA 系统框图

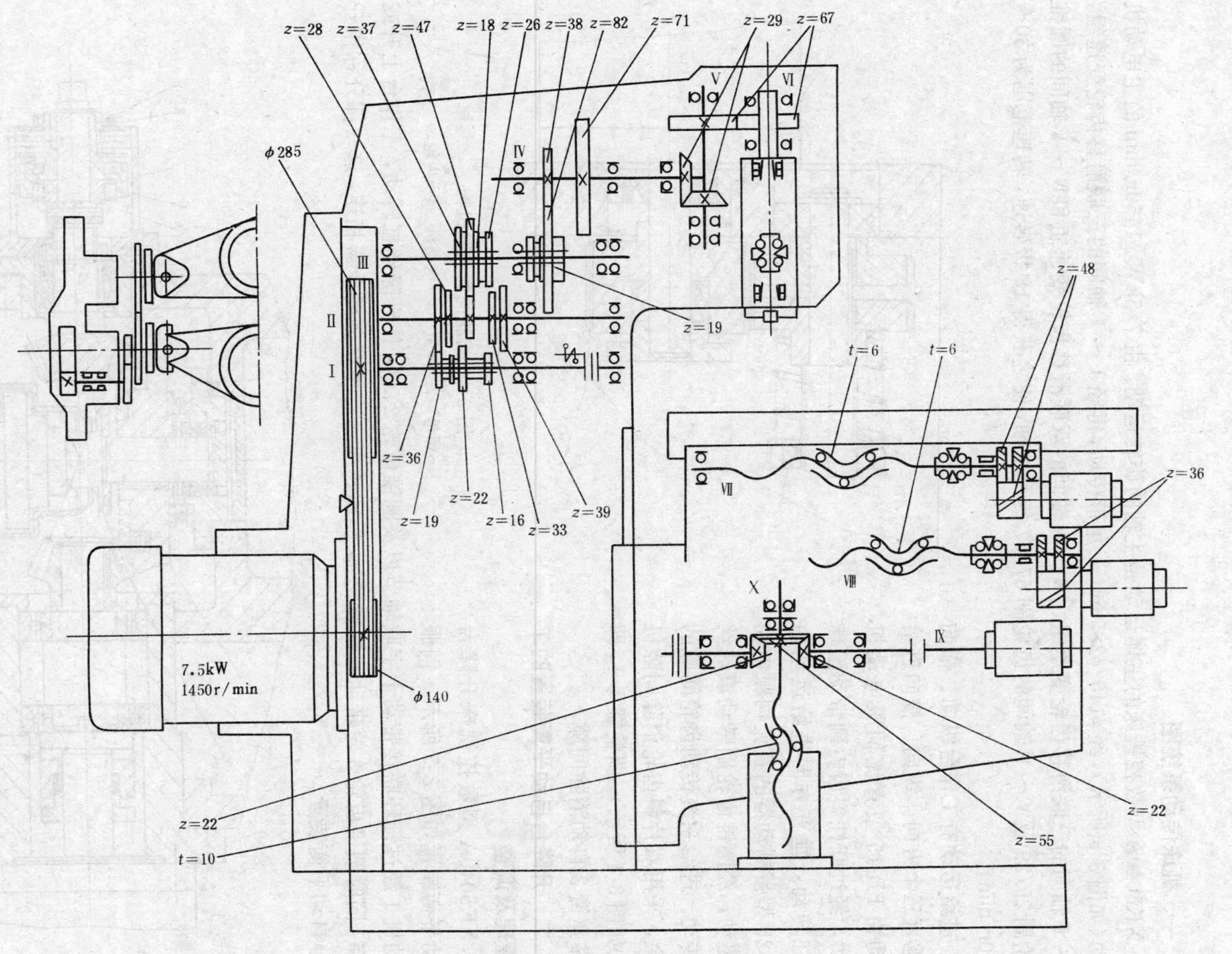

图 3-3 XK5040A 数控铣床传动系统图

第二节　机床的传动结构及调整

一、机床传动系统图

XK5040A 型数控铣床的主体运动是主轴的旋转运动。由 7.5kW、1450r/min 的主电动机驱动(如图 3-3 所示),经 ϕ140/ϕ285mm 三角带传动,再经Ⅰ～Ⅱ轴间的三联滑移齿轮变速组、Ⅱ～Ⅲ轴间的三联滑移齿轮变速组、Ⅲ～Ⅳ轴间的双联滑移齿轮变速组和Ⅳ～Ⅴ轴间的圆锥齿轮副 29/29 及Ⅴ～Ⅵ轴间的齿轮副 67/67 传至主轴,使之获得 18 级转速,转速范围为 30～1500r/min。

进给运动有工作台纵向、横向和垂直三个方向。纵向、横向进给运动由 FB-15 型直流伺服电动机驱动，经过圆柱斜齿轮副带动滚珠丝杠转动。垂直方向进给运动由 FB-25 型带制动器的直流伺服电动机驱动，经圆锥齿轮副带动滚珠丝杠转动。进给系统传动齿轮间隙的消除，采用双片斜齿轮消除间隙机构(如图 3-4 所示)。调整螺母 1,即可靠弹簧 2 自动消除间隙。

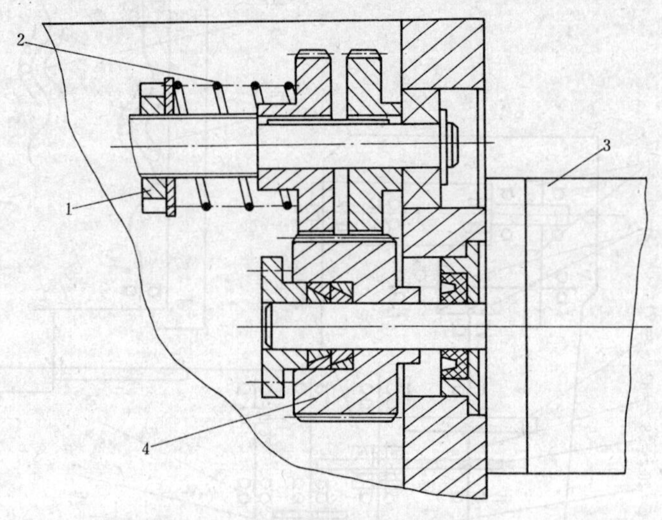

图 3-4　齿轮间隙消除机构

1—螺母　2—弹簧　3—电动机　4—齿轮

二、升降台自动平衡装置的工作原理及调整

XK5040A 型数控铣床升降台自动平衡装置如图 3-5 所示。伺服电动机 1 经过锥环联接带动十字联轴节以及圆锥齿轮 2、3，使升降丝杠转动，工作台上升或下降。同时圆锥齿轮 3 轮带动圆锥齿轮 4，经超越离合器和摩擦离合器相连，这一部分称作升降台自动平衡装置。

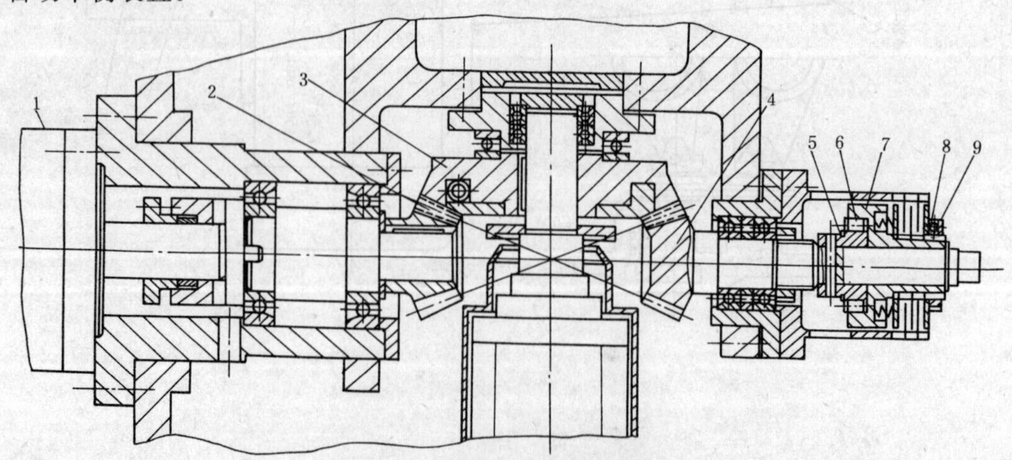

图 3-5　升降台自动平衡装置

升降台自动平衡装置的工作原理如下：当圆锥齿轮 4 转动时，通过锥销带动单向超越离合器的星轮 5。工作台上升时，星轮的转向是使滚子 6 和外壳 7 脱开方向，外壳不转摩擦片不起作用；而工作台下降时，星轮的转向使滚子 6 楔在星轮与外壳 7 之间，外壳 7 随着圆锥齿轮 4 一起转动。经过花键与外壳连在一起的内摩擦片与固定的外摩擦片之间产生相对运动，由于内外摩擦片之间由弹簧压紧，有一定摩擦阻力，所以起到阻尼作用，上升与下降的力量得以平衡。

因为滚珠丝杠无自锁作用，在一般情况下，垂直放置的滚珠丝杠会因部件的质量作用而自动下落，所以必须有阻尼或锁紧机构。XK5040A 型数控铣床选用了带制动器的伺服电动机。阻尼力量的大小，可以通过螺母 8 来调整，调整前应先松开螺母 8 的锁紧螺钉 9，调整后应将锁紧螺钉再锁紧。

第三节　机床数控系统的控制功能及面板操作

一、XK5040A 型数控铣床数控系统的功能及机床代码

（一）机床数控系统的控制功能

XK5040A 型数控铣床数控系统采用 FANUC-3MA 系统，其主要技术规格如表 3-1 所示。该机床还采用 CRT 字符显示器，作为手动数据输入和显示单元。程序的输入可以通过 RS232C 接口，用便携式纸带阅读机输入程序，在机床数控柜上有接口，用联接器连接。机床还具有录返功能，把用手柄操作的机械位置记忆在存储器中制成程序。在机床操作面板上为 TEACH IN JOG 方式和 TEACH IN HANDLE 方式。为用户使用方便，机床数控系统还具备用户宏指令等。

FANUC-3A 系统的控制功能、地址及其定义如表 3-2 所示。该系统采用的字地址格式，小数点编程，如 X 行程为 100mm，且移动方向为 X 轴正向时，程序可写成 X100.0；若不写小数点时，X100 即表示 X 移动 100×0.001mm＝0.1mm；所以当不写小数点时，应改写为 X100000 即可。其程序单的书写格式如表 3-3 所示。

表 3-2　机床数控系统控制功能、地址及定义

功　能	地　址	定　义
程序号	：(ISO) /O (EIA)	程序号
顺序号	N	顺序号
准备功能	G	指定动作方式（直线圆弧等）
坐标号	X、Y、Z R	坐标轴的运动指令 圆弧半径
进给速度	F	指定进给速度
主轴功能	S	指定主轴转速
刀具功能	T	指定刀具号
辅助功能	M	指定控制机床方面的 ON/OFF
偏置号	H	指定偏置号
指定程序号	P	指定子程序号
重复次数	P	子程序的重复次数
参数	P、Q、R	固定循环的参数

表 3-3　程序单格式

零件名称						年　月　日					第　页	
程序号	O（:）					编制					共　页	
N	G	X	Y	Z	R	F	S	T	M	H	P	Q

（二）机床的代码

1）机床准备功能 G 代码（如表 3-4 所示）。

2）机床辅助功能 M 代码（如表 3-5 所示）。

表 3-4　机床准备功能 G 代码

G 代码	组	意　义	G 代码	组	意　义
G00▲		定位（快速进给）	G65	00	宏指令
G01	01	直线插补（切削进给）	G73		钻孔循环
G02		圆弧插补（顺时针）	G74		反攻丝
G03		圆弧插补（逆时针）	G76	09	精镗
G04	00	暂停	G80		取消固定循环
G10		偏移量设定	G81		钻孔循环、点镗
G17▲	02	*XY* 平面指定	G82		钻孔循环、镗阶梯孔
G18		*ZX* 平面指定	G83		钻孔循环、镗阶梯孔
G19		*YZ* 平面指定	G84	09	攻丝循环
G20	06	英制输入	G85		镗孔循环
G21		公制输入	G86		镗孔循环
G27		返回参考点校验	G87		反镗循环
G28	00	返回参考点	G88		镗孔循环
G29		从参考点返回	G89		镗孔循环
G31		跳跃功能	G90▲	03	绝对值输入
G39		夹角圆弧补偿	G91		增量值输入
G40▲		取消刀具半径补偿	G92	00	设定坐标系
G41	07	刀具系统补偿（左侧）	G94▲	05	每分进给
G42		刀具系统补偿（右侧）	G98▲	04	返回起始平面
G43		刀具长度补偿＋	G99		返回 *R* 点平面
G44	08	刀具长度补偿－			
G49		取消刀具长度补偿			

注：1. 带有黑三角的记号的 G 码，在电源接通时，显示此 G 码；对于 G20、G21，则是电源切断前保留的 G 码。

2. 00 组的 G 码只在被指令的程序段内有效。

3. 不同组的 G 码，可以指令多个，但同组的 G 码指定两个以上时，后面指定的有效。

4. 在固定循环中，如果指令了 01 组的 G 码，则固定循环自动取消。

表 3-5 机床辅助功能 M 代码

代码	功能	说明
M00	程序停止	主轴、切削液停
M01	程序选择停	由选择开关控制
M02	程序结束	主轴、切削液停、机床复位
M03	主轴顺时针转动	
M04	主轴逆时针转动	
M05	主轴停	
M30	纸带结束	主轴停、机床复位、纸带回卷

二、面板的使用方法及注意事项

图 3-6 所示 XK5040A 型数控铣床操作面板，各按钮及开关的名称已用标牌注明。现将其使用方法及注意事项介绍如下：

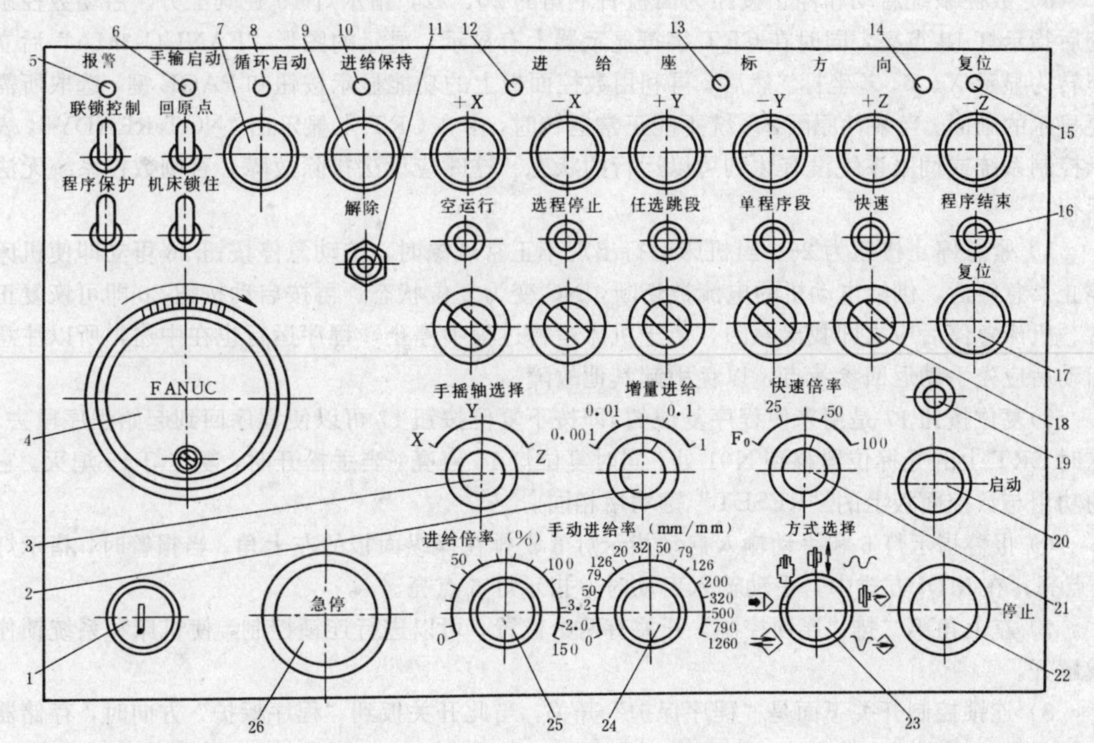

图 3-6 XK5040A 型数控铣床操作面板

1）面板左下角 1 为数控系统钥匙开关，只有用钥匙将锁打开，数控系统才能启动，以防止别人乱动各按钮及开关，发生事故。

2）方式选择（MODE SELECT）开关 23，从左到右有七种方式可选择。

①“编辑”（EDIT）——方式选择开关位置 1，这时可以进行程序输入、存储、编辑修改和删除，或将存储器中的程序穿孔输出。

②“自动”（AUTO）——方式选择开关位置 2，这时可以执行存储器中的程序，进行自动循环加工，或对已存储到存储器中的程序，进行程序号和顺序号的检索。

③ “手动数据输入”（MDI）——方式选择开关位置 3，可以进行手动数据输入，用键盘直接输入程序段并立即运行。

④ 手摇脉冲发生器的使用——方式选择开关位置 4，这时可以用手摇脉冲发生器 4 手动使工作台在 X、Y、Z 轴移动。每次只能操纵一个轴的运动，通过“手摇轴选择开关”3，来选择所操纵的轴。手摇脉冲发生器每格对应工作台在各轴方向上的进给量有四种：0.001，0.01，0.1，1，由增量进给开关 2 来选取。

⑤ 手动进给方式（JOG）——方式选择开关位置 5，这时可以连续手动进给。

⑥ 示教手摇脉冲发生器方式——方式选择开关位置 6，用手摇脉冲发生器操纵机床运动到要求的位置，在 PRGRM 状态下用各键编制程序，并随时用 INSRT 键送入存储器中存储。然后即可用上述程序使机床运行。

⑦ 示教手动连续进给方式（TEACH IN JOG）——方式选择开关位置 7，用手动连续进给，操纵机床。

3）数控系统启动和停止按钮为面板右下角的 20、22，指示灯 19 在其上方。启动数控系统后指示灯 19 点亮，同时在 CRT 字符显示器上有显示，显示的图形“FANUC-3MA”后立即转为显示 X、Y、Z 坐标。然后，再利用数控面板上的功能显示按钮和 PAGE 键，选取所需要显示的画面。当某种原因，系统不能正常运转时，由在 CRT 上显示出“NOT READY”，表示控制系统或伺服系统没有达到可以运行的状态。这时应设法排除故障，否则数控系统无法运行。

4）紧急停止按钮为 26。当机床运行出现不正常现象时，按动急停按钮 26 可立即使机床停止。急停后，供给电动机的电流被切断，NC 变为复位状态。再按启动按钮 20 即可恢复正常。机床急停后应立即找出原因，由于机床运行过程中停止，程序运行也在中途，所以注意启动后应先手动返回参考点，以免引起其他故障。

5）复位按钮 17 是用来使程序复位的，即按下复位按钮 17 可以使程序回到起始程序段去，这时 CRT 上的光标位置移到 N01 处，同时复位灯 15 点亮。当手松开时，复位灯 15 熄灭。它的功用与数控面板上的“RESET”键功用相同。

6）报警指示灯 5 和手动输入启动指示灯 6 安排在操纵面板的左上角。当报警时，指示灯 5 点亮；在 MDI 方式中，手动输入启动时，指示灯 6 点亮。

7）左上角第二排“连锁控制”开关有两个位置，可以进行连锁控制，使机床和系统锁住或解开。

8）连锁控制开关下面是“程序保护”开关，当此开关扳到“程序保护”方向时，存储器内的程序就不能被洗掉，这时程序也不能写入。当此开关扳回原位时，才能进行程序的写入和修改工作。

9）程序保护开关的右边是“机床锁住”开关，此开关可使机床锁住不动，但程序可以正常运行。这时从 CRT 显示器上，可以检验程序的运行状况，以及正常的坐标显示以便进行修改。

10）机床锁住开关的上面是“回原点”开关，此开关有两个位置。它与右面最上一排“进给坐标方向”的六个按钮“$+X$、$-X$”，“$+Y$、$-Y$”，“$+Z$，$-Z$”联用。当回原点开关扳到“回原点”位置时，分别按住这六个按钮（应注意当时机床工作台的各位置，以选取相应的＋、－方向），即可使机床自动返回坐标 0 点。与此同时，相应的坐标 0 点指示灯 14、12、

13分别点亮。这时再按这六个按钮的任一个，机床也不会有任何运动。在CRT显示器上，机床坐标的 X、Y、Z 值也均应为0。当回原点开关不是扳到回原点位置时，六个按钮则分别为手动移动，移动的速度可以用“手动进给率”开关24调整。应特别注意的是，上述动作必须在手动方式下进行。

11）循环启动按钮7和指示灯8，可用来启动程序，使之开始运行。此时方式选择开关23应扳到位置2，即“自动”位置上。在下列情况下不动作：

① 进给保持按钮按下或方式选择开关扳错位置；

② 顺序号检索中；

③ 报警状态；

④ NC处在非准备状态时。

12）当在自动循环中，按下进给保持按钮9，机床减速停止或在执行M、S、T功能后停止，指示灯10点亮，循环启动指示灯灭。当需要继续进给时，再按循环启动按钮。

13）程序结束指示灯16在程序运行结束后点亮。按复位按钮后，灯灭，可以再进行循环启动。

14）快速开关18的指示灯在其上方。当手动连续进给时，根据要求移动的轴选取 $+X$、$-X$、$+Y$、$-Y$、$+Z$、$-Z$ 六个按钮，如果同时扳动快速开关18，则为快速连续进给。快速进给速度可以用“快速倍率”开关21修调，快速倍率开关有四个档，即0、25%、50%、100%等。若快进速度为20m/min时，当快速倍率处在50%档，则实际速度吸有10m/min。快速倍率开关对于G00的快速进给；G27、G28、G29中的快速进给；固定循环中的快速进给和手动返回参考点的快速进给等均起作用。

15）进给倍率旋钮25的作用与快速倍率开关21的作用相似，只是用来修调进给速度的。

16）单程序段开关，可使程序单段运行，即每按一次循环启动按钮，只运行一个程序段后就停止。再按一次循环启动按钮，则再运行一个程序段。任选跳段开关应与程序相配合，凡程序段中的“/”开关的程序段，扳动任选跳段开关，就可以执行，反之，扳到另一位置时，就不执行。选程停止开关用于任选程序的停止，此开关与M01连用。空运行开关可使程序空运行，它与程序正式运行的区别在于运行时，不按给定的速度进行，用于检验程序。

17）工作台超程有两道限位保护，一个为软限位（数控系统）；另一个为硬限位（行程开关）。当工作台超程达软限位时，工作台运动停止并报警，只要反方向移动工作台即可复位。但在工作台超程越过软限位而压下硬限位的行程开关时，机床工作台也停止并报警。这时机床控制电源全部切断，为了复位，就需要一方面按住解除按钮11，另一方面按相应的工作台移动按钮，才能使机床恢复正常状态。

第四节 数控铣床的程序编制

一、数控系统各种功能的使用

（一）平面指定（G17、G18、G19）

平面指定指铣削过程中指定圆弧插补平面和刀具补偿平面。铣削时在 XY 平面内进行圆弧插补，则应用准备功能G17；在 ZX 平面内进行圆弧插补，应选用G18准备功能；在 YZ 平面内进行加工插补，则需选用G19准备功能。平面指定与坐标轴移动无关，不管选用哪个平面，各坐标轴的移动指令，均会执行。

（二）直线插补（G01）

直线插补用来加工直线表面。插补时的进给速度用 F 指令，在铣床上 F 指令的进给速度单位为 mm/min，F 为模态代码，指令后若不重复指令，一直有效，若不指令，则进给速度为 0。

（三）圆弧插补（G02、G03）

圆弧插补程序段包括插补平面、圆弧回转方向和终点坐标等三个方面。圆弧半径由 R 指令，其程序段格式为

XY 平面内的圆弧插补

$$\text{G17}\begin{Bmatrix}\text{G02（顺时针）}\\\text{G03（逆时针）}\end{Bmatrix}\ \text{X\_Y\_R\_F\_} *$$

ZX 平面内的圆弧插补

$$\text{G18}\begin{Bmatrix}\text{G02}\\\text{G03}\end{Bmatrix}\ \text{Z\_X\_R\_F\_} *$$

YZ 平面内的圆弧插补

$$\text{G19}\begin{Bmatrix}\text{G02}\\\text{G03}\end{Bmatrix}\ \text{Y\_Z\_R\_F\_} *$$

程序段中的"＊"号表示程序段结束，用 EOB 键输入。程序段中 *XY*、*ZX*、*YZ* 在绝对值编程时为圆弧的终点坐标值，在增量值编程时为从圆弧起点到终点的坐标距离。圆弧半径用 R 指令，当圆弧在 0°～180°范围内时，R 取正值；大于 180°～360°的圆弧，R 用负值指定。进给速度用 F 指令，其 F 值是沿圆弧轨迹运动时的进给速度。

（四）刀具补偿（G39、G40、G41、G42、G43、G44）

数控铣床的刀具补偿有两种，一种为刀具半径补偿，另一种为刀具长度补偿。

1. 刀具半径补偿（G39、G40、G41、G42）

刀具半径补偿是使刀具在半径方向上进行偏移，由于这项功能可使编程工作得以简化，即只需按照零件轮廓编制程序，在选用不同直径铣刀时，只要增加相应的偏移补偿量即可。偏移量可以用 G 功能指令，也可以用 MDI 输入。由数控装置自动计算，并使刀具按照计算结果补偿，偏移量也可以用 H 代码指令，其偏移补偿数据也是预先存入存储器中的。

(1) 刀具半径左补偿（G41）和右补偿（G42）

刀具半径左补偿指刀具偏向编程加工轨迹运动方向的左方（如图 3-7a 所示），右补偿则是偏向右方（如图 3-7b 所示）。铣刀从 0 点出发，如无刀具半径补偿则沿 0～B′方向运动，当有刀具半径补偿时，从 0 到 B′运动过程中进行刀具补偿，其补偿方向由 G41、G42 代码决定。a 图中从 0 到 B′程序段完成后，因有刀具偏移补偿指令，所以实际移动到 B 点，即刀具补偿了一个半径值。到 B 点后，刀具中心的偏移方向始终是在工件轮廓轨迹的法向，即与运动方向垂直，B′B 称为偏移矢量，其箭头表示偏移的方向。

设铣刀直径为 ϕ20mm，0 点为原点，B′点坐标为（18，24），终点坐标为（74，32），刀具偏移偏置号为 H06，则图 a 程序为

N1 G90 G17 G41 G00 X18.0 Y24.0 M03　H06 ＊ 绝对值编程，*XY* 平面刀具半径左补偿，快速定位点（18，24）刀具补偿

地址 H06，预先在 H06 中输入 10.0 补偿量，这时刀具中心到达 B 点，主轴正转。

N2 G02　　X74.0 Y32.0 R40.0 F180　＊圆弧插补、加工 R40 圆弧
N3 G40 G00　　X84.0 Y0　＊取消刀具半径补偿值
N4 G00　　X0　　M02　＊返回起始点

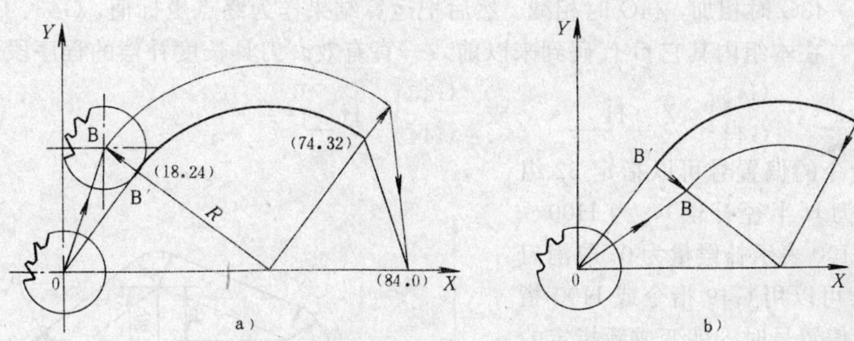

图 3-7　刀具半径补偿过程
a）左补偿　b）右补偿

（2）取消补偿（G40）

当系统接通电源后，为 G40 取消补偿状态。取消补偿也需要一个程序段，而且刀具半径补偿程序段和取消补偿程序段都必须使用 G00 或 G01 指令，不得使用 G02 或 G03 圆弧插补指令。取消补偿 G40 指令也可用 H00 指令效果一样，如上例 N3 改写成 G00 X84.0Y0 H00。在取消刀具半径补偿时，要注意程序中应使刀具离开加工轨迹的距离至少为刀具补偿值。这是因为取消刀具半径补偿时，并不是按图中箭头所示轨迹运动，而是快速返回原来位置，如果刀具不多离开工件一段距离，很容易损伤工件或刀具。所以上例程序 N3 中 X 值不取 X74 而取 84 的原因。

（3）补偿状态左右的转换及补偿量的改变

当补偿状态从左变到右，即指令从 G41 变到 G42 时，或补偿状态从右变到左，即指令从 G42 变到 G41 时，中间都需要经过取消补偿状态，即 G40 程序段。但是在定位（G00）或直线插补（G01）时，可以直接转换。

改变补偿量一般在补偿取消状态下换刀时进行，但在定位（G00）和直线插补（G01）状态下也可以进行。

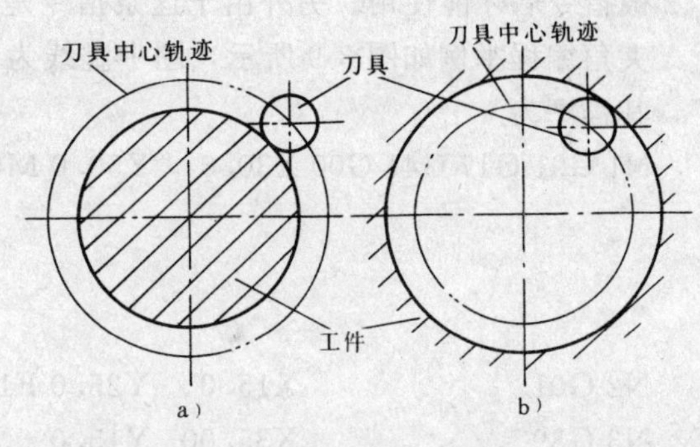

图 3-8　补偿量正负与刀具中心轨迹之间关系
a）外侧切削　b）内侧切削

（4）补偿量正负和刀具中心轨迹的位置关系

图 3-7 所示的刀具半径补偿过程中的 G41 和 G42 时的位置，是指补偿量为正值时的情

况，当补偿量取负值时，则相当于把 G41 与 G42 互换，如图 3-8 所示。

在编程时，当补偿量为正值时，如 a 图所示沿工件外侧切削；当补偿量取负值时，就如 b 图所示沿工件内侧切削。反之，当取 b 图补偿量为正值时，那么 a 图中的补偿量即为负值。

2. 刀具长度补偿（G43、G44）

刀具长度补偿可以在不改变程序情况下，随时补偿刀具长度尺寸的变化。其补偿量存入由 H 码指令存储器中。G43 代码补偿方向为正，G44 代码补偿方向为负。不管用绝对值或增量值编程，用 H 代码指令的存储器中的补偿量都需与程序中指定的 Z 轴移动指令的终点坐标值进行运算。43G 时相加，44G 时相减。然后把运算结果作为终点坐标值。G43、G44 为模态码，指令后，在本组内其它 G 代码到来以前，一直有效。刀具长度补偿的程序段形式为

$$\left.\begin{matrix}G43\\G44\end{matrix}\right\}\ Z\_H\_*\quad 或\quad \left.\begin{matrix}G43\\G44\end{matrix}\right\}\ H\_*$$

H 码指令的偏置号可以指定 32 组（其中包括刀具半径补偿），为 H00～H32，其中 H00 表示补偿量为 0。取消刀具长度补偿可以用 G49 指令或 H00 指令。当变更偏置号时，就变成新指定的补偿量，偏置号中的补偿量数值可以用 MDI 或 DPL 预先设定在存储器中，也可用下述程序段指令：G10 P __ R __ *（G10——补偿量设定；P——指令偏置号，从 0～32；R——指令补偿量）。

3. 夹角补偿圆弧插补（G39）

两平面相交处为夹角，在这一点可能产生超程现象，目前数控系统都具备夹角补偿插补功能。它可以用在 G01、G02 和 G03 中，指令形式为：G39X __Y __ *。这条指令只有在补偿状态下，并且与 G41 和 G42 被指令后才能使用。另外由于这条指令是非模态的，所以只在指令的程序段内才有效。

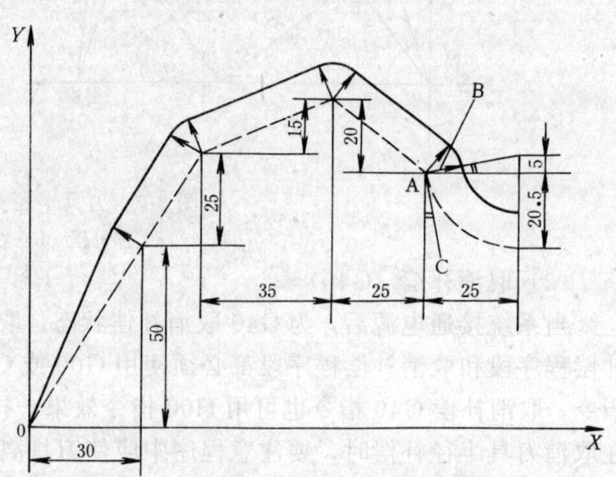

图 3-9　夹角编程举例

夹角编程举例如图 3-9 所示，图中虚线为工件轮廓，实线为刀具中心轨迹。

其程序为

N1 G91 G17 G41 G00 X30.0	Y50.0 M03 H06	*	增量编程，取 XY 平面，刀具左补偿，定位在（30、50）点，且进行刀具半径补偿，补偿量预先设定在 6 号存储器内
N2 G01　X15.0	Y25.0 F180	*	直线插补，进给速度为 180mm/min
N3 G39　X35.00	Y15.0	*	夹角圆弧补偿矢量方向（35，15）
X35.00	Y15.0	*	直线插补、终点坐标（35，15），因 G39 不破坏 G01 功能，故 G01 省略
N4 G39　X25.0	Y-20.0	*	因 G39 为非模态代码，故须写上
X25.0	Y-20.0	*	

N5 G39　　　　　　X5.0　　Y-25.0　　　　　*

N6 G03　　　　　　X25.0　　Y-20.5 R25.5　　*　逆圆插补，圆半径 R 为 25.5

（五）坐标系设定（G92）

当用绝对值编程时，应先设定工件坐标系。工件坐标系可用下面指令设定：

G92 X __ Y __ Z __ *

指令中 X、Y、Z 的坐标值即为刀尖或刀具上某一点在工件坐标系中的位置。用 G92 指令时，X、Y、Z 的数值即确定了工件坐标的原点，当执行这一程序段时，机床不动作，即 X、Y、Z 轴均不移动，只是在 CRT 显示器上的工件坐标值发生变化。以图 3-10 中两坐标图形为例，当刀具中心在机床 0 点位置时（如图 3-10a 所示），执行 G92 指令之前的显示情况，工件各坐标值均为 0；当执行 G92 X14.0 Y20.0 指令后，变为图 3-10b 所示状况，此时工件坐标就建立了。它说明此刻机床坐标原点 0，位于工件坐标的 X14、Y20 点处，图中虚线表示的即为工件坐标系，0′为工件坐标系的原点，它位于机床原点（也称参考点）的 $X=-14$、$Y=-20$ 的点处。

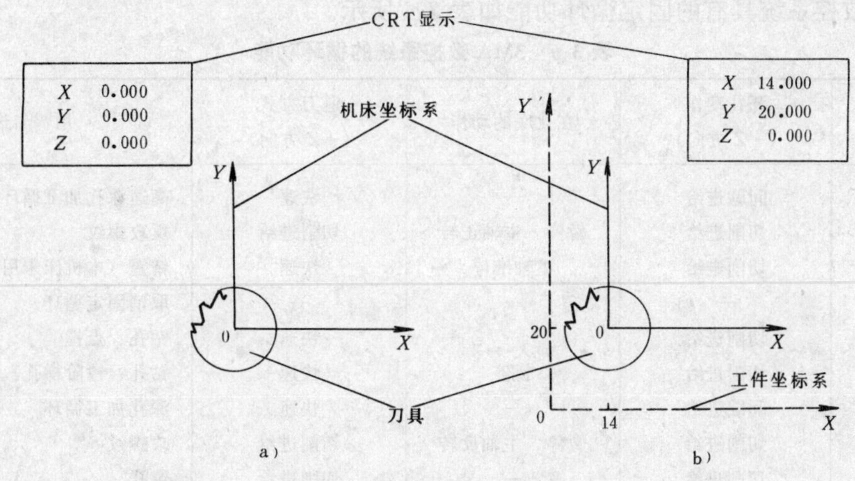

图 3-10　G92 指令执行情况

（六）自动返回参考点（G27、G28、G29）

机床参考点是可以任意设定的，设定的位置主要根据机床加工或换刀的需要。设定的方法有两种：其一用参数设定，即根据刀杆上某一点或刀具刀尖等坐标位置存入 76、77、78 号参数中，来设定机床参考点；其二用调整机床上各相应的挡铁位置，也可以设定机床参考点。一般参考点选作机床坐标的原点，在使用手动返回参考点功能时，刀具即可在机床 X、Y、Z 坐标参考点定位，这时返回参考点指示灯亮，表明刀具在机床的参考点位置。

1. 返回参考点校验功能（G27）

程序中的这项功能，是检查机床是否能准确返回参考点，其程序段的形式为：G27 X __ Y __ *，当执行 G27 指令后，各轴参考点返回指示灯分别点亮。当使用刀具补偿功能时，指示灯是不亮的，所以在取消刀具补偿功能后，才能使用 G27 指令。当返回参考点校验功能程序段完成后，需要使机械系统停止时，必须在下一个程序段后增加 M00 或 M01 等辅助功能或在单程序段情况下运行。

2. 自动返回参考点（G28）

利用这项指令，可以使指令轴自动返回参考点。其程序段的形式为

$$G28\begin{cases}X\_\_Y\_\_*\\Z\_\_X\_\_*\\Y\_\_Z\_\_*\end{cases}$$

G28 指令一般用于自动换刀，所以使用 G28 指令时，应取消刀具的补偿功能。

3. 从参考点自动返回（G29）

从参考点自动返回指令 G29 的形式为 $G29\begin{cases}X\_\_Y\_\_*\\Z\_\_X\_\_*\\Y\_\_Z\_\_*\end{cases}$

这条指令一般紧跟在 G28 指令后使用，指令中的坐标值是执行完 G29 后，刀具应到达坐标点。它的动作顺序是从参考点快速到达 G28 指令的中间点，再从中间点移动到 G29 指令的点定位，其动作均与 G00 动作相同。

（七）固定循环功能

3MA 数控系统具有的固定循环功能如表 3-6 所示。

表 3-6　3MA 数控系统的循环功能

G 码	开孔动作（−Z 方向）	在孔底的动作	退刀方式（+Z 方向）	用　途
G73	间歇进给	—	快速	高速深孔加工循环
G74	切削进给	暂停—主轴正转	切削进给	反攻螺纹
G76	切削进给	主轴准停	快速	精镗（本机床未用）
G80	—	—	—	取消固定循环
G81	切削进给	—	快速	钻孔、点镗
G82	切削进给	暂停	快速	钻孔、镗阶梯孔
G83	间歇进给	—	快速	深孔加工循环
G84	切削进给	暂停、主轴反转	切削进给	攻螺纹
G85	切削进给	—	切削进给	镗孔
G86	切削进给	主轴停止	快速	镗孔
G87	切削进给	主轴正转	快速	反镗
G88	切削进给	暂停→主轴停止	手动	镗孔
G89	切削进给	暂停	切削进给	镗孔

1. 固定循环的组成

一般固定循环是由 6 个动作程序组成的（如图 3-11 所示）：

动作 1——*X*、*Y* 轴定位；

动作 2——快速进给到中间点 *R*；

动作 3——孔加工；

动作 4——在孔底动作；

动作 5——退回到中间点 *R*；

动作 6——快速退回到起始点。

固定循环在 *XY* 平面内，加工的孔在 *Z* 轴方向上，不能在其他平面内定位及其他轴向

（X、Y）上钻孔，它与平面指定的 G 代码（G17、G18、G19）无关。

2. 固动循环动作的指定

每一个方式固动循环动作的指定包括以下三个方式，每一个方式都用模态 G 代码指定。

（1）数据方式 { G90 绝对值输入；G91 增量值输入 }

（2）返回点平面 { G98 返回起始平面；G99 返回中间 R 点平面 }

（3）孔加工方式　G73～G89

当指定绝对值输入（G90）时，其数据给定方式如图 3-12a 所示，当指定增量值输入（G91）时，其数据给定方式如图 3-12b 所示。G90 与 G91 的区别在于 Z、R 起点不同。

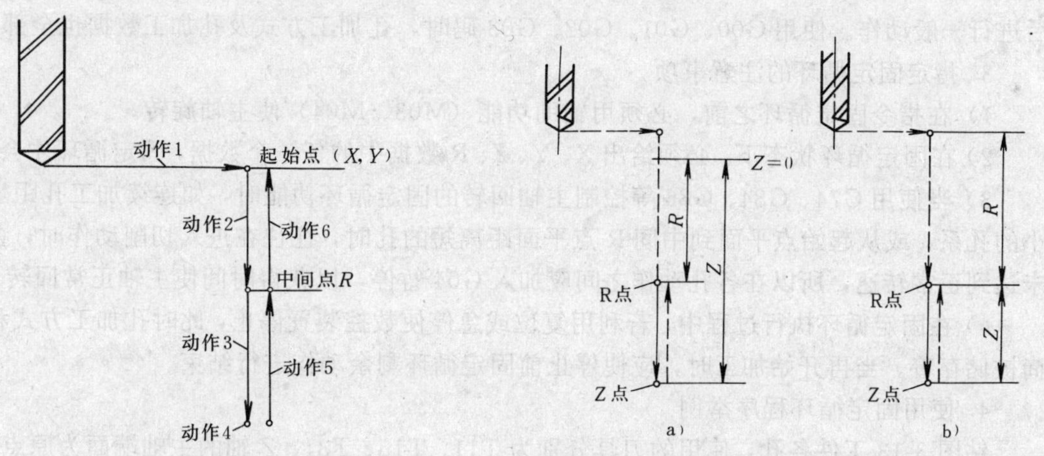

图 3-11　固定循环的动作组成

图 3-12　G90 与 G91 的区别
a）G90 状态　b）G91 状态

刀具返回起始点用 G98；返回中间 R 点用 G99，一般在孔系加工中，钻第一个孔以后用 G99，返回 R 点平面，以减少机动时间；钻最后一个孔时用 G98，以便返回起始点平面。G73～G89 固定循环中孔加工数据的程序段为

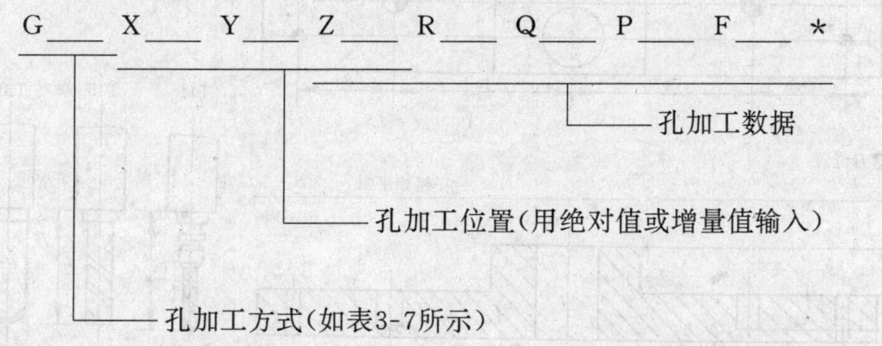

孔加工数据：

Z、R——参见图 4-11，起始点平面到中间 R 点的距离，R 点到孔底的距离，可以用绝对值或增量值输入。

Q——指定 G73、G83 间歇进给的每次进给量或 G76、G87 切削进给的位移量，一般用增量值输入。

P——指定刀具在孔底的暂停时间，参见 G04。

F——指定切削进给速度。图 3-11 中动作 3 的速度用 F 码指令，动作 5 根据不同加工方式可以用 F 码也可用快速进给；其余动作均用 G00 码指令。

孔加工方式被指定后，直至指令其他孔加工方式或取消固定循环 G 代码为止，孔加工方式不变。所以，加工同一种孔时，加工方法连续运转，不需要每个程序段都指定。因此在固定循环开始时，必须把孔加工所需的全部数据都指定出来，在循环中只指定变更的数据。

在固定循环中，如果用了复位，孔加工方式及孔加工数据保持不变，但孔的位置数据被消除。孔加工方式指令由 G80 取消，R 点、Z 点也被取消，即在增量指令中 R=0、Z=0，然后进行一般动作。使用 G00、G01、G02、G03 码时，孔加工方式及孔加工数据也全部取消。

3. 指定固定循环的注意事项

1）在指令固定循环之前，必须用辅助功能（M03、M04）使主轴旋转。

2）在固定循环状态下，必须给出 X、Y、Z、R 数据中的任一个数据，固定循环才会执行。

3）当使用 G74、G84、G86 等控制主轴回转的固定循环功能时，如连续加工孔距坐标较小的孔系，或从起始点平面到中间 R 点平面距离短的孔时，往往在进入切削动作时，主轴尚未达到正常转速，所以在各孔动作之间应加入 G04 暂停，以获得时间使主轴正常回转。

4）在固定循环执行过程中，若利用复位或急停使数控装置停止，此时孔加工方式和数据尚被储存着。当再开始加工时，应使停止前固定循环剩余动作进行结束。

4. 使用固定循环程序举例

钻图 3-13 工件各孔，使用的刀具分别为 T11、T15、T31、Z 轴的主轴端面为原点 0，由

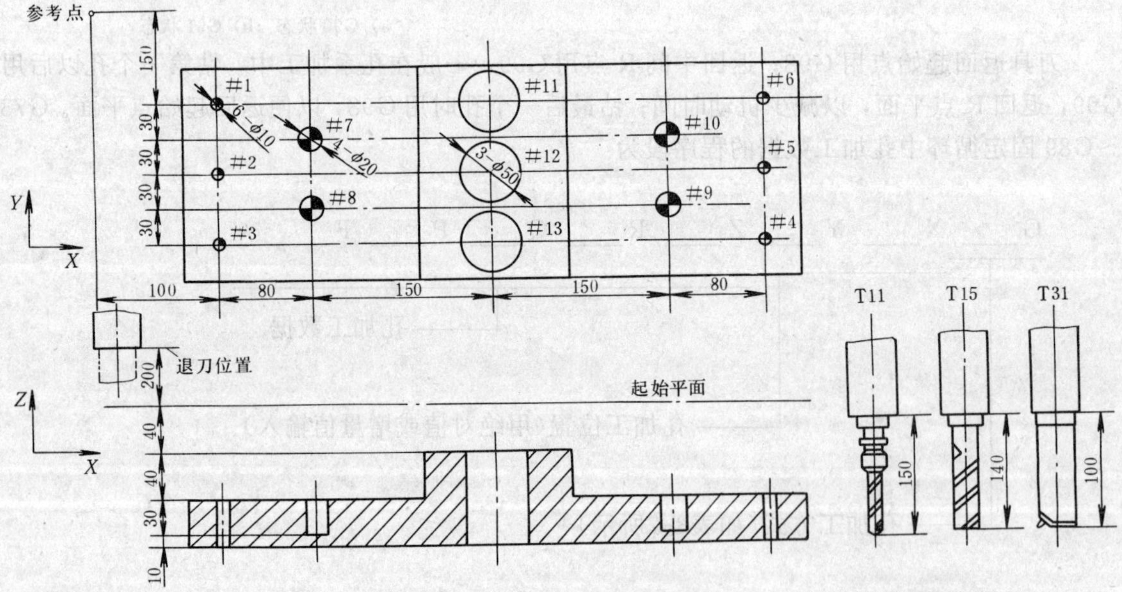

图 3-13　使用固定循环举例

于长度不同分别采用刀具长度补偿。T11 补偿量为＋150.0；T15 补偿量为＋140.0；T31 补偿量为＋100.0，并输入到刀具补偿存储器相应号数中。

其程序为

程序	说明
N01 G92 X0 Y0 Z0 *	设定坐标系
N02 G90 G00 Z200. 0 T11 M00 *	主轴上升到 200mm 处停止，换上 T11 号刀，换刀后启动 NC
N03 G43 Z0 H11 *	规定起始平面，刀具长度补偿（＋）
N04 M03 *	主轴顺时针转动，加上主轴功能 SXXXX 时，即可指令主轴转数
N05 G99 G81 X100. 0 Y-150. 0 Z-123. 0 R-77. 0 F120 *	定位在 1＃孔处，钻到－123. 0 处，进给量为 120mm/min
N06 Y-210. 0 *	定位后加工 2＃孔，因用 G99 故返回到 R 平面。与 N05 比较，固定循环中其他参数不变，只改变 Y 值，故只需将 Y 值给出即可
N07 G98 Y-270. 0 *	定位后加工 3＃孔，因用 G98 故返回到起始平面，仍为 G81 固定循环
N08 G99 X560. 0 *	定位后加工 4＃孔，返回 R 平面
N09 Y-210. 0 *	定位后加工 5＃孔，返回 R 平面
N10 G98 Y-150. 0 *	定位后加工 6＃孔，返回起始平面
N11 G00 X0 Y0 M05 *	返回参考点，主轴停
N12 G49 Z200. 0 T15 M00 *	换 T15 号刀，取消刀具长度补偿，启动 NC
N13 G43 Z0 H15 M03 *	刀具长度补偿
N14 G99 G82 X180. 0 Y-180. 0 Z-110. 0 R-77. 0 P300 F70 *	定位后钻 7＃孔，返回 R 平面，因循环功能为 G82，故各参数均需给定，暂停时间 P 取 300ms
M15 G98 Y-240. 0 *	钻 8＃孔，返回起始

平面，以便在加工9#孔定位时不与工件凸台相碰

N16 G99 X480.0 * 钻9#孔，返回R平面

N17 G98 Y-180.0 * 定位钻10#孔，返回起始平面

N18 G00 G49 X0 Y0 Z200.0 T31 M00 * 返回参考点，取消刀具长度补偿，换T31号刀，启动NC

N19 G43 Z0 H31 M03 * 刀具到达起始平面，刀具长度补偿

N20 G85 G99 X330.0 Y-150.0 Z-123.0 R-37.0 F50 * 定位后加工11#孔，返回R平面

N21 G91 Y-60.0 * 钻12#孔

N22 Y-60.0 * 钻13#孔

N23 G00 G90 X0 Y0 Z0 M05 * 返回参考点，主轴停

N24 G49 G91 Z0 M02 * 取消刀具长度补偿，程序停

表 3-7 槽形凸轮铣削加工程序单

N	G	X	Y	Z	R	F	H	M
001	G92	X0	Y0	Z100000				M03
002	G17 G00	X150	Y-15000					
003	G19 G01			Z30000		F2000		M08
004				Z0		F200		
005			Y15000	Z-3000				
006			Y-15000	Z-5000				
007			Y15000	Z-7000				
008	G17 G01 G42	X149997	Y974				H21	
009	G02	X122564	Y-56044		R72			
010		X54839	Y-75443		R93			
011	G01 G42	X-7539	Y-68589				H22	
012	G02	X-37601	Y57855		R69			
013	G01 G42	X7955	Y87463				H23	
014	G02	X102740	Y89511		R90			
015		X148525	Y20984		R95			
016		X149997	Y974		R150			
017	G01 G40		Y-15000					
018			Y20000					
019	G41		Y974				H21	
020	G02	X122564	Y-56044		R72			
021		X54839	Y-75443		R93			
022	G01 G41	X-7539	Y-68587				H22	

（续）

N	G	X	Y	Z	R	F	H	M
023	G02	X-37601	Y-57855		R69			
024	G01 G41	X7955	Y87463				H23	
025	G02	X102740	Y89511		R90			
026		X148525	Y20984		R95			
027		X149997	Y974		R150			
028	G01 G40		Y-15000					
029	G19 G00			Z100000				
030	G17	X0	Y0					
031								M02

（八）机床的主轴功能（S）、刀具功能（T）和辅助功能（M）

机床主轴功能码S用来指定主轴转速，刀具功能码用来指定刀号，供手动换刀时参考，辅助功能码M前面已介绍。在每个程序段中，上述三种代码，每种只能指令一个，如指令多个时，只有最后一个代码有效。

（九）子程序

在程序中如果某一程序反复出现的，一般称为子程序。子程序可以提前寄存起来，这样可以使程序简化。子程序可以在自动状态下调出供主程序使用，一条调出指令可以反复调用子程序999次。

（十）用户宏指令

用户宏指令功能是用户把编好的宏程序事先作为子程序登录在存储器中，用NC指令程序，随时都可以用简单的操作调用。使用宏指令登录的子程序称为用户程序，又称宏程序。因此，就可以按照某些工件加工要求用宏指令列出各坐标的计算过程，在加工时根据工件尺寸再输入相应数据，宏指令根据这些数据进行计算，并与已知条件进行比较，再与NC指令配合，使机床运行加工。宏指令的调出与子程序的调出方法相同。变量的设定可以用程序输入，也可以采用MDI方式。

1. 变量的类型及表示

变量分有通用变量和系统变量两种。编程时经常用的变量为通用变量。在FANUC-3MA系统中通用变量为#100～#131和#500～#515。二者区别为#100～#131在电源切断后被清除，电源接通时全部为“0”；而#500～#515在电源切断后不被清除，它的值一直保持。

变量是用来置换地址后面的数值。用#i（i＝1，2，3……）表示。

2. 宏指令的形式

一般形式为：G65 Hm P#i Q#j R#k

其中：m——取01～99表示宏指令功能

#i——运算结果的变量名

#j——待运算的变量名1，也可以是常数

#k——待运算的变量名2，也可以是常数

#i＝#j ⊕ #k

└——运算符，用Hm表示

用 G65 指定的 H 代码功能及定义如表 3-8 所示。

表 3-8 H 代码功能及定义

G 代码	H 代码	功能	定义
	H01	定义、置换	#i=#j
	H02	加法	#i=#j+#k
	H03	减法	#i=#j−#k
G65	H04	乘法	#i=#j×#k
	H05	除法	#i=#j÷#k
	H11	逻辑和	#i=#j. OR. #k
	H12	逻辑积	#i=#j. AND. #k
	H13	异或	#i=#j. XOR. #k
	H21	平方根	#i=√#j
	H22	绝对值	#i=|#j|
	H23	取余数	#i=#j−trunc(#j/#k)×#k trunc:小数部分舍去
G65	H24	由二-十进制变成二进制	#i=BIN(#j)
	H25	变成二-十进制	#i=BCD(#j)
	H26	复合乘除	#i=(#i×#j)÷#k
	H27	复合平方根	#i=√(#j^2+#k^2)
	H31	正弦	#i=#j. sin(#k)
	H32	余弦	#i=#j. con(#k)
	H33	正切	#i=#j. tan(#k)
G65	H34	反正切	#i=ATAN(#g/#k)
	H80	无条件转移	GO TO n
	H81	条件转移 1	IF #i=#k,GO TO n
	H82	条件转移 2	IF #i≠#k, GO TO n
	H83	条件转移 3	IF #i>#k, GO TO n
G65	H84	条件转移 4	IF #i<#k, GO TO n
	H85	条件转移 5	IF #i≥#k, GO TO n
	H86	条件转移 6	IF #i≤#k, GO TO n
	H99	产生 P/S 错误	产生 P/S 错误 500+n

二、零件编程举例

平面凸轮是一种很有代表性的平面类复杂零件。将这种零件编程搞清楚，其他类似零件或比它简单的零件就很易于解决了。平面凸轮的类型很多，一般有手工计算编程、计算机辅助计算编程和自动编程三种方法。对于由直线——圆弧组成的平面凸轮和由圆弧——圆弧组成的平面凸轮一般采用手工计算出直线和圆弧、圆弧和圆弧的交点后进行编程。对于以上两种平面凸轮，如果组成凸轮的直线、圆弧较多，而且是一组相似的凸轮，那么可以借助于计算机使用 BASIC 或 FORTRON 编程语言，求出各切点坐标，然后编程。对于列表曲线组成的凸轮或者由圆弧——非圆曲线组成的凸轮，一般必须借助自动编程才能完成。

例：铣图 3-14 所示的槽形凸轮。

从图上可以看出，槽形凸轮是由直线与圆弧，圆弧与圆弧相切组成的。应用手工编程的重点就是用数学方法计算各切点的坐标值，然后用数控系统的 G 代码编写其加工程序。

（一）数值计算

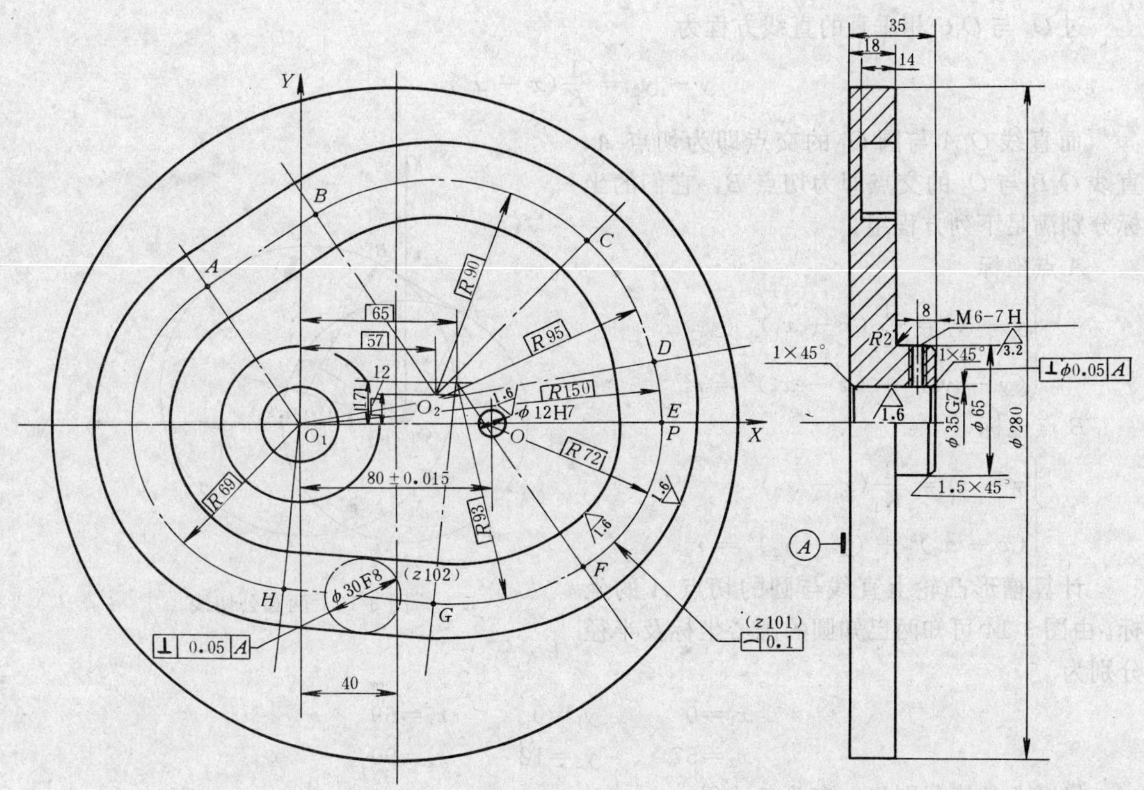

图 3-14　槽形凸轮

分析此槽形凸轮轮廓线的特点有两点，其一是已知两圆求它们的公切线的两个切点坐标；其二是已知两圆及过渡圆半径，求它们的过渡圆的两个切点坐标。为此，对这两种情况可推导出一般通用的切点坐标计算公式，然后再结合槽形凸轮加以计算。

1. 两圆公切线切点的坐标计算

设图 3-15 中两个已知圆的圆心分别为 O_1 及 O_2，半径分别为 r_1 及 r_2，公切线与两圆的交点分别为 A 及 B。那么 O_1O_2 的斜率应为

$$K=\frac{y_1-y_2}{x_2-x_1}$$

O_1C 平行于 AB，则 O_1C 垂直于 O_1A 及 O_2B。

直线 O_1C 的斜率为

$$K_1=\frac{\mathrm{tg}\theta+K}{1-K\mathrm{tg}\theta}$$

$$\theta=\arcsin\frac{r_2-r_1}{\overline{O_1O_2}}$$

$$\overline{O_1O_2}=\sqrt{(x_2-x_1)^2+(y_2-y_1)^2}$$

由此可得到过 O_1 与 O_1C 相垂直的直线方程为

$$y - y_1 = \frac{1}{K}(x - x_1)$$

过 O_2 与 O_1C 相垂直的直线方程为

$$y - y_2 = \frac{1}{K}(x - x_2)$$

而直线 O_1A 与圆 O_1 的交点即为切点 A，直线 O_2B 与 O_2 的交点即为切点 B，它们的坐标分别满足下列方程组：

A 点坐标

$$\begin{cases} y - y_1 = \dfrac{1}{K_1}(x - x_1) \\ (y - y_1)^2 + (x - x_1)^2 = r_1^2 \end{cases}$$

B 点坐标

$$\begin{cases} y - y_2 = \dfrac{1}{K_1}(x - x_2) \\ (x - x_2)^2 + (y - y_2)^2 = r_2^2 \end{cases}$$

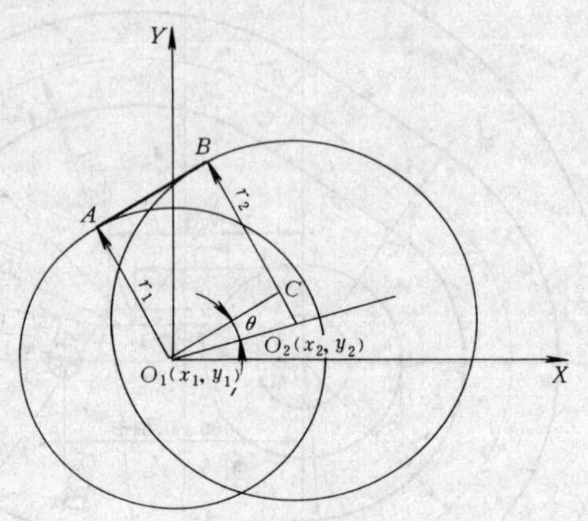

图 3-15　两圆公切线

计算槽形凸轮上直线与圆的切点 A 的坐标。由图 3-14 可知两已知圆的圆心坐标及半径分别为

$$x_1=0 \qquad y_1=0 \qquad r_1=69$$
$$x_2=57 \qquad y_2=12 \qquad r_2=90$$

将以上各值分别代入有关各式得

$$K = \frac{y_2 - y_1}{x_2 - x_1} = 0.2105263$$

$$\overline{O_1O_2} = \sqrt{(x_1 - x_2)^2 + (y_1 - y_2)^2} = 58.249464$$

$$\theta = \arcsin\frac{r_2 - r_1}{\overline{O_1O_2}} = 21.132032°$$

$$K_1 = \frac{\mathrm{tg}\theta + K}{1 - K\mathrm{tg}\theta} = 0.649921$$

现将上述计算结果代入 A 点坐标方程组，得

$$\begin{cases} y = 1.5386485x \\ x^2 + y^2 = 69^2 \end{cases}$$

解 A 点坐标为

$$\begin{cases} x = -37.600983 \\ y = 57.854696 \end{cases}$$

同理，可以解出切点 B 及另两个切点 G、H 的坐标值。

2. 两圆与过渡圆的切点坐标计算

设图 3-16 中两个已知圆的圆心分别为 O_1 及 O_2，半径分别为 r_1 及 r_2，过渡圆的半径为 R。

显然，在顺圆过渡的情况下，过渡圆圆心 O (x_0, y_0) 是圆心分别为 O_1 及 O_2，半径分别为 $R-r_1$ 及 $R-r_2$ 两圆的其中一个交点上，即过渡圆圆心坐标应满足下列方程组：

$$\begin{cases}(x-x_1)^2+(y-y_1)^2=(R-r_1)^2\\(x-x_2)^2+(y-y_2)^2=(R-r_2)^2\end{cases}$$

由于 C 点是圆 O 及圆 O_1 的公切点，所以 C 点必在两圆的连心线上，即切点 C 的坐标应满足下列方程组：

$$\begin{cases}\dfrac{y-y_1}{y_0-y_1}=\dfrac{x-x_1}{x_0-x_1}\\(x-x_1)^2+(y-y_1)^2=r_1^2\end{cases}$$

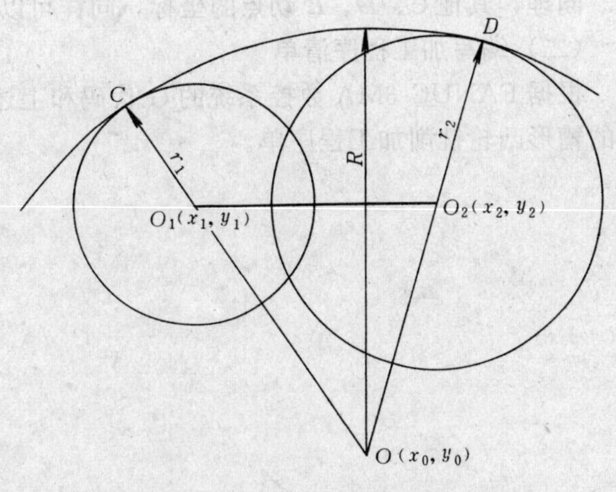

图 3-16　两圆的过渡圆

同理可得到切点 D 及图 3-16 中切点 F 的坐标满足方程组：

$$\begin{cases}\dfrac{y-y_2}{y_0-y_2}=\dfrac{x-x_2}{x_0-x_2}\\(x-x_2)^2+(y-y_2)^2=r_2^2\end{cases}$$

值得强调的是过渡圆有顺圆过渡与逆圆过渡两种情况，其公式是不同的。图 3-14 所示的槽形凸轮过渡圆为顺圆过渡，计算其过渡圆与圆的切点 F 的坐标。已知两圆的圆心坐标，半径和过渡圆半径分别为

$$x_1=0,\quad y_1=0,\quad r_1=150$$

$$x_2=65,\quad y_2=17,\quad r_2=93$$

$$R=72$$

将上述各已知数分别代入有关方程组，得过渡圆的圆心方程组：

$$\begin{cases}x^2+y^2=78^2\\(x-65)^2+(y-17)^2=21^2\end{cases}$$

解方程组，可得过渡圆圆心坐标值：

$$\begin{cases}x_0=77.998354\\y_0=0.506728\end{cases}$$

然后再将上述计算结果代入 D 点、F 点方程组，得到切点 F 的坐标值满足方程组：

$$\begin{cases}\dfrac{y-17}{0.506728-17}=\dfrac{x-65}{77.998354-65}\\(x-65)^2+(y-17)^2=93^2\end{cases}$$

求解得切点 F 的坐标值为

$$\begin{cases} x = 122.5651 \\ y = -56.042858 \end{cases}$$

同理，其他 C、D、E 切点的坐标，同样可以代入计算，此处不再重复。

（二）编写加工程序清单

根据 FANUC-3MA 数控系统的 G 代码和上述数值计算的结果进行编程，得到表 3-7 所示的槽形凸轮铣削加工程序单。

第四章 加工中心

第一节 概 述

一、加工中心的特点：

1958 年世界上第一台加工中心在美国由卡尼·特雷克（Kearney & Trecker）公司制造出来。加工中心与普通数控机床的区别主要在于它能在一台机床上完成由多台机床才能完成的工作。现代加工中心包括以下内容：第一，加工中心是在数控镗床或数控铣床的基础上增加自动换刀装置，使工件在一次装夹后，可以连续完成对工件表面自动进行钻孔、扩孔、铰孔、镗孔、攻螺纹、铣削等多工步的加工，工序高度集中。第二，加工中心一般带有自动分度回转工作台或主轴箱可自动转角度，从而使工件一次装夹后，自动完成多个平面或多个角度位置的多工序加工。第三，加工中心能自动改变机床主轴转速、进给量和刀具相对工件的运动轨迹及其它辅助机能。第四，加工中心如果带有交换工作台，工件在工作位置的工作台进行加工的同时，另外的工件在装卸位置的工作台上进行装卸，不影响正常的加工工件。

由于加工中心具有上述机能，因而可以大大减少工件装夹、测量和机床的调整时间，减少工件的周转、搬运和存放时间，使机床的切削时间利用率高于普通机床 3～4 倍，大大提高了生产率，尤其是在加工形状比较复杂、精度要求较高、品种更换频繁的工件时，更具有良好的经济性。

加工中心是一种备有刀库并能自动更换刀具对工件进行多工序加工的数控机床。箱体类零件的加工中心，一般是在镗、铣床的基础上发展起来的，可称为镗铣类加工中心，习惯上简称为加工中心。

二、加工中心的组成结构

加工中心自问世至今已有三十多年，世界各国出现了各种类型的加工中心，虽然外形结构各异，但从总体来看主要由以下几大部分组成。

（一）基础部件

它是加工中心的基础结构，由床身、立柱和工作台等组成，它们主要承受加工中心的静载荷以及在加工时产生的切削负载，因此必须要有足够的刚度。这些大件可以是铸铁件也可以是焊接而成的钢结构件，它们是加工中心中体积和重量最大的部件。

（二）主轴部件

由主轴箱、主轴电动机、主轴和主轴轴承等零件组成。主轴的启、停和变转速等动作均由数控系统控制，并且通过装在主轴上的刀具参与切削运动，是切削加工的功率输出部件。

（三）数控系统

加工中心的数控部分是由 CNC 装置，可编程控制器、伺服驱动装置以及操作面板等组成。它是执行顺序控制动作和完成加工过程的控制中心。

（四）自动换刀系统

由刀库、机械手等部件组成。当需要换刀时，数控系统发出指令，由机械手（或通过其他方式）将刀具从刀库内取出装入主轴孔中。

（五）辅助装置

包括润滑、冷却、排屑、防护、液压、气动和检测系统等部分。这些装置虽然不直接参与切削运动，但对加工中心的加工效率、加工精度和可靠性起着保障作用，因此也是加工中心中不可缺少的部分。

三、加工中心的分类

（一）按照机床形态分类，分为卧式、立式、龙门式和万能加工中心。

1．卧式加工中心

指主轴轴线为水平状态设置的加工中心。通常都带有可进行分度回转运动的正方形分度工作台。卧式加工中心一般具有3～5个运动坐标，常见的是三个直线运动坐标（沿X、Y、Z轴方向）加一个回转运动坐标（回转工作台），它能够使工件在一次装夹后完成除安装面和顶面以外的其余四个面的加工，最适合箱体类工件的加工。

卧式加工中心有多种形式，如固定立柱式或固定工作台式。固定立柱式的卧式加工中心的立柱固定不动，主轴箱沿立柱做上下运动，而工作台可在水平面内做前后、左右两个方向的移动；固定工作台式的卧式加工中心，安装工件的工作台是固定不动的（不做直线运动），沿坐标轴三个方向的直线运动由主轴箱和立柱的移动来实现。

与立式加工中心相比较，卧式加工中心的结构复杂，占地面积大，重量大，价格也较高。

2．立式加工中心

指主轴轴心线为垂直状态设置的加工中心。其结构形式多为固定立柱式，工作台为长方形无分度回转功能，适合加工盘类零件。具有三个直线运动坐标，并可在工作台上安装一个水平轴的数控转台用以加工螺旋线类零件。

立式加工中心的结构简单、点地面积小、价格低。

3．龙门式加工中心

龙门式加工中心形状与龙门铣床相似，主轴多为垂直设置，带有自动换刀装置，带有可更换的主轴头附件，数控装置的软件功能也较齐全，能够一机多用，尤其适用于大型或形状复杂的工件，如航天工业及大型汽轮机上的某些零件的加工。

4．万能加工中心

某些加工中心具有立式和卧式加工中心的功能，工件一次装夹后能完成除安装面外的所有侧面和顶面等五个面的加工，也叫五面加工中心。常见的五面加工中心有两种形式，一种是主轴可以旋转90°，既可以象立式加工中心那样工作，也可以象卧式加工中心那样工作；另一种是主轴不改变方向，而工作台可以带着工件旋转90°完成对工件五个表面的加工。

这种加工方式可以使工件的形位误差降到最低，省去了二次装夹的工装，从而提高生产效率，降低加工成本。但是由于五面加工中心存在着结构复杂、造价高占地面积大等缺点，所以它的使用和生产在数量上远不如其它类型的加工中心。

（二）按换刀形式分类

1．带刀库、机械手的加工中心

加工中心的换刀装置（Automatic Tool Chanyer 简称 ATC）是由刀库和机械手组成，换刀机械手完成换刀工作。这是加工中心采用最普遍的形式，JCS-018A 型立式加工中心就属此类。

2. 无机械手的加工中心

这种加工中心的换刀是通过刀库和主轴箱的配合动作来完成。一般是采用把刀库放在主轴箱可以运动到的位置，或整个刀库或某一刀位能移动到主轴箱可以达到的位置。刀库中刀具的存放位置方向与主轴装刀方向一致。换刀时，主轴运动到刀位上的换刀位置，由主轴直接取走或放回刀具。多用于采用 40 号以下刀柄的小型加工中心，XH754 型卧式加工中心就是这样。

3. 转塔刀库式加工中心

一般在小型立式加工中心上采用转塔刀库形式，主要以孔加工为主。ZH5120 型立式钻削加工中心就是转塔刀库式加工中心。

现今，加工中心正向着高速度、高精度和愈发完善的机能方向高速发展。

第二节　JCS-018A 立式加工中心

一、机床的用途、布局及技术参数

JCS-018A 型加工中心是一台具有自动换刀装置的小型数控立式镗铣床。该加工中心采用了软件固定型计算机控制的 FANUC-BESK 6ME 数控系统（以下简称 FANUC-6M 系统）。

（一）机床的用途及特点

1. 机床的用途

在 JCS-018A 型加工中心上，工件一次装夹后，可以自动连续地完成铣、钻、铰、扩、锪、攻螺纹等多种工序的加工。故适合于小型板类、盘类、壳体类、模具等零件的多品种小批量加工。使用该机床加工中小批量的复杂零件，一方面可以节省在普通机床上加工所需的大量的工艺装备，缩短了生产准备周期；另一方面能够确保工件的加工质量，提高生产率。

2. 机床的特点

（1）强力切削

主轴电动机采用的是 FANUC AC 主轴电动机。电动机的运动经一对齿形带轮传到主轴。主轴转速的恒功率范围宽，低转速的转矩大，机床的主要构件刚度高，故可以进行强力切削。

因为主轴箱内无齿轮传动，所以主轴运转时噪声低、振动小、热变形小。

（2）高速定位

进给直流伺服电动机的运动经联轴节和滚珠丝杠副，使 X 轴和 Y 轴获得 14m/min，Z 轴获得 10m/min 的快速移动。由于机床基础件刚度高，各导轨的滑动面上，贴上一层聚四氟乙烯软带，使机床在高速移动时振动小，低速移动时无爬行，并且有高的精度稳定性。

（3）随机换刀

驱动刀库的直流伺服电动机经蜗轮副使刀库回转。机械手的回转、取刀、装刀机构均由液压系统驱动。自动换刀装置结构简单，换刀可靠，由于它安装在立柱上，故不影响主轴箱移动精度。随机换刀，采用记忆式的任选换刀方式，每次选刀运动，刀库正转或反转均不超过 180°角。

（4）机电一体化

机床的总体结构，将控制柜、数控柜、润滑装置都安装在立柱和床身上，减少了占地面积，同时也简化了搬运和安装。机床的操作面板集中安置在机床的右前方，操作方便，体现出机电一体化的设计特点。

(5) 计算机控制

机床采用了软件固定型计算机控制的数控系统。控制系统的体积小，故障率低，可靠性高，操作简便。机床外部信号和程序控制器装置内部的运行具有自诊断机能，监控和检查直观、方便。

(二) 机床的布局

图 4-1 为 JCS-018A 型立式加工中心的外观图。如图中所示 10 是床身，其顶面的横向导轨支承着滑座 9，滑座沿床身导轨的运动为 Y 轴。工作台 8 沿滑座导轨的纵向运动为 X 轴。5 是主轴箱，主轴箱沿立柱导轨的上下移动为 Z 轴。1 为 X 轴的直流伺服电动机。2 是换刀机械手，它位于主轴和刀库之间。4 是盘式刀库，能储存 16 把刀具。3 是数控柜，7 是驱动电源柜，它们分别位于机床立柱的左右两侧，6 是机床的操作面板。

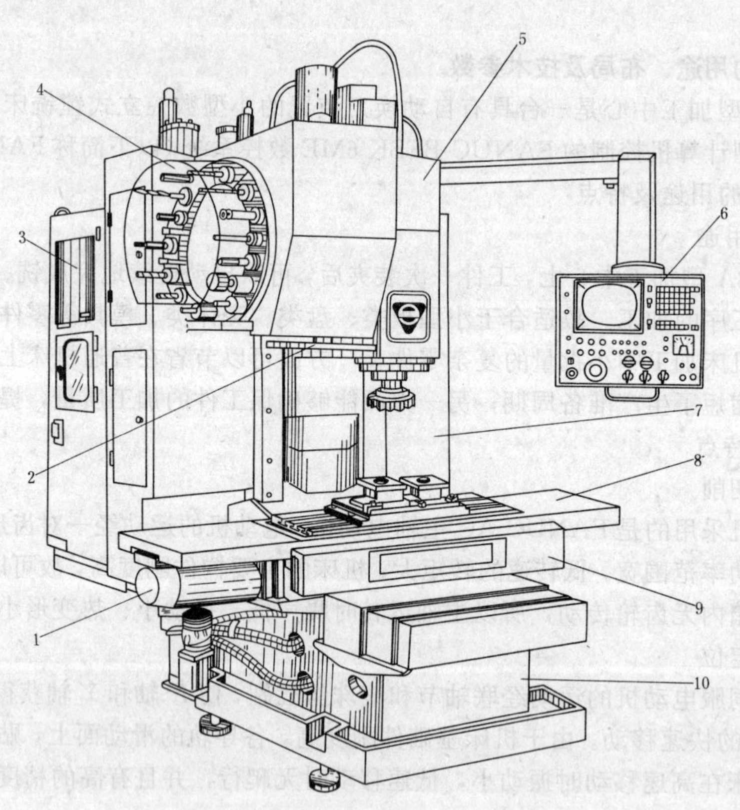

图 4-1 JCS-018A 型立式加工中心外观图

(三) 机床的主要技术参数

工作台外形尺寸（工作面）	1200mm×450（1000×320）mm
工作台 T 形槽宽×槽数	18×3
工作台左右行程（X 轴）	750mm
工作台前后行程（Y 轴）	400mm

主轴箱上下行程（Z 轴） 470mm
主轴端面到工作台面距离 180～650mm
主轴锥孔 BT-45
主轴转速 22.5～2250r/min
主轴电动机 5.5/7.5（额定/30min）kW FANUC AC 12 型
快速移动速度
X、Y 轴 14m/min
Z 轴 10m/min
进给速度（X、Y、Z 轴） 1～400mm/min
进给驱动电动机（X、Y、Z 轴） 1.4kW FANUC-BESK 直流伺服电动机 15 型
刀库容量 16
选刀方式 任选
最大刀具尺寸 ϕ100～300mm
最大刀具质量 8kg
刀库电动机 1.4kW FANUC-BESK 直流伺服电动机 15 型
工作台允许负载 500kg
滚珠丝杠尺寸（X、Y、Z 轴） ϕ40mm×10mm
钻孔能力（一次钻出） ϕ32mm
攻螺纹能力 M24mm
铣削能力 $110cm^3/min$
定位精度 ±0.012mm/300mm
重复定位精度 ±0.006mm
气源 5～7×105Pa（250L/min）
机床质量 5000kg
占地面积 3280mm×2300mm

二、机床数控系统的基本规格及功能

（一）数控系统的基本规格

该机床采用 FANUC-6M 数控系统，其基本规格如表 4-1 所示。

表 4-1 FANUC-6M 系统基本规格

序号	名称	规格
1	控制轴数	3 轴
2	同时控制轴数	2 轴
3	纸带代码	EIA RS-244-A/ISO 840
4	最小设定单位	0.001mm 或 0.0001in（1in＝25.4mm）
5	小数点编程	可以输入带小数点的数据
6	最大指令	±99999.999mm 或 9999.999in
7	进给速度设定	直接用 mm/min 或 in/min 设定
8	进给倍率	0～200%（每 10%一级）

（续）

<table>
<tr><th>序号</th><th>名　称</th><th colspan="2">规　格</th></tr>
<tr><td>9</td><td>快速移动倍率</td><td colspan="2">Low、25、50、100％</td></tr>
<tr><td>10</td><td>主轴转速倍率</td><td colspan="2">50％～120％（每10％一级）</td></tr>
<tr><td>11</td><td>增量进给</td><td colspan="2">每步0.001、0.01、0.1、1、10mm</td></tr>
<tr><td>12</td><td>手动进给</td><td colspan="2">手动连续进给和手摇脉冲发生器进给</td></tr>
<tr><td>13</td><td>编程方式</td><td colspan="2">绝对值/增量值</td></tr>
<tr><td>14</td><td>坐标系设定（G92）</td><td colspan="2">用G92后面的 X、Y、Z 轴指令设定坐标系</td></tr>
<tr><td>15</td><td>返回参考点</td><td colspan="2">手动、自动（G27～G29）</td></tr>
<tr><td>16</td><td>暂停（G04）</td><td colspan="2">使用G40时，可以推迟一个程序段的执行时间，延时的时间由地址P、U或X指定</td></tr>
<tr><td>17</td><td>辅助功能（M2位）</td><td colspan="2">用地址M后2位数值指令，可以控制机床的开/关。在一个程序中M代码只能指令一次</td></tr>
<tr><td>18</td><td>主轴功能（S4位）</td><td colspan="2">主轴速度由地址S和4位数字指令</td></tr>
<tr><td>19</td><td>刀具功能（T2位）</td><td colspan="2">用地址T后2位数值指令刀具号选择</td></tr>
<tr><td>20</td><td>手动数据输入</td><td colspan="2">键盘式</td></tr>
<tr><td>21</td><td>数据显示</td><td colspan="2">CRT字符显示器</td></tr>
<tr><td>22</td><td>纸带存储和编辑</td><td colspan="2">40m纸带信息（16K字节）</td></tr>
<tr><td>23</td><td>纸带阅读机</td><td colspan="2">阅读速度：250行/s（50Hz），300行/s（60Hz）无卷带盘式，容纳10m纸带</td></tr>
<tr><td>24</td><td>固定循环</td><td colspan="2">G73、G74、G76、G80～G89</td></tr>
<tr><td>25</td><td>刀具位置偏置</td><td>G45～G48</td><td rowspan="3">偏差和补偿量64组
±999.999mm或99.9999in</td></tr>
<tr><td>26</td><td>刀具长度补偿</td><td>G43、G44、G49</td></tr>
<tr><td>27</td><td>刀具半径补偿C</td><td>G40～G42</td></tr>
<tr><td>28</td><td>存储器行程限制</td><td colspan="2">存储行程限制1</td></tr>
<tr><td>29</td><td>单程序段操作</td><td colspan="2">使程序一个程序段一个程序段的执行</td></tr>
<tr><td>30</td><td>跳过任选程序段</td><td colspan="2">把机床上跳过任选程序段开关置于ON位置，程序中含有“/”的程序段跳过不执行</td></tr>
<tr><td>31</td><td>机床锁定</td><td colspan="2">除机床不运动外，其它方面与机床运动时一样动作，在程序运行中途也有效</td></tr>
<tr><td>32</td><td>辅助功能锁定</td><td colspan="2">把机床上辅助机能锁定开关置于ON位置，M、S、T功能代码NC不输出</td></tr>
<tr><td>33</td><td>Z 轴锁定</td><td colspan="2">只限制 Z 轴坐标运动，且M06不执行</td></tr>
<tr><td>34</td><td>外部信息显示</td><td colspan="2">CRT上英文显示机床诊断内容</td></tr>
<tr><td>35</td><td>环境条件</td><td colspan="2">（1）环境温度
运转时0～45℃
保管运输时，－20～60℃
（2）相对湿度＜75％</td></tr>
</table>

除表 4-1 列出的基本规格外，系统还具有直线插补、多象限圆弧插补、用 R 设定圆弧半径、刀具长度测量、对称切削、试运行、手动绝对值、主轴负载表、公英制转换、纸带穿孔接口、单方向定位、用纸带设定偏置值、零件程序核对、运转时间显示等功能。

该数控系统有一个串行接口，通过通信电缆将微型计算机内的程序传输给机床数控系统的。

三、机床传动系统

（一）主运动传动系统

主轴电动机通过一对同步带轮将运动传给主轴，使主轴在 22.5～2250r/min 转速范围内可以实现无级调速。

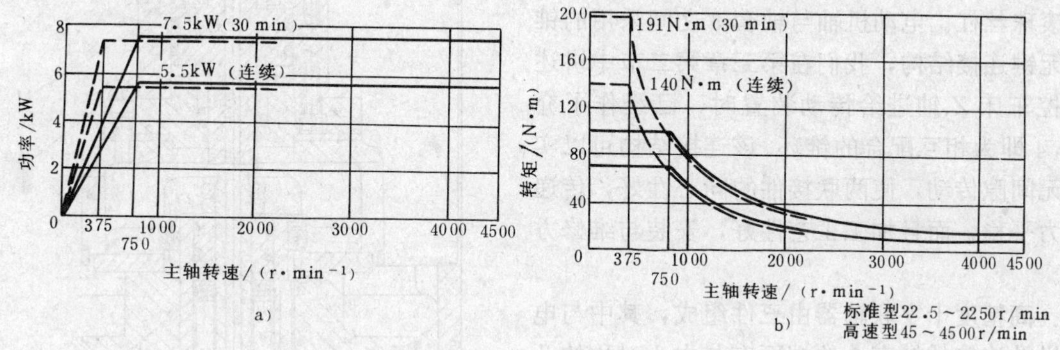

图 4-2　功率扭矩特性曲线

主轴电动机采用了 FANUC AC12 型交流伺服电动机，该电动机 30min 超载时的最大输出功率为 15kW，连续运转时的最大输出功率为 11kW，计算转速为 1500r/min。JCS-018A 加工中心在主轴电动机的伺服系统中加了功率限制，使电动机的额定输出功率为 7.5kW（30min 超载）和 5.5kW（连续运转），电动机的计算转速为 750r/min，即加大了恒功率区域。图 4-2 为该机床的功率、扭矩特性曲线，图中实线为电动机的特性，虚线为主轴的特性。如图 a 所示，电机转速范围为 45～4500r/min，其中在 750～4500r/min 转速范围内为恒功率区域。电动机的运动经过 1/2 齿形带轮传给主轴，主轴的转速范围为 22.5～2250r/min，主轴的计算连速为 375r/min，转速在 375～2250r/min 的范围内，为主轴的恒功率区域，在该区域内，主轴传递电动机的全部功率 5.5kW 或 7.5kW。如图 b 所示，电动机转速在 45～750r/min 范围内为恒扭矩区域，其连续运转的最大输出扭矩为 70N·m，电动机 30min 超载时的最大输出扭矩为 95.5 N·m。主轴恒功率区域的转速范围为 22.5～375r/min，最大输出扭矩分别为 140N·m 和

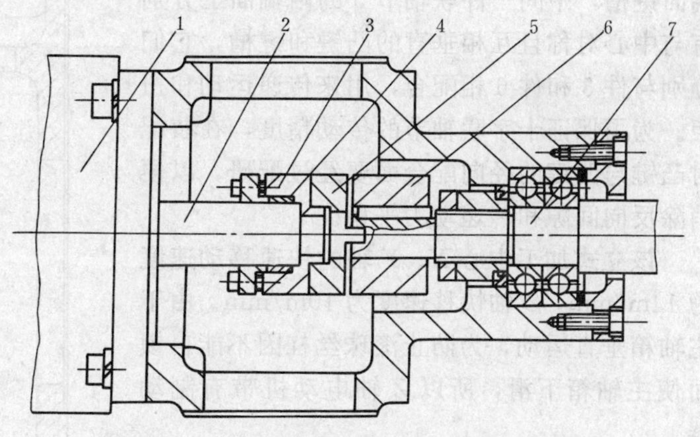

图 4-3　电动机轴与滚珠丝杠的连接结构

191N·m。

（二）进给运动传动系统

JCS-018A 机床的 X、Y、Z 三个坐标轴的进给运动分别由三台功率为 1.4kW 的 FANUC-BESK DC15 型直流伺服电动机直接带动滚珠丝杠旋转。为了保证各轴的进给传动系统有较高的传动精度，电动机轴和滚珠丝杠之间均采用了锥环无键连接和高精度十字联轴器的连接结构。以 Z 轴进给装置为例，分析电动机轴与滚珠丝杠之间的连接结构。图 4-3 为 Z 轴进给装置中电动机与丝杠连接的局部视图。如图中所示，1 为 DC 直流伺服电动机，2 为电动机轴，7 为滚珠丝杠。电动机轴与轴套 3 之间采用的锥环无键连接结构，我们在第三章第二节中讲述数控车床 Z 轴进给传动装置时，已经作了介绍，4 即为相互配合的锥环。该连接结构可以实现无间隙传动，使两联接件的同心性好，传递动力平稳，而且加工工艺性好，安装与维修方便。

高精度十字联轴器由三件组成，其中与电动机轴连接的轴套 3 的端面有与中心对称的凸键，与丝杠连接的轴套 6 上开有与中心对称的端面键槽，中间一件联轴节 5 的两端面上分别有与中心对称且互相垂直的凸键和键槽，它们分别与件 3 和件 6 相配合，用来传递运动和扭矩。为了保证十字联轴节的传动精度，在装配时凸键与凹键的径向配合面要经过配研，以便消除反向间隙和传递动力平稳。

该立式加工中心 X、Y 轴的快速移动速度为 14m/min，Z 轴快移速度为 10m/min。由于主轴箱垂直运动，为防止滚珠丝杠因不能自锁而使主轴箱下滑，所以 Z 轴电动机带有制动器。

四、机床的主要结构

（一）主轴箱

1. 主轴结构

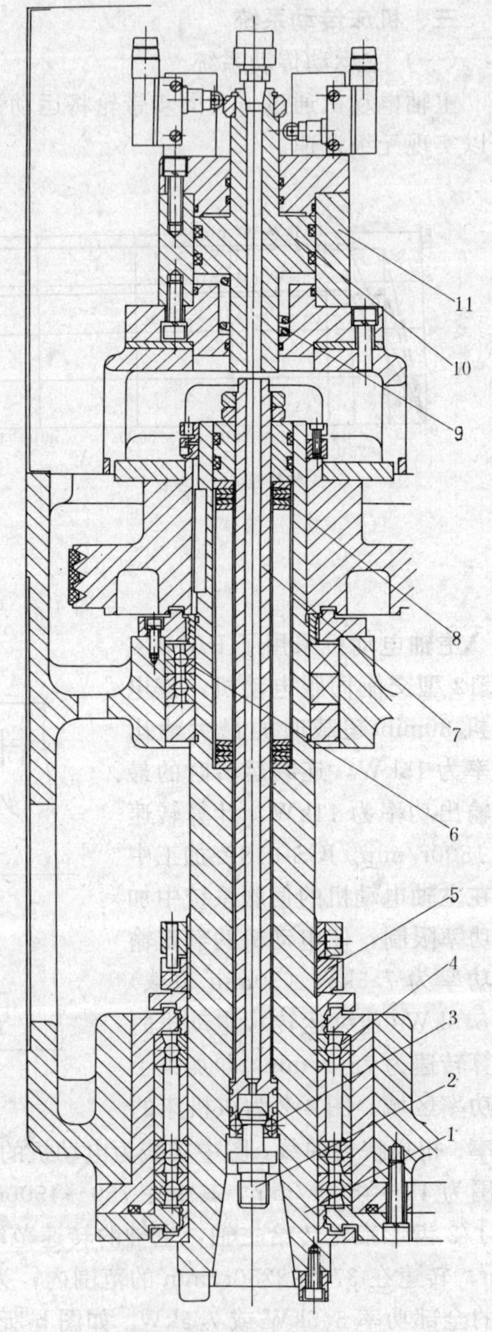

图 4-4　JCS-018A 主轴箱结构简图

图 4-4 为 JCS-018A 主轴箱结构简图。如图中所示，1 为主轴，主轴的前支承 4 配置了三个高精度的角接触球轴承，用以承受径向载荷和轴向载荷，前两个轴承大口朝下，后面一个轴承大口朝上。前支承按预加载荷计算的预紧量由螺母 5 来调整。后支承 6 为一对小口相对

配置的角接触球轴承，它们只承受径向载荷，因此轴承外圈不需要定位。该主轴选择的轴承类型和配置形式，能满足主轴高转速和承受较大轴向载荷的要求，主轴受热变形向后伸长，不影响加工精度。

2. 刀具的自动夹紧机构

如图 4-4 所示，主轴内部和后端安装的是刀具自动夹紧机构。它主要由拉杆 7、拉杆端部的四个钢球 3、碟形弹簧 8、活塞 10、液压缸 11 等组成。机床执行换刀指令，机械手要从主轴拔刀时，主轴需松开刀具。这时液压缸上腔通压力油，活塞推动拉杆向下移动，使碟形弹簧压缩，钢球进入主轴锥孔上端的槽内，刀柄尾部的拉钉（拉紧刀具用）2 被松开，机械手即可拔刀。之后，压缩空气进入活塞和拉杆的中孔，吹净主轴锥孔，为装入新刀具做好准备。当机械手将下一把刀具插入主轴后，液压缸上腔无油压，在碟形弹簧和弹簧 9 的恢复力作用下，使拉杆、钢球和活塞退回到图示的位置，即碟形弹簧通过拉杆和钢球拉紧刀柄尾部的拉钉，使刀具被夹紧。

3. 主轴准停装置

机床的切削扭矩由主轴上的端面键来传递，每次机械手自动装取刀具时，必须保证刀柄上的键槽对准主轴的端面键，这就要求主轴具有准确定位的功能。为满足主轴这一功能而设计的装置称为主轴准停装置或称为主轴定向装置。本机床采用的是电气式主轴准停装置，即用磁力传感器检测定向。如图 4-5 所示，主轴 8 的尾部安装有发磁体 9，它随主轴转动，在距发磁体外缘 1～2mm 处，固定了一个磁传感器 10，它经过放大器 11 与主轴伺服单元 3 连接。主轴定向的指令 1 发出后，主轴便处于定向状态，当发磁体的上的判别孔转到对准磁传感器上的基准槽时，主轴立即停止。

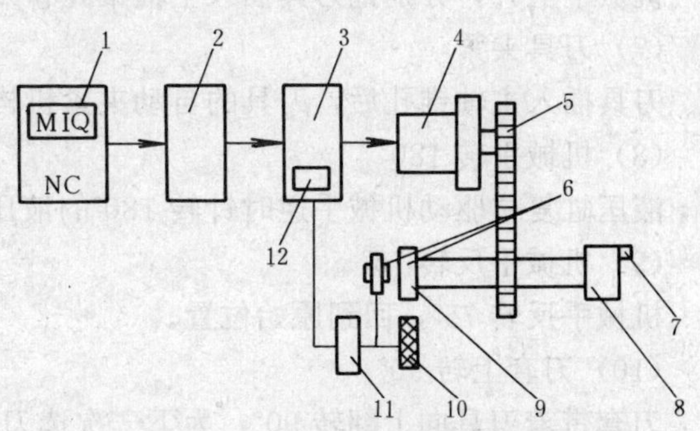

图 4-5　主轴准停装置原理图

图中 5 为电动机与主轴之间的同步齿形带，4 为主轴电动机，2 为强电时序电路，7 为主轴端面键，6 是位置控制回路，12 是定向电路。

(二) 刀库结构

1. 自动换刀过程

上一工序加工完毕，主轴在“准停”位置，由自动换刀装置换刀，其过程如下：

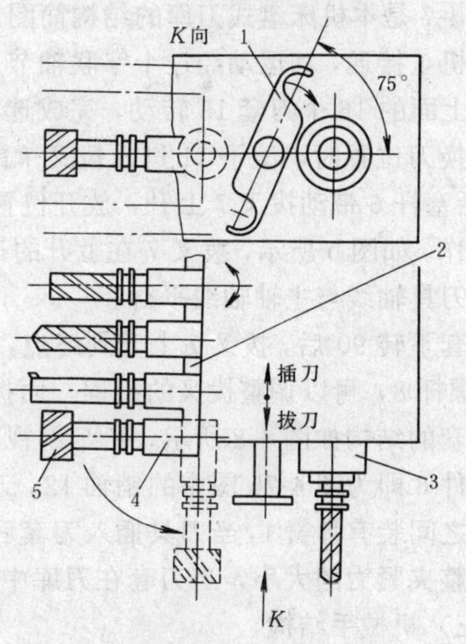

图 4-6　自动换刀过程示意图

(1) 刀套下转 90°

本机床的刀库位于立柱左侧，刀具在刀库中的安装方向与主轴垂直，如图 4-6 所示。换刀之前，刀库 2 转动将待换刀具 5 送到换刀位置，之后把带有刀具 5 的刀套 4 向下翻转 90°，使得刀具轴线与主轴轴线平行。

(2) 机械手转 75°

如 K 向视图所示，在机床切削加工时，机械手 1 的手臂与主轴中心到换刀位置的刀具中心线的连线成 75°，该位置为机械手的原始位置。机械手换刀的第一个动作是顺时针转 75°，两手爪分别抓住刀库上和主轴 3 上的刀柄。

(3) 刀具松开

机械手抓住主轴刀具的刀柄后，刀具的自动夹紧机构松开刀具。

(4) 机械手拔刀

机械手下降，同时拔出两把刀具。

(5) 交换两刀具位置

机械手带着两把刀具逆时针转 180°（从 K 向观察），使主轴刀具与刀库刀具交换位置。

(6) 机械手插刀

机械手上升，分别把刀具插入主轴锥孔和刀套中。

(7) 刀具夹紧

刀具插入主轴锥孔后，刀具的自动夹紧机构夹紧刀具。

(8) 机械手转 180°

液压缸复位驱动机械手逆时针转 180°的液压缸复位，机械手无动作。

(9) 机械手反转 75°

机械手反转 75°，回到原始位置。

(10) 刀套上转 90°

刀套带着刀具向上翻转 90°，为下一次选刀做准备。

2. 刀库结构

图 4-7 是本机床盘式刀库的结构简图。如图 a 所示，当数控系统发出换刀指令后，直流伺服电动机 1 接通，其运动经过十字联轴节 2、蜗杆 4、蜗轮 3 传到如图 b 所示的刀盘 14，刀盘带动其上面的 16 个刀套 13 转动，完成选刀的工作。每个刀套尾部有一个滚子 11，当待换刀具转到换刀位置时，滚子 11 进入拨叉 7 的槽内。同时气缸 5 的下腔通压缩空气（如图 a 所示），活塞杆 6 带动拨叉 7 上升，放开位置开关 9，用以断开相关的电路，防止刀库、主轴等有误动作。如图 b 所示，拨叉 7 在上升的过程中，带动刀套绕着销轴 12 逆时针向下翻转 90°，从而使刀具轴线与主轴轴线平行。

刀套下转 90°后，拨叉 7 上升到终点，压住定位开关 10，发出信号使机械手抓刀。通过图 a 中的螺杆 8，可以调整拨叉的行程，而拨叉的行程又决定刀具轴线相对主轴轴线的位置。

刀套的结构如图 4-8 所示，F-F 剖视图中的件 7 即为图 4-7 图 b 中的滚子 11，E-E 剖视图中的件 6 即为图 4-7b 图中的销轴 12。刀套 4 的锥孔尾部有两个球头销钉 3。在螺纹套 2 与球头销之间装有弹簧 1，当刀具插入刀套后，由于弹簧力的作用，使刀柄被夹紧。拧动螺纹套，可以调整夹紧力的大小，当刀套在刀库中处于水平位置时，靠刀套上部的滚子 5 来支承。

(三) 机械手结构

本机床上使用的换刀机械手为回转式单臂双手机械手。在自动换刀过程中，机械手要完成抓刀、拔刀、交换主轴上和刀库上的刀具位置、插刀、复位等动作。

1. 机械手的结构及动作过程

图 4-9 为机械手传动结构示意图，如前面介绍刀库结构时所述，刀套向下转 90°后，压下

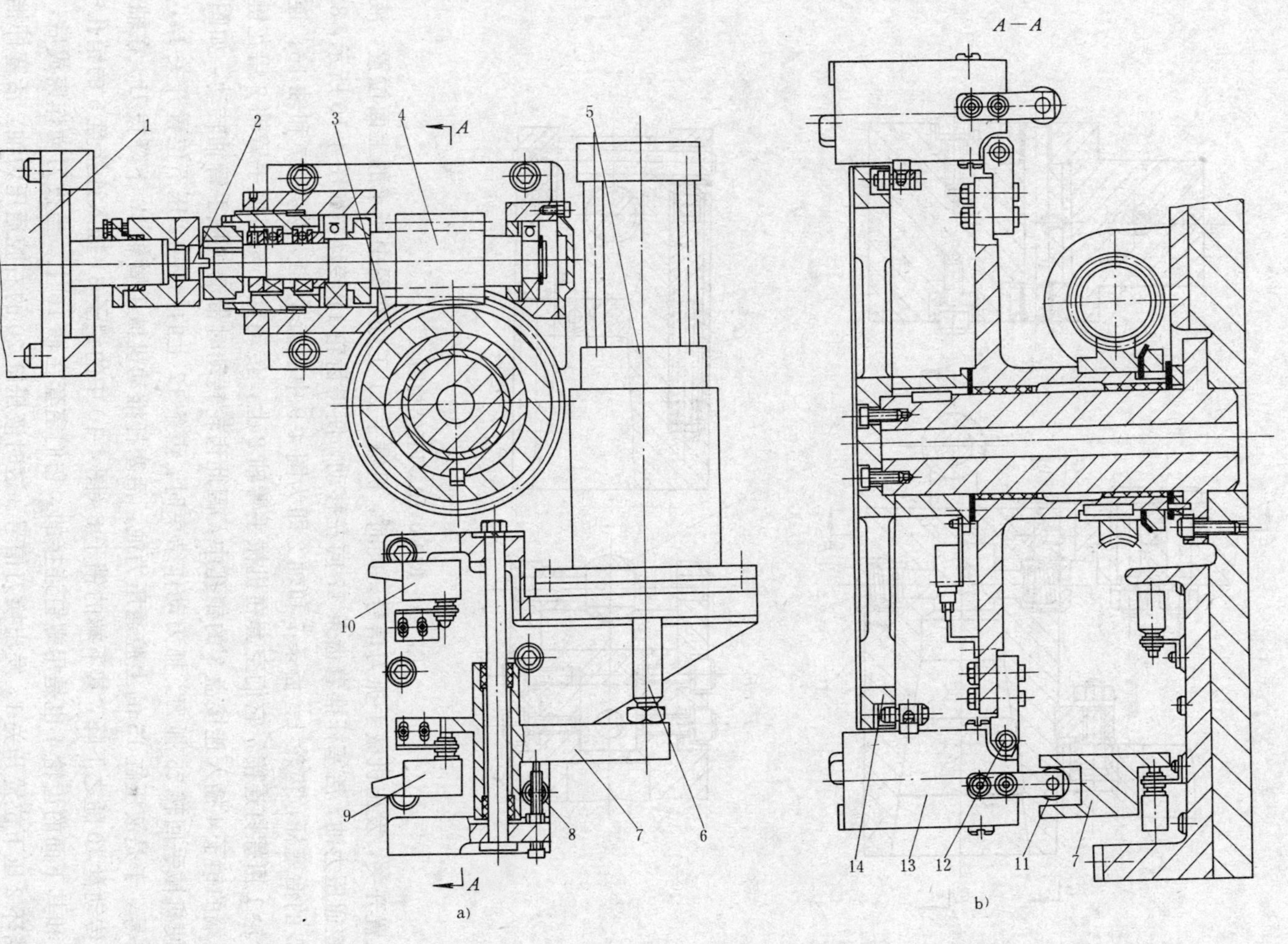

图 4-7 JCS-018A 刀库结构简图

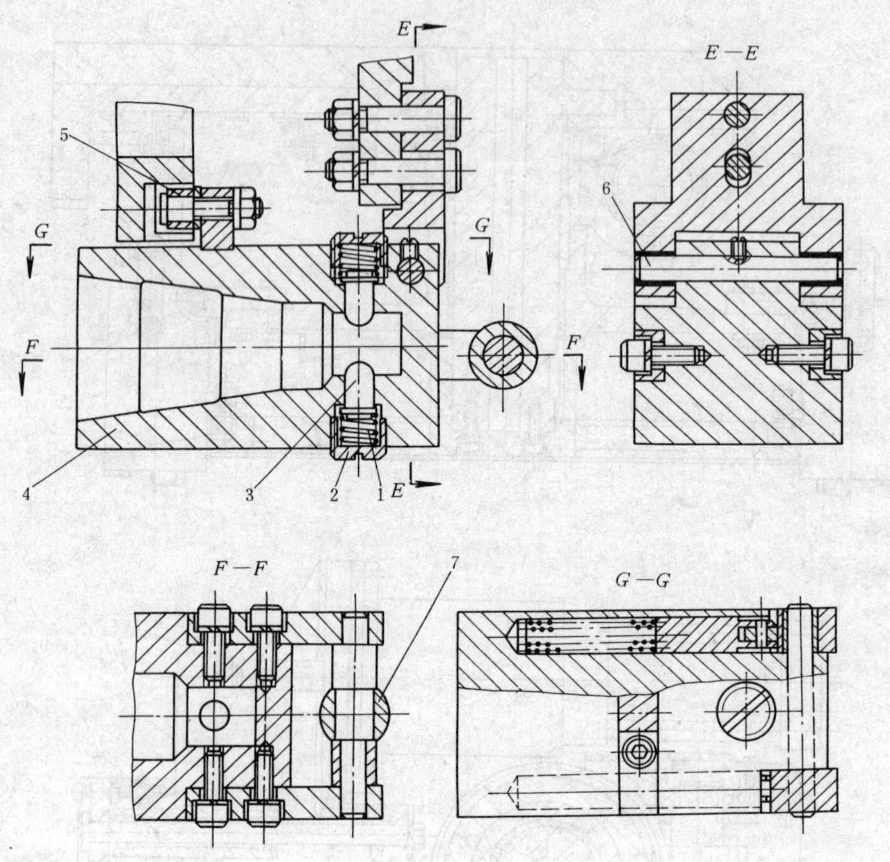

图 4-8 JCS-018A 刀套结构图

上行程位置开关，发出机械手抓刀信号。此时，机械手 21 正处在图中所示的上面位置，液压缸 18 右腔通压力油，活塞杆推着齿条 17 向左移动，使得齿轮 11 转动。如图 4-10 所示，8 为液压缸 15 的活塞杆，齿轮 1、齿条 7 和轴 2 即为图 4-9 中的齿轮 11、齿条 17 和轴 16。连接盘 3 与齿轮 1 用螺钉连接，它们空套在机械手臂轴 2 上，传动盘 5 与机械手臂轴 2 用花键连接，它上端的销子 4 插入连接盘 3 的销孔中，因此齿轮转动时带动机械手臂轴转动，如图 4-9 所示，使机械手回转 75°抓刀。抓刀动作结束时，齿条 17 上的挡环 12 压下位置开关 14，发出拔刀信号，于是液压缸 15 的上腔通压力油，活塞杆推动机械手臂轴 16 下降拔刀。在轴 16 下降时，传动盘 10 随之下降，其下端的销子 8（图 4-10 中的销子 6）插入连接盘 5 的销孔中，连接盘 5 和其下面的齿轮 4 也是用螺钉连接的，它们空套在轴 16 上。当拔刀动作完成后，轴 16 上的挡环 2 压下位置开关 1，发出换刀信号。这时液压缸 20 的右腔通压力油，活塞杆推着齿条 19 向左移动，使齿轮 4 和连接盘 5 转动，通过销子 8，由传动盘带动机械手转 180°，交换主轴上和刀库上的刀具位置。换刀动作完成后，齿条 19 上的挡环 6 压下位置开关 9，发出插刀信号，使油缸 15 下腔通压力油，活塞杆带着机械手臂轴上升插刀，同时传动盘下面的销子 8 从连接盘 5 的销孔中移出。插刀动作完成后，轴 16 上的挡环压下位置开关 3，使液压缸 20 的左腔通压力油，活塞杆带着齿条 19 向右移动复位，而齿轮 4 空转，机械手无动作。齿条

19 复位后，其上挡环压下位置开关 7，使液压缸 18 的左腔通压力油，活塞杆带着齿条 17 向右移动，通过齿轮 11 使机械手反转 75°复位。机械手复位后，齿条 17 上的挡环压下位置开关 13，发出换刀完成信号，使刀套向上翻转 90°，为下次选刀做好准备。同时机床继续执行后面的操作。

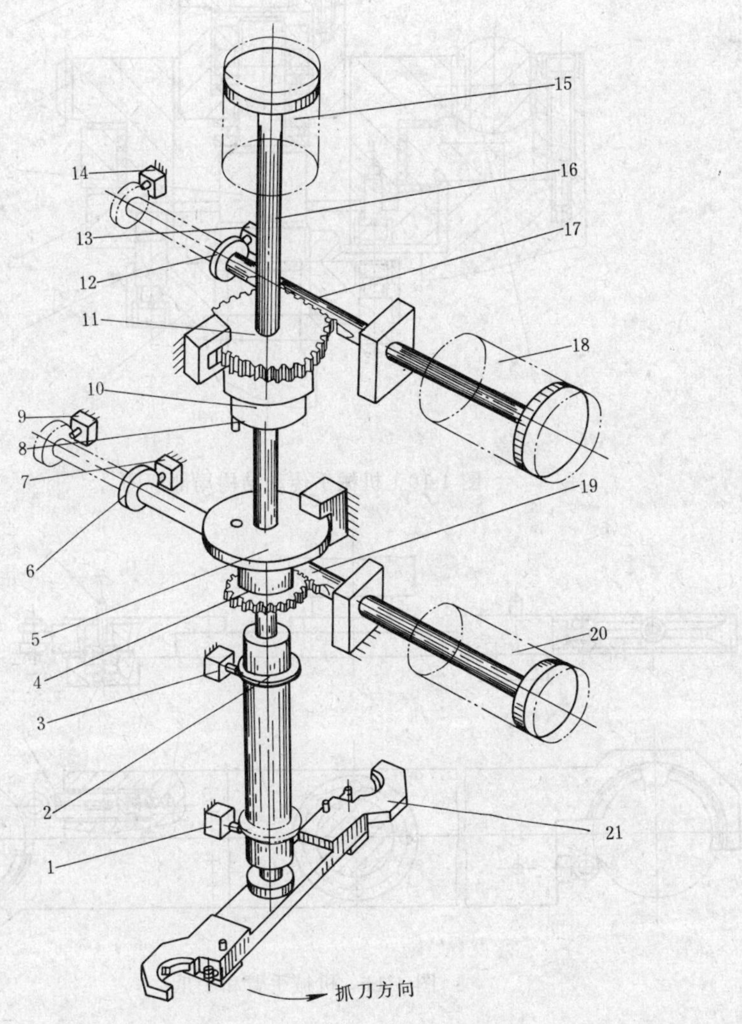

图 4-9 JCS-018A 机械手传动结构示意图

2. 机械手抓刀部分的结构

图 4-11 为机械手抓刀部分的结构，它主要由手臂 1 和固定其两端的结构完全相同的两个手爪 7 组成。手爪上握刀的圆弧部分有一个锥销 6，机械手爪刀时，该锥销插入刀柄的键槽中。当机械手由原位转 75°抓住刀具时，两手爪上的长销 8 分别被主轴前端面和刀库上的挡块压下，使轴向开有长槽的活动销 5 在弹簧 2 的作用下右移顶住刀具。机械手拔刀时，长销 8 与挡块脱离接触，锁紧销 3 被弹簧 4 弹起，使活动销顶住刀具不能后退，这样机械手在回转 180°时，刀具不会被甩出。当机械手上升插刀时，两长销 8 又分别被两挡块压下，锁紧销从活动销的孔中退出，松开刀具，机械手便可反转 75°复位。

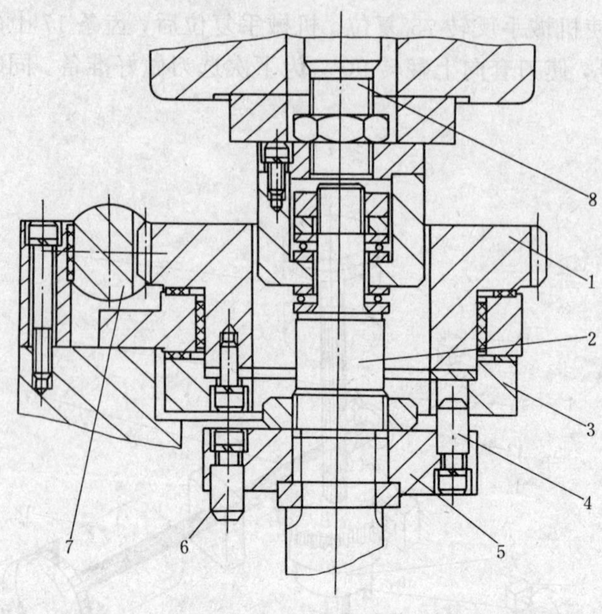

图 4-10　机械手传动结构局部视图

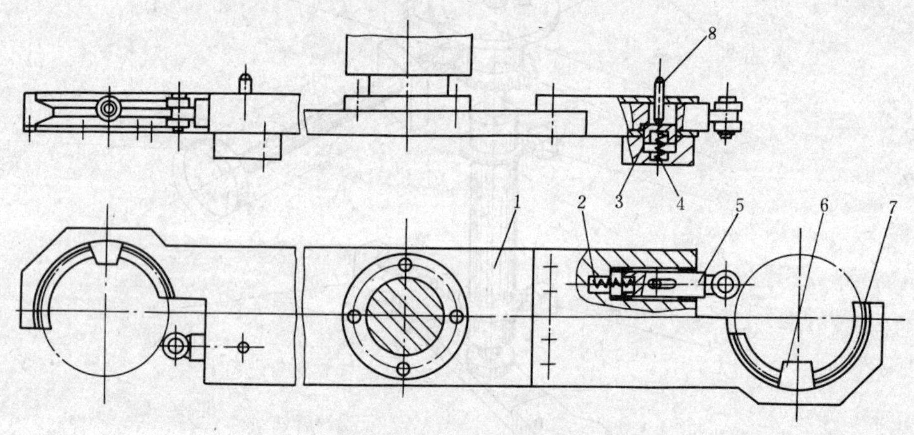

图 4-11　机械手臂和手爪

第三节　JCS-018A 立式加工中心的操作

一、操作面板

该机床的操作面板位于机床的右前方，支承它的吊臂是固定的，操作面板可以转动 90°。

操作面板由上下两部分组成，上半部分为数控系统操作面板；下半部分为机床操作面板。下面分别予以介绍。

（一）机床操作面板

JCS-018A 立式加工中心的机床操作面板如图 4-12（见书末）所示。机床上的各开关或按钮的名称标注在图中，关于它们的功用，将在“机床的操作”内容中作详细介绍。图中 X、Y、

Z 坐标返回参考点指示灯、刀库返回参考点指示灯及报警指示灯作了标注，而其他的与一些开关或按钮相对应的指示灯均不作标注。

（二）数控系统操作面板

数控系统的操作面板由 MDI 键盘和 CRT 显示器组成。显示器的左侧有两个数控系统的电源按钮，“NO”为电源接通按钮；“OFF”为电源断开按钮，关于 CRT 显示器的显示功能，在数控车床一章中已叙述过，这里主要介绍 MDI 键盘上各按键的功用。

1．功能键

POS——显示现在机床的位置。

PRGRM——在 EDIT 方式时，用来显示和编辑存储器内的程序；在 MDI 方式时，MDI 数据的显示、输入；在机床运行时，显示程序指令。

CFSET——偏移量的设定显示。

COMND——显示指令值和由 MDI 输入的指令。

SET——数据的显示和设定；菜单开关的显示和设定。

PARAM——参数的设定和显示；PC 参数的显示和设定。

ALARM——显示报警内容。

DGNOS——显示系统诊断数据。

2．数据输入键

数据输入键共有 35 个，在向存储器输入程序时，可以用这些键输入字母、数字以及其它符号。每次键入的字符都显示在 CRT 屏幕上。其中“EOB”键用于输入“；”程序段结束符号，“CAN”键用于删除已输入到存储器里的最后一个字符。

3．程序编辑键

ALTER——程序的修改。

INSRT——程序的插入。

DELET——程序的删除。

4．光标移动键和页面键

CURSOR——光标移动键有两个，“↓”键将光标向下移动；“↑”键将光标向上移动。

PAGE——页面键有两个，“↓”键向后翻页；“↑”键向前翻页。

5．其他键

1）ABS/INC——绝对/增量变换键，ABS 表示 MDI 指令是绝对指令；JNC 表示 MDI 指令是增量指令。

2）READ——读键，可读入纸带程序。

3）PUNCH——纸带穿孔键，将存储器内程序穿孔输入。

4）INPUT——输入键，可输入参数或补偿值等。

5）START——启动键，用于执行 MDI 的命令。

6）ORIGIN——原点键，用于相对坐标系和工件坐标系执行坐标数据清零的操作。

7）RESET——复位键，在机床自动运行中，停止机床的所有运动和动作。

二、机床的操作

根据 JCS-018A 立式加工中心的加工功能，介绍机床的一些基本操作方法。

（一）电源的接通与断开

1. 电源的接通

1）在机床电源接通之前，检查电源柜内空气开关是否全部接通，然后将电源柜门关好，方能打开机床主电源开关。

2）按下 CRT 显示器左侧的“POWER ON”按钮，接通数控系统的电源。

3）当 CRT 屏幕上显示 X、Y、Z 的坐标位置时，即可开始工作。

2. 电源的断开

1）自动工作循环结束，“CYCLE START”按钮的显示信号熄灭。

2）机床运动部件停止运动。

3）当机床执行穿孔带上的程序时，需将读带机的开关扳到“RELEASE”位置；将穿孔机的电源切断。

4）按下 CRT 显示器左侧的“POWER OFF”按钮，断开 NC 装置的电源。

5）最后切断电源柜上的机床主电源开关。

（二）工作方式的选择

机床操作面板上有一个“MODE SELECT”工作方式选择旋转开关，转动该旋钮，可以选择 8 种工作方式。当机床要进行某一种操作时，需将该旋钮旋至所需要的工作方式，再进行操作。

1. 编辑方式（EDIT）

控制系统在编辑方式时，可以完成下面的工作：

1）将工件程序手动输入到存储器中。

2）可以对存储器内的程序进行修改、插入和删除。

3）将存储器内的程序穿孔输出或将穿孔带程序读入存储器。

2. 存储器运行方式（MEM）

1）机床执行存储器中的程序，对工件进行自动加工。

2）可以检索存储器程序的顺序号。

3. 手动数据输入方式（MDI）

1）用 MDI 键盘直接输入程序段，并立即执行（单程序段的运行），即为 MDI 工作方式。

2）用 MDI 键盘将加工程序输入到存储器内，即为手动数据输入。

4. 纸带运行方式（TAPE）

1）可以执行纸带上的程序。

2）可以检索纸带程序的顺序号。

5. 手动连续进给方式（JOG）

以手动方式使 X、Y、Z 坐标轴执行连续进给或快速移动。

6. 手动返回参考点方式（RPRN）

在手动返回参考点方式下，可以手动操作机床，使 X、Y、Z 坐标轴返回机床参考点。

7. 手摇轮方式（HANDLE）

在手摇轮方式下，用手摇脉冲发生器使 X、Y、Z 坐标轴运动，而且每次只能操纵一个轴的运动。

8. 增量进给方式（STEP）

使用增量进给方式时，按动一次“＋”或“－”按钮，可以使选定的坐标轴移动选定的进给量。

（三）机床的手动进给

1. 手动返回机床参考点

当机床出现下面三种情况之一时：①机床电源接通开始工作之前，②机床停电后再次接通数控系统的电源时，③机床在急停信号或超程报警信号解除之后恢复工作时，操作者必须进行返回机床参考点的操作。该操作是以手动方式完成的，每次只能操纵一个坐标轴。返回参考点时，坐标轴的进给速度为快移速度。返回机床参考点的操作步骤如下：

1）将“MODE SELECT”开关置于“RPRN”方式。

2）将坐标轴选择旋转开关（AXIS SELECT）置于 X、Y、Z 三个坐标轴中所需要的坐标轴位置。

3）转动快速倍率旋转开关（PAPID TRAVERST OVERRIDE），设定坐标返回参考点的进给速度。

4）当坐标位置远离参考点位置时，压下坐标轴正向运动“＋”按钮后放开，坐标运动自动保持到返回参考点，而且参考点指示灯亮时才停止。在参考点附近有一个参考点减速开关，当坐标的运动部件压下减速开关时会自动减速移动，直到参考点的位置。提醒操作者注意的是，在上面的操作中，如果误操作，按下了坐标轴负向运动“－”按钮，则坐标轴向负向运动约 40mm 后会自动停止，此时应改按“＋”按钮，方能使坐标轴返回机床参考点。

当机床的坐标位置处于参考点位置而参考点指示灯不亮时（机床刚通电，或工作中按了“急停”按钮），应按下“－”按钮，使坐标位置先离开参考点，然后再按下“＋”按钮，则坐标返回参考点。此种情况下，如果误按了“＋”按钮，该坐标超程，“ALARM”报警灯亮而不闪。解除这一误操作的方法是，按住“－”按钮，用手摇轮将坐标向负方向移动离开超程位置，再返回参考点。

5）在进行手动返回机床参考点操作时，操作者要注意观察对应坐标轴的参考点指示灯：当手动返回机床参考点时，指示灯亮；当机床电源刚刚接通时，坐标位置恰好在参考点位置，但是指示灯并不亮，这时需按前面讲过的操作方法，手动返回机床参考点；当参考点指示灯亮时，如果坐标移动离开了参考点或是按了紧急停止按钮（RESET），则指示灯灭。

2. 手动连续进给及快速移动

用手动操作方式使 X、Y、Z 任一坐标轴连续进给或快速移动。

1）将“MODE SELECT”开关置于“JOG”方式

2）将“AXIS SELECT”开关置于 X、Y、Z 三个坐标轴中准备操作的坐标轴位置。

3）转动手动进给速度旋转开关（JOG FEEDRATE），选择合适的进给速度。

4）根据坐标轴运动的方向，压住“＋”或“－”按钮，运动部件便在相应的坐标方向上连续运动。当按钮放开时，坐标运动停止。

5）本机床将快速移动设为手动连续进给的一种，当把“JOG FEEDRATE”开关置于“RAPID”位置时，各坐标便可实现快速移动，其移动速度为：X、Y 轴 14m/min，Z 轴 10m/min。

3. 手摇轮进给

转动手摇轮，可以使 X、Y、Z 任一坐标轴运动，操作时可按下述步骤进行：

1）将“MODE SELECT”开关置于“HANDLE”方式，其中有 3 档可供选择：0.001 表

示手摇轮 1 格，坐标移动 0.001mm；0.01 表示手摇轮转 1 格，坐标移动 0.01mm；0.1 表示手摇轮转 1 格，坐标移动 0.1mm。手摇轮一圈为 100 格，根据需要，可以将开关转至 3 档中的某一个位置。手摇轮控制机床坐标的运动，其最高速度为 3m/min，如果快速转动手摇轮，实际速度也不会超过 3m/min。

2）将“HANDLE-STEP”变换开关置于“HANDLE”位置。

3）将“AXIS SELECT”开关置于所需坐标轴位置。

4）转动手摇轮，顺时针转为坐标轴正向，逆时针转为坐标轴负向。

4. 增量进给

增量进给也叫做步进给，每按一次“＋”或“－”按钮时，相应的坐标轴沿正方向或负方向移动一步。操作步骤如下：

1）将“MODE SELECT”开关置于“STEP”方式，其中有 5 档可供选择：0.001、0.01、0.1、1、10，这 5 档分别表示每次坐标对应的移动量为 0.001mm、0.01mm、0.1mm、1mm、10mm。根据需要，可以将开关转至 5 档中的某一个位置，作为增量进给的移动量。

2）将“HANDLE-STEP”开关置于“STEP”位置。

3）将“AXIS SELECT”开关置于所需坐标轴位置。

4）转动“JOG FEEDRATE”开关选择增量进给的速度。

5）按下“＋”或“－”按钮，每按一次坐标在相应的方向上按照选定的移动量移动一步。

5. 手动绝对值开关的功能

手动绝对值开关（MANUAL ABSOLUTE）的功能为：在程序自动运行中，用机床上的进给保持按钮（FEED HOLD），使自动运行暂停，以手动方式移动坐标，在转回自动运行之前，将此开关置于“NO”位置，则手动方式的移动量将加到自动运行暂停前的坐标值上；反之此开关处于“OFF”位置，则手动方式的移动量将不加到原来的坐标值上。

例如：机床要运行下面的程序：

```
G92 X0.；Y0. Z0.
……
G01 G90 X-100. Y-100.；①
        X-200. Y-150.；②
……
```

如图 4-13 所示，第①程序段执行完转为手动方式，手动移动坐标 X-20. Y-100. 之后合上“MANUAL ABSOLUTE”开关，再转回自动方式执行完第②程序段后，X、Y 坐标仍然回到原来的编程点。而手动移动量被认为是②程序段的运动分量，即第②程序段实际运动量是指令运动量减去手动运动量（$\overline{B}=\overline{C}-\overline{A}$）。反之此开关断开，执行完第②程序段后，$X$、$Y$ 坐标不能返回原来的编程点，即手动方式的移动量没有加到第②程序段的坐标值上去（$\overline{B'}=\overline{C'}$）。

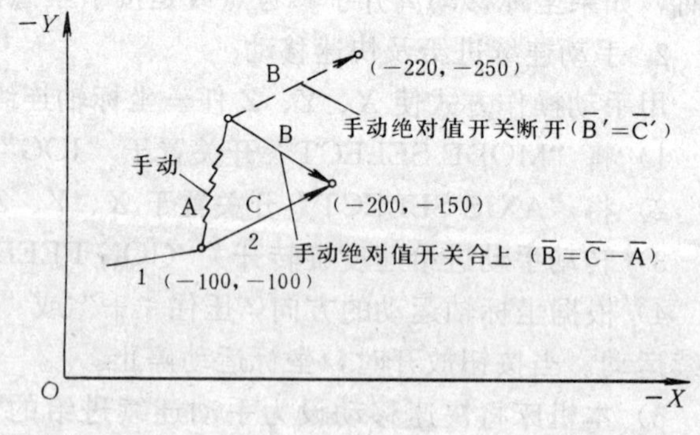

图 4-13　手动绝对值开关使用示意图

（四）机床的自动运行

机床的自动运行也称为机床的自动循环，它包括纸带程序的运行和存储器程序的运行。我们主要介绍自动运行存储器内的程序。

1. 自动运行的启动。

1）自动运行前必须使各坐标返回机床参考点。

2）选择将运行的程序号。

3）将“MODE SELECT”开关置于“MEM”方式。

4）按下循环启动“CYCLE START”按钮，则自动运行开始，按钮上方的循环启动绿灯亮。

“CYCLE START”按钮仅用于在MEM、MDI或TAPE三种方式下，启动加工程序。

2. 自动运行中有关开关的使用功能

（1）进给保持按钮（FEED HOLD）

在自动运行中，如果按下“FEED HOLD”按钮，则“CYCLE START”指示灯灭，进给保持按钮上方的红灯亮。此时，机床处在下面的状态：

1）正在运动的坐标轴减速停止。

2）如果正在执行G04暂停指令，则暂停功能中断，剩余的暂停时间仍然被保留。

3）M、S、T指令的动作完成后，机床停止。

要解除自动运行的这种保持状态，需按下“CYCLE START”按钮，这时被保持的坐标轴将继续走完剩余的坐标量；如在暂停（dwell）时被保持，将继续停留到剩余的暂定时间结束。

（2）单程序段开关（SINGLE BLOCK）

将此开关置于“ON”位置，机床在自动运行过程中，使程序分段执行。即每按一次“CYCLE START”按钮，只执行一个程序段的指令。将此开关置于“OFF”位置，按下“CYCLE START”按钮，则程序连续执行。

（3）跳过任选程序段开关（BLOCK DELETE）

将此开关置于“ON”位置，则机床在自动运行中，遇到含有“/”的程序段跳过不执行。当此开关处在“OFF”位置时，自动运行中对含有“/”的程序段同样执行。

（4）进给倍率旋转开关（FEEDRATE OVERRIDE）

加工程序中用F代码设定的进给速度，在自动运行中可以用进给倍率开关进行调整。例如在试切削时，认为F代码设定的进给速度不合适，便可以转动此开关调到适当的刻度上。此后，进给速度即为调整后的数值。此开关的调整范围为F代码的0～200%，每刻度的增量为10%。

（5）快速倍率旋转开关（RAPID TRVERSE OVERRIDE）

此旋转开关用来调整机床快速移动的速度。调整值有100%、50%、25%、LOW4档，以Y坐标轴为例加以说明：开关在100%位置时，Y轴快移速度为14m/min；在50%位置时，快移速度为7m/min；在25%位置时，快移速度为3.5m/min；在LOW位置时，快移速度为1m/min。

在自动运行中，对于程序中的G00代码（快速定位）；G27、G28、G29代码（返回参考点等）；固定循环中的快速进给和快速退回的速度，均需用快速倍率开关来设定。

（6）倍率无效开关（OVERRIDE CANCEL）

将此开关置于“ON”位置，则全部倍率开关无效。

（7）选择停止开关（OPTIONAL STOP）

将此开关置于“ON”位置，则机床在自动运行中，执行完含有 M01 代码的程序段后，循环中止，同时开关上面的指示灯亮，表示机床处于暂停状态（执行 M00 指令后，该指示灯也亮，表示程序停止）。当按下“CYCLE START”按钮时，继续自动循环。当此开关置于“OFF”位置时，M01 指令无效。

在自动运行中，需要对工件的尺寸进行检验或是插入必要的手工操作时，使用此开关的功能很方便。

（8）试运行开关（DRY RUN）

机床在“MEM”、“TAPE”或“MDI”方式时，将此开关置于“ON”位置，则程序段中的 F 代码无效。其进给速度由“JOG FEEDRATE”旋转开关设定。

3．其他开关

（1）机床锁定开关（MACHINE LOCK）

当检查程序时，需将此开关置于“ON”位置，则程序运行中，机床坐标不运动，CRT 屏幕上显示的内容如同机床运动一样。此状态下，程序中的 M、S、T 代码仍然执行，但是 M06（刀具交换）指令不执行；另外，由于机床不运动，没有压下参考点行程开关，所以执行参考点返回指令（G28）后，参考点指示灯并不亮。在程序运行中途也可以操作此开关。

（2）*Z* 轴锁定开关（Z XEIS CANCEL）

此开关的功能与机床锁定开关类似，顾名思义是限制 *Z* 轴的运动。用于检查程序时，在主轴上装铅笔画出由程序确定的零件的平面轮廓。

（3）辅助功能锁定开关（M、S、T LOCL）

将此开关置于“ON”位置，自动运行中，主轴不转，刀库无动作，只有机床各坐标运动。由 NC 装置内部处理的 M00、M01、M02、M30、M98、M99 仍然执行，执行完含有 M00、M01 代码的程序段后，“PROGRAM STOP”指示灯亮，表示程序停止或是选择停止。

（4）冷却开关（COOLANT）

冷却开关有三个位置：置于“AUTO”位置时，在自动运行中由程序中的 M 代码指令切削液的开与停；置于“MAN”位置时，在任何工件方式中都使冷却泵工作；处于“OFF”位置时，冷却泵不工作。

（五）机床的急停

机床在手动或自动运行中，一但出现异常情况，必须立即停止机床的运动。使用下面两个按键中的任意一个，均可使机床停止运动。

1．按下紧急停止按钮

机床左下角有红色紧急停止按钮，按下此按钮，机床的主轴运动、进给运动、刀库的转动及换刀动作等全部停止。

待故障排除后，顺时针转动急停按钮，按钮弹起复位，则急停状态解除。此时要恢复机床的工作，必须进行手动返回机床参考点的操作；如果在刀库转动中按下了急停按钮，也必须进行手动返回刀库参考点的操作；如果在换刀动作中按下了急停按钮，则必须用 MDI 工作方式把换刀机构调整好。

2．按下“FEED HOLD”按钮

按下“FEED HOLD”按钮后，机床的自动运行处于保持状态。待急停解除之后，按下

“CYCLE START”按钮，恢复自动运行。

（六）自动换刀装置（ATC）的操作

机床在自动运行中，ATC换刀的操作是靠执行换刀程序自动完成的。当手动操作机床时，ATC的换刀是由人工操作完成的或是用MDI工作方式完成。

1.“ATC”按钮的功能

在机床的操作面板上设有“ATC”按钮，它的右侧有“ATC”指示灯。ATC按钮具有两方面的功能：

（1）使刀库返回参考点

机床在JOG、HANDLE和STEP某一种手动方式时，按下“ATC”按钮，则刀库返回参考点即刀库上的1号刀套定位在换刀位置上。

在以下三种情况下，需要进行刀库返回参考点的操作：

1）在向刀号存储器输入刀号之前，应使刀库返回参考点。

2）在调整刀库时，如果刀套不在定位位置上应使刀库返回参考点。

3）在机床通电之后或是在机床和刀库调整结束，自动运行开始之前，应使刀库返回参考点。

（2）在MDI方式时用于换刀

首先用手动方式使Z轴返回参考点；再将“MODE SELECT”工作方式选择旋转开关置于MDI方式，输入“M19”指令，完成主轴定向。仍然在MDI方式，按下“ATC”按钮，使得换刀运动连续动作，即主轴上的刀具与换刀位置上的刀具交换，但刀库不转动。

2. 在MDI方式下操作ATC

将“MODE SELECT”开关置于MDI方式，可进行下面的操作：

1）此时Z轴已返回参考点，输入“M06”指令，得到刀具交换的连续动作。“M06”指令中包含了主轴定向的动作。这时的换刀动作与在MDI方式时使用“ATC”按钮换刀相同。

2）输入T××，使刀库转动，并将插有T××的刀套定位在换刀位置上。

3）输入T××M06，在Z轴已返回参考点的前题下，首先将现在位于换刀位置上的刀具和主轴上的刀具进行交换，之后刀库转动，将T××刀具转到换刀位置上。

4）在执行了Z轴返回参考点和主轴定向以后，使用M80～M89指令，便可以得到ATC的分解动作。使用该换刀方法时，刀号存储器不能自动跟踪调整。M功能与分解动作关系见表4-2。

由于ATC各分解动作之间具有互锁关系，因此若在换刀过程中途停止换刀运动，当恢复工作时，需要根据表4-2中的动作顺序，使用M80～89中的指令，将换刀动作分步完成，才能继续进行自动循环。而在不考虑条件时任意使表4-2中的M指令，有可能不动作。

3. 在刀库上装刀

在刀库一侧，有一个刀库回转按钮，每按一次按钮，刀库顺时针转一个刀位。此按钮仅能控制刀库转动一位，如果因为某种原因刀库不在定位点上，那么用此按钮始终不能使刀库的任何刀套进入换刀位置。遇此情况，必须进行刀库返回参考点的操作，然后才能装刀。

装刀的操作步骤如下：

1）使用刀库转位按钮，转出装刀位置。

2）将刀具插入刀套。

表 4-2　M 功能与分解动作的关系

动　　作	使用的 M 指令	说　　明
刀套下转 90°	M80	
手臂转出 75°	M81	机械手爪进入两边刀具柄
刀具松开	M82	功能同主轴上的刀具松开与夹紧按钮
手臂下降	M83	拔刀
手臂转－180°	M84	两边刀具互换
手臂上升	M85	插刀
刀具夹紧	M86	功能同主轴上的刀具松开与夹紧按钮
手臂转 180°液压缸返回	M87	机械手无动作
手臂－75°转回	M88	手臂回到初始位置
刀套上转 90°	M89	

3）按动刀库转位按钮，依次插入所有的刀具。

4. 主轴上刀具的装取

主轴箱上有一个主轴刀具的松开与夹紧按钮，用来装取刀具。

正常情况下，主轴上刀具处于被夹紧状态，按下此按钮刀具被松开，按钮上方的指示灯亮，可以装取刀具；再按下此按钮，刀具被夹紧，指示灯灭。操作者应注意，在按下按钮松开主轴之前，要用手握住刀柄，以免刀具松开下落时损坏工作台和刀具。

（七）主轴操作按钮和开关

在机床操作面板上，有 4 个主轴操作按钮和 1 个主轴转速倍率开关。

1. 主轴操作按钮和开关的功能

1）CCW——按下此按钮，从工作台向主轴方向观察，主轴逆时针转动。该按钮只在手动方式时有效。

2）CW——按下此按钮，主轴顺时针转动。它只在手动方式时有效。

3）STOP——主轴停止按钮，在任何工作方式下均有效。

在自动运行中，如果主轴正在转动，按下此按钮，则机床处在进给保持（FEED HOLD）状态。

4）ORTENTATION——按下此按钮，主轴进行定向动作，定向完成后，按钮左侧的指示灯亮。该按钮在手动时有效。

5）OVERRIDE——主轴转速倍率旋转开关，在自动运行中，可用它来调整由 S 代码设定的主轴转速。其调整值为 S 代码的 0～120%，每刻度的增量值为 10%，共有 8 级。此开关在任何工作方式下均有效，但是在执行 G74、G84 车螺纹循环中无效。

2. 主轴转速的设定

用手动操作方法启动主轴时，必须先设定主轴转速。其方法是：将“MODE SELECT”开关置于 MDI 方式，输入 S××××。主轴的转速一经设定，在没有新的设定值取代原设定值之前，始终被保留。当机床出现故障急停、清除全部程序及切断电源时，该设定值消除，需重新设定主轴转速。

3. 主轴负载表

机床操作面板上的主轴负载表分为白区、黄区和红区，其功能是指示主轴电动机输出功率的倍率。机床连续运转时，应在白区使用电动机；机床重切时，如果长时间（超过 30min）在黄区使用电动机，会引起电动机过热，造成主轴的报警状态。

三、数控系统的操作

（一）程序的输入、编辑和检索

机床操作面板上有一个存储器保护钥匙开关（MEMORY PROTECT），当输入或编辑程序时，需将"MEMORY PROTECT"开关置于"ON"位置，进行其他操作时，此开关置于"OFF"位置。

输入程序或是编辑、修改、检索存储器内的程序，可以参考如下的操作过程：

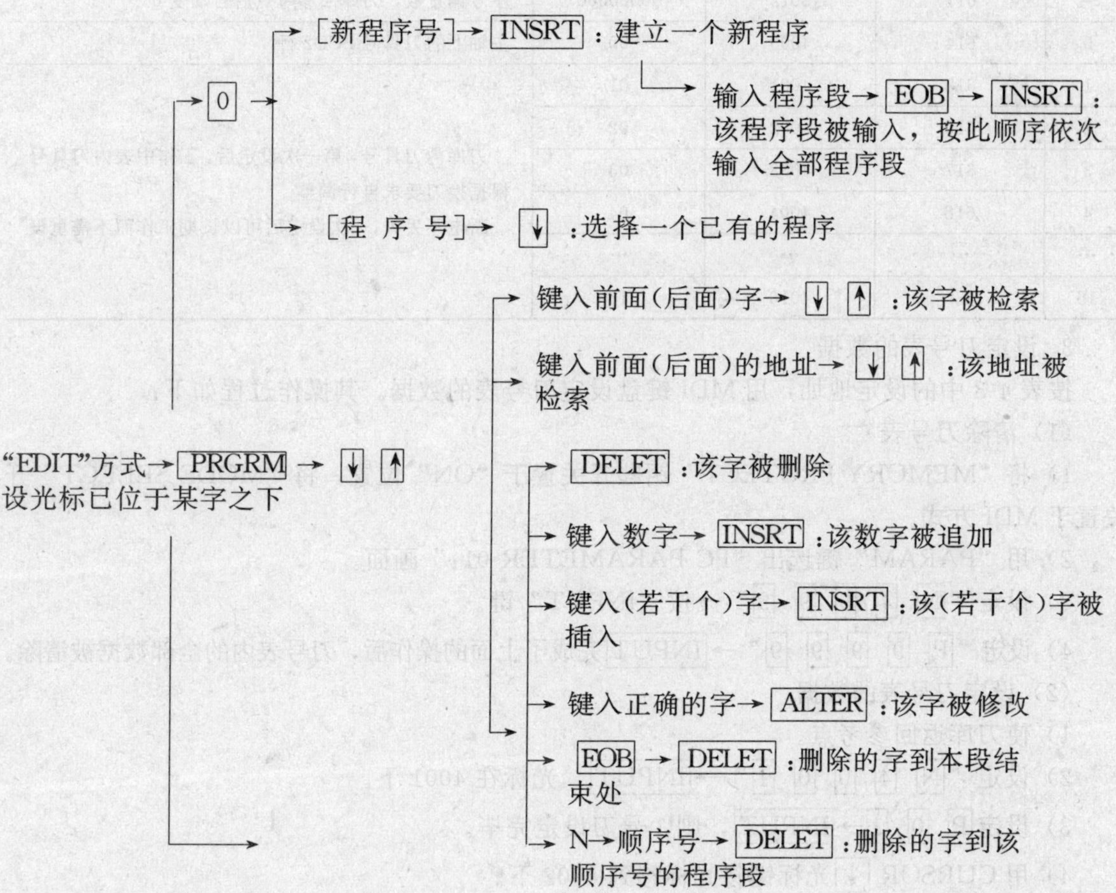

（二）刀号表的设定

1. 刀号表的设定

随机换刀的 ATC 装置在换刀时只认刀具不认刀套，因此操作者可以将所用 16 把刀具逐一编号，并按顺序将刀具插入刀库中对应号和刀套上，然后由数控系统的 PC 设定刀具号，使得刀具号和刀库中的刀套地址对应地记忆在 PC 中。上面的过程即是刀号表的设定。关于刀号表使用了表 4-3 中的梯形图地址和设定地址。刀号表设定后机床在以后的使用中，不论刀具装在哪个刀套上，数控系统中的 PC 始终记忆着它的踪迹。当设定的刀号表工作了一段时间之后，其内容将与最初设置的顺序不同，但对于任意一把刀具，不论它插在哪个刀套上，其刀号始终不变。

2. 刀具的顺序编号

将16所用把刀具从1～16顺序编号，以便于以后识别，其编号的操作步骤为：首先使刀库返回参考点；使用刀库转位按钮，按顺序将1号刀插入1号刀套，2号刀插入2号刀套，直到16号刀插入16号刀套；再次执行刀库返回参考点的操作。

表 4-3　刀具号设定用地址及数据

序号	梯形图地　址	设定地址	数据	说　　明
	611	3012	00000000	序号偏置数，刀库回参考点后自动变0
0	614	4000	00	主轴上的刀具号 BCD2 行
1	615	4001	01	刀库内刀具号，第一次设定后，工作中表内刀具号根据换刀要求自行调整 断电不丢失，一次设定后可以长期工作而不需重设
2	616	4002	02	
3	617	4003	03	
4	618	4004	04	
…	…	…	…	
16	630	4016	16	

3. 设定刀号表的数据

按表4-3中的设定地址，用MDI键盘设定刀号表的数据。其操作过程如下：

（1）清除刀号表

1）将“MEMORY PROTECT”钥匙开关置于“ON”位置，将“MODE SELECT”开关置于MDI方式。

2）用“PARAM”键选出“PC PARAMETER 01：”画面。

3）设定“N 4 9 9 9”→按“INPUT”键。

4）设定“P 9 9 9 9”→INPUT完成了上面的操作后，刀号表内的全部数据被清除。

（2）设定刀号表的数据

1）使刀库返回参考点。

2）设定“N 4 0 0 1”→INPUT，光标在4001下。

3）设定P 0 1→INPUT，则1号刀设定完毕。

4）用CURSOR ↓光标键将光标移到4002下。

5）设定P 0 2→INPUT，则2号刀设定完毕。

接下来重复第4）和5）两步操作，依次设定各刀号数据，直到4016号地址为止。设定结束后，将“MEMORY PROTECT”开关置于“OFF”位置。

第四节　加工中心的程序编制

一、加工中心程序编制特点

加工中心是带有自动换刀装置的数控镗铣床，具有数控铣床、镗床、钻床的综合功能。由于使用加工中心加工的零件，形状复杂、工序多，使用的刀具种类也多，往往一次装夹后要完成从粗加工、半精加工到精加工的全部过程。因此程度较复杂。编程时要考虑下述问题。

1）仔细进行工艺分析，选择合理的走刀路线，减少空走刀行程，提高生产效率。

2）刀具的尺寸规格应选好，预调刀具并将测出的实际尺寸填入刀具卡。

3）确定合理的切削用量，如主轴转速、吃刀量和宽度、进给速度等。

4）因为刀库中刀具的直径和长短不同，自动换刀时应留有足够的空间，以免与工件或夹具相碰撞。换刀位置宜设在机床原点。

5）为便于检查和调试程序，可将各工步内容分别安排到不同的子程序中，而主程序主要完成换刀和子程序调用。

6）对编好的程序要进行校验，可选用“试运行”开关，这样运行速度较快，同时还应注意刀具、夹具或工件之间是否有干涉。

当要检查 M、S、T 机能时，可以在 *Z* 轴闭锁下进行。

在编制加工中心程序时，要充分考虑自动换刀程序的编制。

在调整机床时，按照加工程序的要求，将刀具分别安装在刀库中，并将相应的地址及刀号输入到数控系统中。选刀指令——T 功能指令，用 T×× 表示，是将指定刀号的刀具转到换刀位置。假如刀库总容量为 16 把，加上主轴上装的一把刀，刀具总数可达 17 把，用 T00～T16 来指令 17 把刀具。

自动换刀程序段包含 T 指令与 M06 指令。

N__G28 Z__T××　M06

执行本程序段时，G28 指令使刀具沿 *Z* 轴返回参考点，然后主轴准停，执行 M06 换刀指令操作。为避免执行 T 功能占用加工时间，本程序段中的刀号为下次使用刀具，而本次所用刀具应于前面的程序段中提前写出。这样，在进行后面的程序段的同时执行 T 功能指令，大大节省了选刀时间。

二、程序编制实例

如图 4-14 所示为油泵的壳体，型腔有两个半圆孔，镗削加工时，会由于让刀的原因很难保证孔的同轴度，而且孔底接刀处也达不到平面度要求。在加工中心上进行加工时，可以用圆弧插补加工出半圆，这样可以保证孔底的平面度和孔的同轴度。

首先，根据图样要求确定工艺方案和加工路线：

1）工艺分析。

2）安装夹紧。

3）工艺路线。打Ⅰ、Ⅱ孔的中心孔，钻Ⅰ、Ⅱ孔至 ϕ17mm，粗镗Ⅰ、Ⅱ孔至 ϕ17.8mm，精镗Ⅰ、Ⅱ孔至尺寸，打Ⅲ孔的中心孔，钻Ⅲ孔至尺寸，转位，铣 *A* 面，打Ⅳ、Ⅴ中心孔，钻Ⅳ、Ⅴ孔至尺寸，转位，粗精铣 2-ϕ44.5F9 孔及底面，精铣 2-ϕ44.5F9 及底面至尺寸。

4）选择刀具及切削用量。

5）刀辅具选择。

6）制定工艺卡如表 4-4 所示，刀具卡片如表 4-5 所示。

其次，决定工件坐标系：

Ⅰ、Ⅱ工位工件坐标系如图 4-14 所示。

Ⅲ工位工件坐标系如图 4-15 所示。

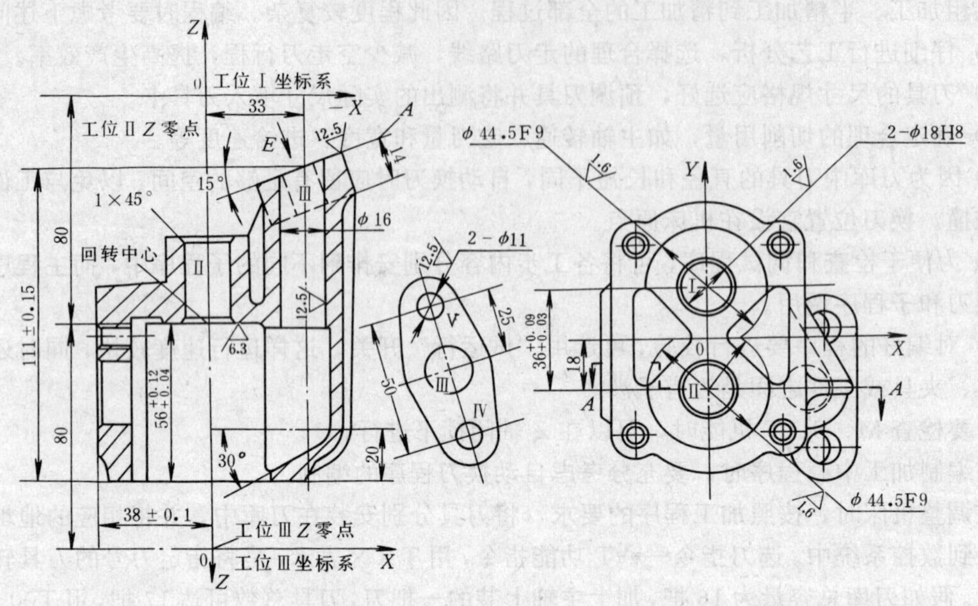

图 4-14　油泵壳体Ⅰ、Ⅲ工位工件坐标系

然后，数值计算（略），编制液压泵壳体加工程序：

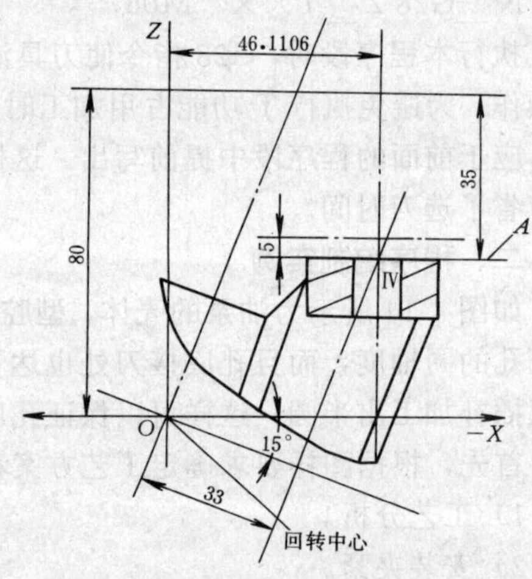

图 4-15　油泵体Ⅱ工位工件坐标系图

```
O0002　液压泵壳体加工程序
N01 G92 X0 Y0 Z0
N02 G30 Y0 M06 T01
N03 G00 G90 Y18.0
N04 G43 Z0 H01 S100 M03
N05 G99 G81 Z-50.0 R-45.0 F40
N06 Y-18.0
N07 G00 G49 Z0 M05
N08 G30 Y0 M06 T02
N09 Y18.0
N10 G43 Z0 H02 S400 M03
N11 G99 G81 Z-90.0 R-45.0 F30
N12 Y-18.0
N13 G00 G49 Z0 M05
N14 G30 Y0 M06 T03
N15 Y18.0
N16 G43 Z0 H03 S350 M03
N17 G99 G81 Z-85.0 R-45.0 F50
N18 Y-18.0
```

表 4-4 加工中心用工艺卡片

零件号		零件名称	液压泵壳体	材料		
程序编号		机床型号	JCS-018	制表		

工序内容	工步号	刀具号	刀具种类	补偿号 (D、H)	主轴转速 S	进给速度 F
打Ⅰ、Ⅱ孔中心孔		T01	ϕ2.5mm 中心钻	H01	S1000	F40
钻Ⅰ、Ⅱ孔至ϕ17mm		T02	ϕ17mm 钻头	H02	S400	F30
粗镗Ⅰ、Ⅱ孔至ϕ17.8mm		T03	ϕ17.8mm 镗刀	H03	S350	F50
精镗Ⅰ、Ⅱ孔至尺寸		T04	ϕ18H8 镗刀	H04	S450	F30
打Ⅲ孔中心孔		T01	ϕ2.5mm 中心钻	H01	S1000	F40
钻Ⅲ孔至尺寸		T05	ϕ16mm 钻头	H05	S300	F50
转位						
铣 A 面		T06	ϕ80mm 端铣刀	H06	S300	F50
打Ⅳ、Ⅴ中心孔		T01	ϕ2.5mm 中心钻	H01	S1000	F40
钻Ⅳ、Ⅴ孔至尺寸		T07	ϕ11mm 钻头	H07	S500	F60
转位						
铣 2-ϕ44.5F9 孔及底面		T08	ϕ20mm 立铣刀	D30 H08	S250	F50
精铣 2-ϕ44.5F9 孔及底面		T09	ϕ20mm 立铣刀	D31 H09	S250	F30

表 4-5 加工中心用刀具卡片

机床型号	JCS-018A	零件号		程序编号		制表	

刀具号 T	工步号	刀柄型号	刀具型号	刀具 直径/mm	刀具 长度	偏置值 (D、H)	备注
T01		BT45-Z10-45	ϕ2.5mm 中心钻	ϕ2.5		H01	
T02		BT45-Z16-105	ϕ17mm 钻头	ϕ17		H02	
T03		BT45-TQC50-180	ϕ17.8mm 镗刀	ϕ17.8		H03	
T04		BT45-TQW62-150	ϕ18H8 镗刀	ϕ18		H04	
T05		BT45-Z16-105	ϕ16mm 钻头	ϕ16		H05	
T06		BT45-XM62-75	ϕ80mm 端铣刀	ϕ80		H06	
T07		BT45-Z16-105	ϕ11mm 钻头	ϕ11		H07	
T08		BT45-NW4-75	ϕ20mm 立铣刀	ϕ20		H08 D30	
T09		BT45-NW4-75	ϕ20mm 立铣刀	ϕ20		H09 D31	

```
N19 G00 G49 Z0 M05
N20 G30 Y0 M06 T04
N21 Y-18.0
N22 G43 Z0 H04 S450 M03
N23 G99 G76 Z-85.0 R-45.0 Q0.20 P1000 F30
N24 Y-18.0
N25 G00 G49 Z0 M05
N26 G30 Y0 M06 T01
N27 X-33.0 Y-18.0
```

```
N28 G43 Z0 H01 S1000 M03
N29 G98 G81 Z-30.0 R-20.0 F40
N30 G49 G00 Z0 M05
N31 G30 Y0 M06 T05
N32 Y-18.0
N33 G43 Z0 H05 S300 M03
N34 G98 G81 Z-100.0 R-20.0 F50
N35 G00 G49 Z0 M05
N36 G30 Y0 M06 T06
N37 B345
N38 Y-18.0 X-107.0
N39 G43 Z-35.415 H06 S300 M03
N40 G01 X-46.2 F50
N41 G00 G49 Z0 M05
N42 G30 Y0 M06 T01
N43 X-46.1106 Y7.0
N44 G43 Z0 H01 S1000 M03
N45 G99 G81 Z-40.0 R-30.0 F40
N46 Y-43.0
N47 G00 G49 Z0 M05
N48 G30 Y0 M06 T07
N49 Y7.0
N50 G43.0 Z0 H07 S500 M03
N51 G99 G81 Z-65.0 R-30.0 F60
N52 Y-43.0
N53 G00 G49 Z0 M05
N54 G30 Y0 M06 T08
N55 B180
N56 Y-18.0
N57 G43 Z-70.0 H08 S250 M03
N58 G01 Z-78.0 F50
N59 Y18.0
N60 G41 X22.25 D30
N61 G03 X-22.25 I-22.25 F30
N62 G01 Y-10.0
N63 G03 X22.25 I22.25
N64 G01 Y0
N65 G00 G49 Z0 M05
N66 G40 X0
```

```
N67 G30 Y0 M06 T09
N68 Y-18.0
N69 G43 Z-70.0 H09 S250 M03
N70 G01 Z-80.0 F50
N71 Y18.0
N72 G41 X22.25 D31
N73 G03 X-22.25 I-22.25 F30
N74 G01 Y-18.0
N75 G03 X22.25 I22.25
N76 G01 Y0
N77 G00 G49 Z0 M05
N78 G40 X0
N79 G28 Z0
N80 G28 X0 Y0
N81 M30
```

第五章　数控机床的典型结构

数控机床是按照预先编好的程序进行加工的，在加工过程中不需工人参与，故对数控机床的结构要求精密、完善且能够长时间稳定可靠地工作，以满足重复加工过程。在数控机床发展的最初阶段，人们通常将传统机床装备上数控装置，或将通用机床进行局部改进就认为是一台很好的数控机床，随着数控技术的发展，对数控机床的生产率，加工精度和寿命提出了更高的要求。因此，传统机床的一些弱点例如结构刚性不足，抗振性差，滑动面的摩擦阻力较大以及传动元件中的间隙等，就越来越明显，它的某些基本结构限制着数控机床技术性能的发挥，因此，现代数控机床在机械结构上许多地方与普通机床显著不同。

现今的数控机床有着独特的机械结构，除机床基础件外，主要由以下各部分组成：

1）主传动系统。

2）伺服系统。

3）进给系统。

4）工件实现回转、定位的装置及附件。

5）自动换刀装置。

6）实现某些动作和辅助功能的系统和装置，如液压、气动、润滑、冷却等系统及排屑、防护装置。

7）实现其它特殊功能装置如监控装置，加工过程图形显示、精度检测等。

了解这些结构对于使用和调整数控机床都是十分必要的。

第一节　数控机床的主传动系统

一、数控机床主传动的特点

数控机床与普通机床比较具有以下特点：

1）转速高，功率大，它能使数控机床进行大功率切削和高速切削，实现高效率加工。

2）主轴转数的变换迅速可靠，并能自动无级变速，使切削工作始终在最佳状态下进行。

3）为实现刀具的快速或自动装卸，主轴上还必须设计有刀具自动装卸、主轴定向停止和主轴孔内的切屑清除装置。

二、数控机床主轴的变速方式

数控机床的主传动要求较大的调速范围，以保证加工时能选用合理的切削用量，从而获得最佳的生产率、加工精度和表面质量。数控机床的变速是按照控制指令自动进行的，因此变速机构必须适应自动操作的要求。故大多数数控机床采用无级变速系统，数控机床主传动系统主要有以下三种配置方式（图 5-1）。

（一）带有变速齿轮的主传动（图 a）

这种配置方式大、中型数控机床采用较多。它通过少数几对齿轮降速，使之成为分段无级变速，确保低速时的扭矩，以满足主轴输出扭矩特性的要求。但有一部分小型数控机床也采用这种传动方式，以获得强力切削时所需要的扭矩。滑移齿轮的移位大都采用液压拨叉或直接由液压缸带动齿轮来实现。

（二）通过带传动的主传动（图 b）

主要应用在小型数控机床上，可以避免齿轮传动时引起的振动和噪声，但它只能适用于低扭矩特性要求的主轴。

同步带传动是一种综合了带、链传动优点的新型传动。同步带的结构和传动如图 5-2 所示。带的工作面及带轮外圆上均制成齿形，通过带轮与轮齿相嵌合，作无滑动的啮合传动。带内采用了承载后无弹性伸长的材料作强力层，以保持带的节距不变，使主、从动带轮可作无相对滑动的同步传动，与一般带传动相比，同步带传动具有如下优点：

1）无滑动，传动比准确。

2）传动效率高，可达 98%以上。

3）传动平稳，噪声小。

4）使用范围较广，速度可达 50m/s，传动比可达 10 左右，传递功率由几瓦至数千瓦。

5）维修保养方便，不需要润滑。

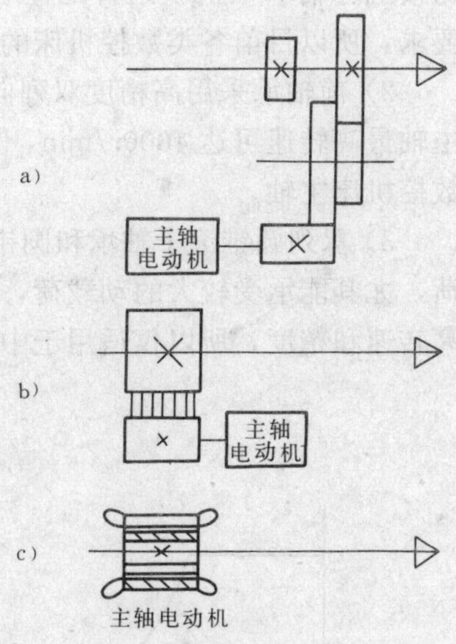

图 5-1　数控机床主传动的配置方式

但是，同步带传动也有许多不足之处，其安装时中心距要求严格，带与带轮制造工艺较复杂，成本高。

（三）由调速电动机直接驱动的主传动（图 c）

这种主传动方式大大简化了主轴箱体与主轴的结构，有效地提高了主轴部件的刚度，但主轴输出扭矩小，电动机发热对主轴的精度影响较大。从图 5-3 直流主轴电动机的速度与转矩关系图中可以看出，在低于额定转速时为恒转矩输出，高于额定转速时为恒功率输出，使用这种电动机可实现纯电气定向，而且主轴的控制功能可以很容易与数控系统相连接并实现修调输入、速度和负载测量输出等。

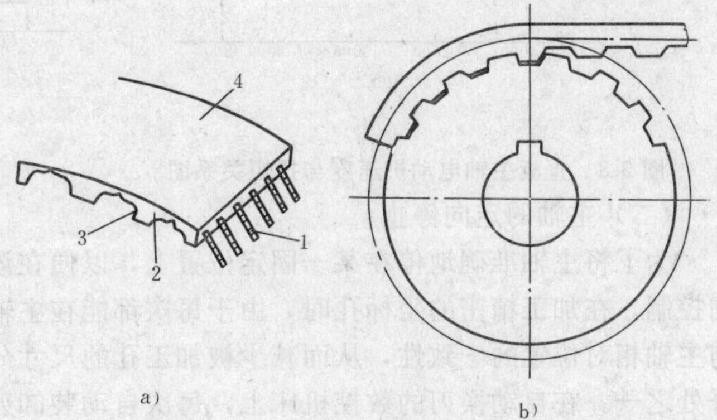

图 5-2　同步带的结构与传动

a）同步带结构　b）同步带传动

1—强力层　2—带齿　3—包布层　4—带背

三、主轴部件

机床的主轴部件是机床重要部件之一，它带动工件或刀具执行机床的切削运动因此数控机床主轴部件的精度，抗振性和热变形对加工质量有直接的影响，由于数控机床在加工过程中不进行人工调整，这些影响就更为严重。

主轴在结构上要处理好卡盘或刀具的装卡，主轴的卸荷，主轴轴承的定位和间隙调整，主轴部件的润滑和密封等一系列问题。对于数控镗铣床的主轴为实现刀具的快速或自动装卸，主轴上还必须设计有刀具的自动装卸，主轴定向停止和主轴孔内的切屑清除装置。

（一）数控机床的主轴轴承配置主要有三种形式（图 5-4）

1）前支承采用圆锥孔双列圆柱滚子轴承和双向推力角接触球轴承组合，后支承采用成对角接触球轴承（图 a）这种配置形式使主轴的综合刚度得到大幅度提高，可以满足强力切削的要求，所以目前各类数控机床的主轴普遍采用这种配置形式。

2）前轴承采用高精度双列向心推力球轴承（图 b）。角接触球轴承具有较好的高速性能，主轴最高转速可达 4000r/min，但是这种轴承的承载能力小，因而适用于高速、轻载和精密的数控机床主轴。

3）双列圆锥滚子轴承和圆锥滚子轴承（图 c）。这种轴承径向和轴向刚度高，能承受重载荷，尤其能承受较大的动载荷，安装与调整性能好，但是这种轴承配置方式限制了主轴的最高转速和精度，所以仅适用于中等精度、低速与重载的数控机床主轴。

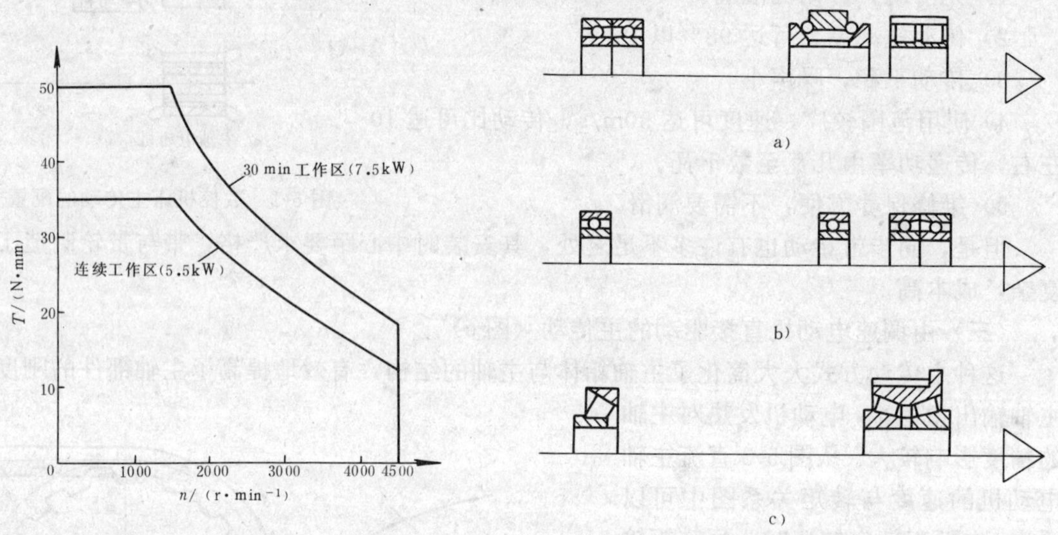

图 5-3 直流主轴电动机速度与扭矩关系图　　图 5-4 数控机床主轴轴承配置形式

（二）主轴的定向停止

为了将主轴准确地停在某一固定位置上，以便在该处进行换刀等动作，这就要求主轴定向控制。在加工精密的坐标孔时，由于每次都能在主轴的固定圆周位置换刀，故能保证刀尖与主轴相对位置的一致性，从而减少被加工孔的尺寸分散度，这是主轴定向准停装置带来的好处之一。在自动换刀的数控机床上，每次自动装卸刀时，都必须使刀柄上的键槽对准主轴的端面键，这就要求主轴具有准确定位的功能。传统的做法是采用机械挡块等来定向。而现代的数控机床一般都采用电气式主轴定向，只要数控系统发出指令信号，主轴就可以准确的定向。

主轴的准停装置设置在主轴的尾端（图 5-5）。交流调速电动机 11 通过多联三角带 9 和皮带轮 10 带动主轴旋转，当主轴需要停车换刀时，发出降速信号，主轴箱自动改变传动路线，使主轴换到最低转速运转。在时间继电器延时数秒后，开始接通无触点开关。在凸轮上的感应片对准无触点开关时，发出准停信号，立即切断主轴电动机电源，脱开与主轴的传动联系，以排除传动系统中大部分回转零件的惯性对主轴准停的影响，使主轴作低速惯性空转。位于图中带轮 5 左侧的永久磁铁 4 对准磁传感器 3 时，主轴准确停止，同时限位开关发出信号，表示已完成。

电气式主轴定向控制的特点是：不需要机械部件，定向时间短可靠性高，只需要简单的强电顺序控制，精度和刚度高。

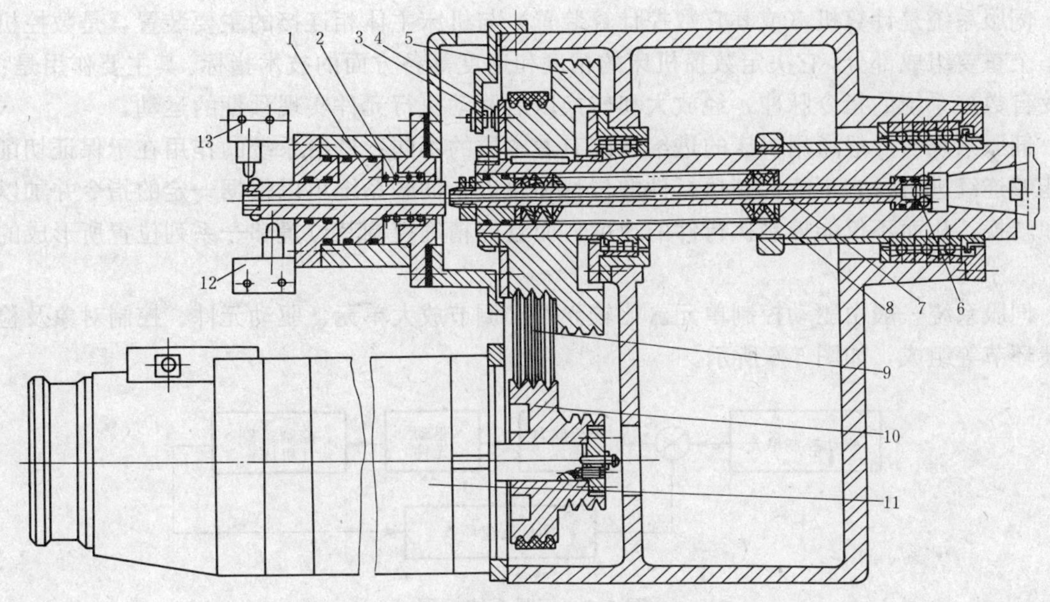

图 5-5　自动换刀铣床主轴的准停、夹紧机构

(三) 主轴内刀具的自动夹紧和切屑清除装置

在自动换刀的数控机床中为了实现刀具在主轴内的自动装卸，其主轴必须设计有刀具的自动夹紧机构，如图 5-5 所示。刀杆采用 7∶24 的大锥度锥柄，采用大锥度的锥柄既有利于定心，也为松夹带来了方便。在锥柄的尾端轴颈被拉紧的同时，通过锥柄的定心和摩擦作用将刀杆夹紧于主轴的端部。在蝶形弹簧 8 的作用下，拉杆 7 始终保持约 10000N 的拉力，并通过拉杆右端的钢球 6 将刀杆的尾部轴颈拉紧。换刀时首先将压力油通入主轴尾部的液压缸左腔，活塞 1 推动拉杆 7 向右移动，将刀柄松开，同时使蝶形弹簧 8 压紧。拉杆 7 的右移使右端的钢球 6 位于套筒的喇叭口处，消除了刀杆上的拉力。当拉杆继续右移时，喷气嘴的端部把刀具顶松，使机械手方便地取出刀杆。机械手将应换刀具装入后，电磁换向阀动作使压力油通入油缸右腔，活塞 1 向左退回原位，蝶形弹簧复原又将刀杆拉紧。螺旋弹簧 2 使活塞 1 在液压缸右腔无压力油时也始终退在最左端。当活塞处于左右两个极限位置时，相应限位开关 12、13 发出松开和夹紧的信号。

自动清除主轴孔内的灰尘和切屑是换刀过程中的一个不容忽视的问题。如果主轴锥孔中落入了切屑、灰尘或其它污物，在拉紧刀杆时，锥孔表面和刀杆的锥柄就会被划伤，甚至会使刀杆发生偏斜，破坏了刀杆的正确定位，影响零件的加工精度，甚至会使零件超差报废。为了保持主轴锥孔的清洁，常采用的方法是使用压缩空气吹屑。图 5-5 所示活塞 1 的心部钻有压缩空气通道，当活塞向右移动时，压缩空气经过活塞由主轴孔内的空气嘴喷出，将锥孔清理干净。为了提高吹屑效率，喷气小孔要有合理的喷射角度，并均匀布置。

第二节　数控机床伺服系统

一、概述

伺服系统是指以机械位置或角度作为控制对象的自动控制系统。

伺服系统是计算机（或其它数控计算装置）与机床主体相连接的主要装置，是数控机床的一个重要组成部分，它决定数控机床的精度和速度等各方面的技术指标。其主要作用是：接受发自数控系统的指令脉冲，经放大和转换以后驱动执行元件实现预期的运动。

伺服系统与一般通用机床的进给系统有着本质的不同：进给系统的作用在于保证切削过程能够连续进行，它不能控制执行件的位移和轨迹；伺服系统可以根据一定的指令并加以放大和转换，从而不仅能控制执行件的速度，而且能精确控制其位置和一系列位置所形成的轨迹。

伺服系统一般由驱动控制单元、比较元件、调节放大单元、驱动元件、控制对象及检测反馈环节等组成，如图 5-6 所示。

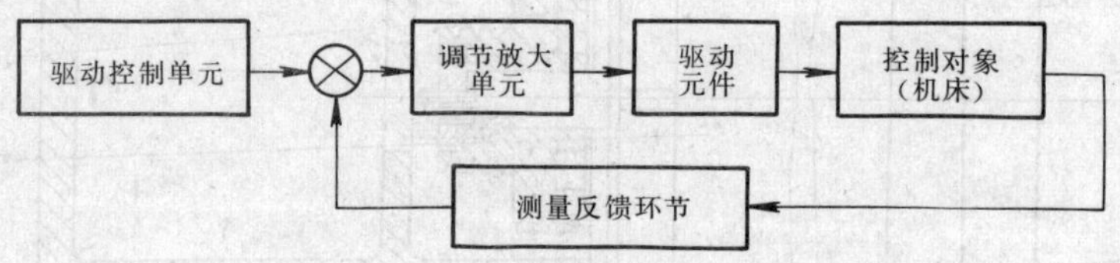

图 5-6　伺服系统框图

由驱动控制单元到驱动元件输出组成伺服系统为进给系统提供动力和运动。驱动系统主要有两种：进给驱动系统和主轴驱动系统。前者控制机床各坐标轴的切削进给运动，后者控置机床主轴的旋转运动。驱动系统由驱动部件（如交直流电动机及速度检测元件）和速度控制单元组成。它的职能是为切削过程提供运动和力，可以任意调节运转速度。

数控机床伺服系统可分为开环和闭环两种。开环控制不需要位置检测反馈，闭环控制需要位置检测与反馈，其职能是精确的控制机床运动部件坐标位置，快速而准确地跟踪指令运动。

二、数控机床对伺服系统的要求

（一）有较高的工作精度

数控机床是按照预先制定的程序自动工作，在工作过程中不可能用手动操作调整和补偿各种因素对加工精度的影响，故要求它自身具有高的定位精度和轮廓切削精度，用以保证加工质量的一致性。

（二）快速响应

伺服系统跟踪指令信号的响应要快，其衡量指标是系统时域阶跃响应下的时间常数。若系统增益大则时间常数小，且响应速度快，即灵敏度高。而系统的灵敏度越高其动态精度越高，可保证轮廓切削的形状精度和良好的加工表面精度。

（三）调速范围宽

为了实现精确定位，伺服系统的低速应接近 0.1mm/min，为了提高工作效率，快速移动时可达到 20m/min 以上，因此要求调速范围很宽。目前一般数控机床应满足在 0～20m/min

的进给速度范围内能稳定均匀、无爬行地工作。

（四）稳定性

这是伺服系统能否正常工作的前提，它与系统的惯性、刚度、阻尼及增益等有关。

此外，伺服系统还应有较高的可靠性。数控机床是一种高精度、高效率的自动化设备，如果发生故障其损失很大，所以提高其可靠性就显得更为重要。由于数控装置采用微机控制后可靠性大大提高，所以伺服系统的可靠性的影响就相对突出。通常液压伺服系统的可靠性比电气伺服系统差，电磁阀、继电器等电磁元件的可靠性较差，应尽量用无接触点元件代替。

第三节　数控机床进给运动传动部件

一、对进给运动的要求

数控机床的进给运动是数字控制的直接对象，被加工工件的最后轮廓精度和加工精度都会受到进给运动的传动精度、灵敏度和稳定性的影响。为此，对进给系统中的传动装置和元件要求具有高的寿命，高的刚度，无传动间隙，高的灵敏度和低摩擦阻力的特点，如导轨必须具有较小的摩擦力，耐磨性要高，所以一般采用滚动导轨、静压导轨和减磨滑动导轨等。当旋转运动被转化为直线运动时，为了提高转换效率，保证运动精度，滚珠丝杠螺母副被广泛使用。为了提高位移精度，减少传动误差，对采用的各种机械部件首先保证它们的加工精度，其次采用合理的预紧来消除轴向传动间隙，所以在进给传动系统中广泛采用各种间隙消除措施，但是采用预紧等各种措施后仍然可能留有微量间隙。此外由于受力的作用后产生弹性变形，也会产生间隙，所以在进给系统反向运动时仍需由数控装置发出脉冲指令进行自动补偿。

二、滚珠丝杠螺母副

滚珠丝杠螺母副是回转运动与直线运动相互转换的新型理想传动装置。

（一）滚珠丝杠螺母副的特点

图 5-7 是滚珠丝杠结构图，其工作原理是：在丝杠和螺母上加工有弧形螺旋槽，当把它们套装在一起时形成螺旋通道，并且滚道内填满滚珠。当丝杠相对于螺母旋转时，两者发生轴向位移，而滚珠则可沿着滚道流动，按照滚珠返回的方式不同可以分为内循环式和外循环式两种方式。外循环式（图 5-7a）螺母旋转槽的两端由回珠管 4 连接起来，返回的滚珠不与丝杠外圆相接触，滚珠可以作周而复始的循环运动，在管道的两端还能起到挡珠的作用，用以避免滚珠沿滚道滑出。内循环方式（图 5-7b）带有反向器 5，返回的滚珠经过反向器和丝杠外圆之间返回。

在传动时，滚珠与丝杠、螺母之间基本上是滚动摩擦，所以具有很多优点：

1）传动效率高。滚珠丝杠副的传动效率很高可达 92%～98%，是普通丝杠传动的 2～4 倍。

2）摩擦力小。因为动、静摩擦系数相差小，因而传动灵敏，运动平稳、低速不易产生爬行，随动精度和定位精度高。

3）使用寿命长。滚珠丝杠副采用优质合金钢制成，其滚道表面淬火硬度高达 60～62HRC，表面粗糙度值小，另外，因为是滚动摩擦，故磨损很小。

4）经预紧后可以消除轴向间隙，提高系统的刚度。

5）反向运动时无空行程，可以提高轴向运动精度。

因为滚珠丝杠副具有这些优点，所以现在各类中、小型数控机床的直线进给系统普遍采用滚珠丝杠。但是滚珠丝杠也有如下缺点：

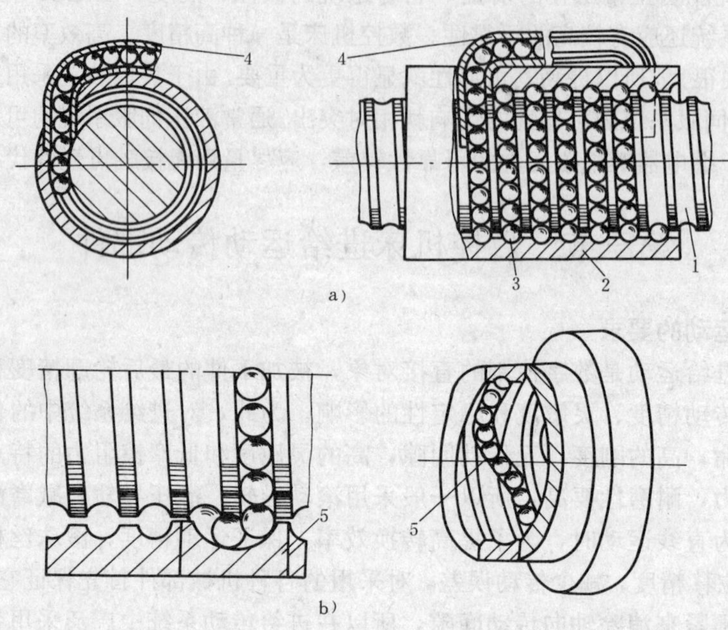

图 5-7 滚珠丝杠的结构

1—丝杠 2—螺母 3—滚珠 4—回珠管 5—反向器

1）制造成本高。

2）不能实现自锁。由于其摩擦系数小不能自锁，当用于垂直位置时，为防止因突然停断电而造成主轴箱下滑，必须加有制动装置。

（二）滚珠丝杠螺母副间隙的调整

滚珠丝杠的传动间隙是轴向间隙。轴向间隙通常是指丝杠和螺母无相对转动时，丝杠和螺母之间的最大轴向窜动量。除了结构本身所有的游隙之外，还包括施加轴向载荷后产生弹性变形所造成的轴向窜动量。为了保证反向传动精度和轴向刚度，必须消除轴向间隙。用预紧方法消除间隙时应注意，预加载荷能够有效地减少弹性变形所带来的轴向位移，但预紧力不宜过大。过大的预紧载荷将增加摩擦力，使传动效率降低，缩短丝杠的使用寿命。所以，一般需要经过多次调整才能保证机床在最大轴向载荷下既消除了间隙又能灵活运转。

消除间隙的方法除了少数用微量过盈滚珠的单螺母消除间隙外，常用的方法是用双螺母消除丝杠、螺母间隙。

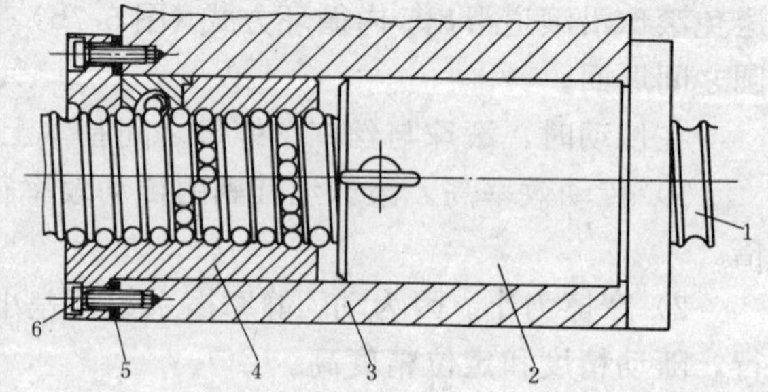

图 5-8 双螺母垫片调隙式结构

1—丝杠 2、4—螺母 3—螺母座 5—垫片 6—螺钉

图 5-8 是双螺母垫片调隙式结构，通过调整垫片的厚度使左右螺母产生轴向位移，就可达到消除间隙和产生预紧力的作用。这种方法结构简单、刚性好、装卸方便、可靠。但缺点是调整费时，很难在一次修磨中调整完成，调

整精度不高，仅适用于一般精度的数控机床。

图 5-9 是双螺母齿差调隙式结构，在两个螺母 2 和 5 的凸缘上各制有一个圆柱齿轮，两个齿轮的齿数只相差一个齿，即 $z_2-z_1=1$。两个内齿圈 1 和 4 与外齿轮齿数分别相同，并用螺钉和销钉固定在螺母座 3 的两端。调整时先将内齿圈取下，根据间隙的大小调整两个螺母 2、5 分别向相同的方向转过一个或多个齿。使两个螺母在轴向移近了相应的距离达到调整间隙和预紧的目的。间隙消除量 Δ 可用下式简便地计算出：

$$\Delta=\frac{nt}{z_1z_2} \text{ 或 } n=\Delta\frac{z_1z_2}{t}$$

式中 n——螺母在同一方向转过的齿数；

t——滚珠丝杠的导程；

z_1，z_2——齿轮的齿数。

例如，当 $z_1=99$、$z_2=100$、$t=10$mm 时，如果两个螺母向相同方向各转过一个齿时，其相对轴向位移量为 $s=t/(z_1z_2)=10/(100\times99)\approx0.001$mm，若间隙量为 0.005mm，则相应的两螺母沿同方向转过 5 个齿即可消除。$n=\Delta(z_1z_2)/t=\Delta/s=0.005/0.001=5$。

齿差调隙式的结构较为复杂，尺寸较大，但是调整方便，可获得精确的调整量，预紧可靠不会松动，适用于高精度传动。

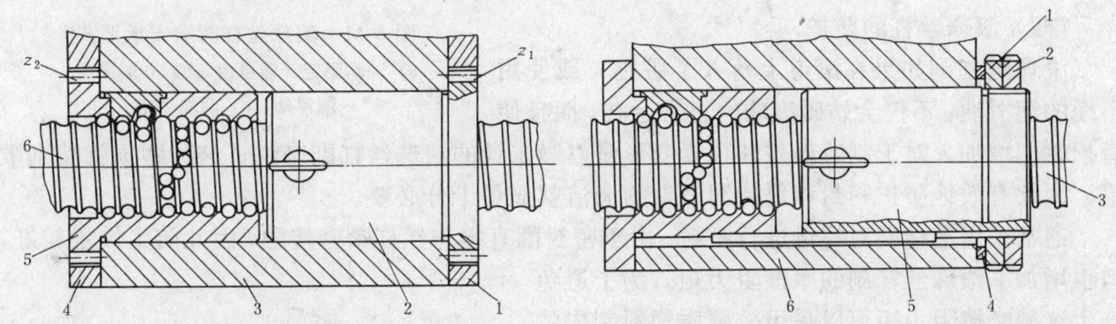

图 5-9 双螺母齿差调隙式结构

1、4—内齿圈 2、5—螺母 3—螺母座 6—丝杠

图 5-10 双螺母螺纹调隙式结构

1、2—圆螺母 3—丝杠 4—垫片 5—螺母 6—螺母座

图 5-10 是双螺母螺纹调隙式结构，用键限制螺母在螺母座内的转动。调整时，拧动圆螺母将螺母沿轴向移动一定距离，在消除间隙之后用圆螺母将其锁紧。这种调整方法的结构简单紧凑，调整方便但调整精度较差。

（三）滚珠丝杠的安装

滚珠丝杠所承受的主要是轴向载荷，它的径向载荷主要是卧式丝杠的自重。因此滚珠丝杠的轴向精度和刚度要求较高。此外，滚珠丝杠的正确安装及其支承的结构刚度也不容忽视。滚珠丝杠的两端布置结构形式如图 5-11 所示。图 a 是一端固定一端自由的支承形式。其特点是结构简单，轴向刚度、压杆稳定性和临界转速低，故在设计时应尽量使丝杠受拉伸，它适用于短丝杠及垂直布置丝杠。图 b 是一端固定一端浮动的支承形式，丝杠轴向刚度与上述形式相同，而压杆稳定性及临界转速比上述形式同长度丝杠高，丝杠受热后有膨胀伸长的余地，需保证螺母与两支承同轴。这种形式的配置结构较复杂，工艺较困难，适用于较长丝杠或卧式丝杠。图 c 是两端固定的支承形式，这种支承结构只要轴承无间隙，丝杠的轴向刚度比一端固定形式高约 4 倍且无压杆稳定性问题，固有频率比一端固定的高，可预拉伸，在它的一端装有蝶形弹簧和调整螺母，这样既可对滚珠丝杠施加预紧力，又可使丝杠受热变形得到补偿保持预紧力恒定，但结构工艺都较复杂，适用于长丝杠。

为了提高支承的轴向刚度，选择适当的滚动轴承也是十分重要的。目前，中小型数控机床多采用接触角为 60°的双向推力角接触球轴承如图 5-12 所示。这是一种能够承受很大轴向力的特殊角接触球轴承与一般角接触球轴承相比，接触角增大到 60°，这样增加了滚珠的数目并相应减小了滚珠的直径，并且采用特殊设计的尼龙成形保持架。这种轴承比一般轴承的轴向刚度提高两倍以上；与圆锥滚子轴承、圆柱轴承相比，启动力矩小，而且使用极为方便。这种轴承产品成对出售，本身可以是背靠背、面对面或同向布置，前两种可承受双向推力，同向组合只承受一个方向推力但承载能力增高。装配时只要用螺母和端盖将内外环压紧，就能获得出厂时已经调整好的预紧力。

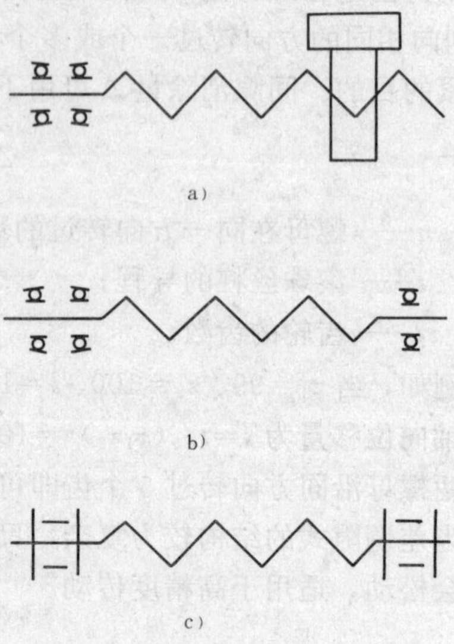

图 5-11　滚珠丝杠两端支承形式
a）一端固定一端自由　b）一端固定一端浮动　c）两端固定

（四）滚珠丝杠的防护

滚珠丝杠副如果在滚道上落入了脏物，或使用不净的润滑油，不仅会妨碍滚珠的正常运转，而且使磨损急剧增加。对于制造误差和预紧变形量以微米计的滚珠丝杠副来说，这种磨损就特别敏感。因此有效地防护密封和保持润滑油的清洁就显得十分必要。

通常采用毛毡圈对螺母进行密封。由于密封圈直接与丝杠紧密接触，因此防尘效果较好，但也增加了滚珠丝杠副的摩擦阻力矩。为了避免产生这种摩擦阻力矩可以采用较硬质塑料制成的非接触式迷宫密封圈。

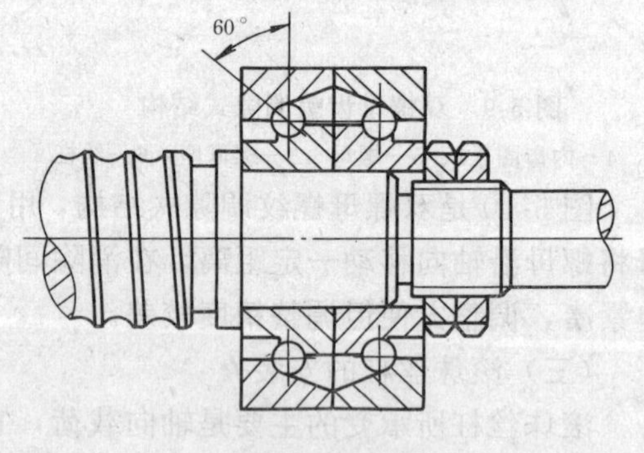

图 5-12　滚珠丝杠用 60°角接触球轴承

对于暴露在外面的丝杠一般采用螺旋钢带、伸缩套筒、锥形套管以及折叠式防护罩，以防止尘埃和磨粒粘附到丝杠表面。这些防护罩一端连接在滚珠螺母的端面，另一端固定在滚珠丝杠的支承座上。近年来还出现了一种钢带缠卷式丝杠防护装置。

（五）滚珠丝杠螺母副的代号、精度等级和标注

1. 国产的滚珠丝杠螺母副结构类型代号

国产的滚珠丝杠螺母副结构类型代号如表 5-1 所示。

2. 滚珠丝杠副的精度等级

滚珠丝杠副的精度等级及其应用范围如表 5-2 所示。各类机床采用滚珠丝杠副的推荐精度等级如表 5-3 所示。

表 5-1　滚珠丝杠螺母副结构类型代号表

结构型号	表示意义
W	外循环单螺母式滚珠丝杠副
WI	外循环不带衬套的单螺母滚珠丝杠副
C	外循环插管形的单螺母滚珠丝杠副
N	内循环单螺母滚珠丝杠副
WCH	外循环齿差式调隙式的双螺母滚珠丝杠副
WICH	外循环不带衬套齿差式调隙式的双螺母滚珠丝杠副
WD	外循环垫片调隙式的双螺母滚珠丝杠副
WID	外循环不带衬套垫片调隙式的双螺母滚珠丝杠副
WIL	外循环不带衬套螺纹调隙式的双螺母滚珠丝杠副
CCH	插管形齿差调隙式的双螺母滚珠丝杠副
CD	插管形垫片调隙式的双螺母滚珠丝杠副
CL	插管形螺纹调隙式的双螺母滚珠丝杠副
NCH	内循环齿差调隙式的双螺母滚珠丝杠副
ND	内循环垫片调隙式的双螺母滚珠丝杠副
NL	内循环螺纹调隙式的双螺母滚珠丝杠副

表 5-2　滚珠丝杠副的精度等级及应用范围

精度等级		应用范围
代号	名称	
P	普通级	普通机床
B	标准级	一般数控机床
J	精密级	精密机床、普通数控机床、加工中心、仪表机床
C	超精级	精密机床、精密数控机床、仪表机床、高精度加工中心

表 5-3　各类机床滚珠丝杠副的推荐精度等级

机床种类	坐标方向			
	X（纵向）	*Y*（升降）	*Z*（横向）	*W*（刀杆，镗杆）
数控车床	B，J		B	
数控磨床	J		J	
数控线切割机床	J		J	
数控钻床	B	P	B	
数控铣床	B	B	B	
数控镗床	J	J	J	
数控坐标镗床	J，C	J，C	J，C	J
加工中心	J，C	J，C	J，C	B
坐标镗床、螺纹磨床	J，C	J，C	J，C	

3．滚珠丝杠副的标注

滚珠丝杠副的标注方法采用汉语拼音字母、数字及汉字结合标注法，如图 5-13 所示。

例如：WD3005-3．5×1/B 左-800×1000

它表示外循环垫片调隙式的双螺母滚珠丝杠副，名义直径为 30mm，螺距为 5mm，一个螺母工作滚珠 3.5 圈，单列，B 级精度，左旋，丝杠的螺纹部分长度为 800mm，丝杠的总长度为 1000mm。

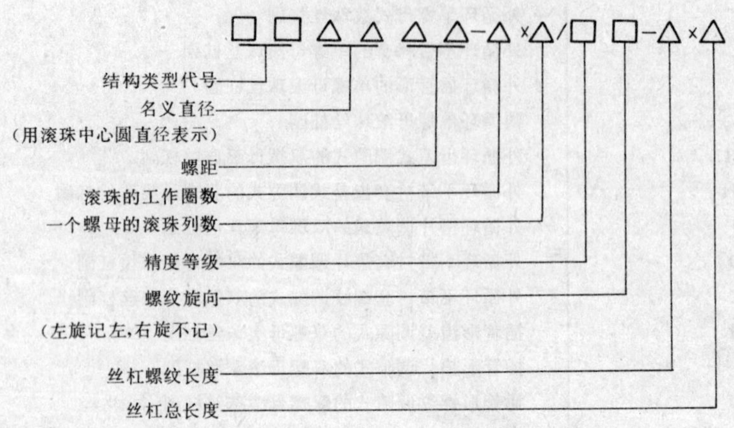

图 5-13　滚珠丝杠副的标注

三、传动齿轮间隙消除机构

数控机床进给系统中的减速齿轮除了本身要求很高的运动精度和工作平稳性以外，还需尽可能消除传动齿轮副间的传动间隙。否则，齿侧间隙会造成进给系统每次反向运动滞后于指令信号，丢失指令脉冲并产生反向死区，对加工精度影响很大。因此必须采用各种方法去减小或消除齿轮传动间隙。

（一）直齿圆柱齿轮传动间隙的调整

1. 偏心套调整

如图 5-14 所示，电动机 1 通过偏心套 2 装到壳体上，通过转动偏心套就能够方便地调整两齿轮的中心距，从而消除齿侧间隙。

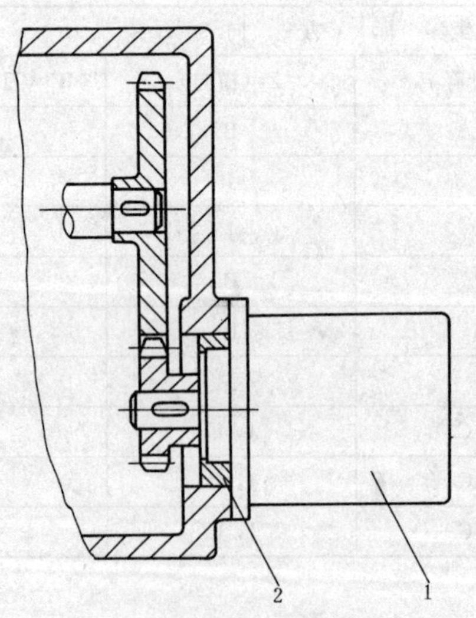

图 5-14　偏心套消除间隙

1—电动机　2—偏心套

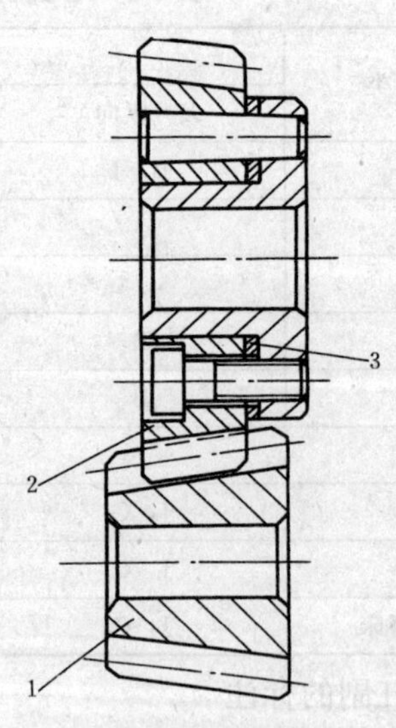

图 5-15　垫片调整消除间隙

1—齿轮　2—齿轮　3—垫片

2. 垫片调整

如图 5-15 所示，在加工相互啮合的两个齿轮 1、2 时，将分度圆柱面制成带有小锥度的圆锥面，使齿轮齿厚在轴向稍有变化，装配时只需改变垫片 3 的厚度，使齿轮 2 作轴向移动，调整两齿轮在轴向的相对位置即可达到消除齿侧间隙的目的。

上述两种方法的特点是结构比较简单，传动刚度好，能传递较大的动力，但齿轮磨损后齿侧间隙不能自动补偿，因此加工时对齿轮的齿厚及齿距公差要求较严，否则传动的灵活性将受到影响。

3. 双齿轮错齿调整

如图 5-16 所示，两个齿数相同的薄片齿轮 1、2 与另外一个宽齿轮啮合。薄片齿轮 1、2 套装在一起，并可作相对回转运动。每个薄片齿轮上分别开有周向圆弧槽，并在齿轮 1、2 的槽内压有装弹簧的短圆柱 3，由于弹簧 4 的作用使齿轮 1、2 错位，分别与宽齿轮的齿槽左右侧贴紧，消除了齿侧间隙。无论正向或反向旋转因都分别只有一个齿轮承受扭矩，因此承载能力受到限制，设计时须计算弹簧 4 的拉力，使它能克服最大扭矩。

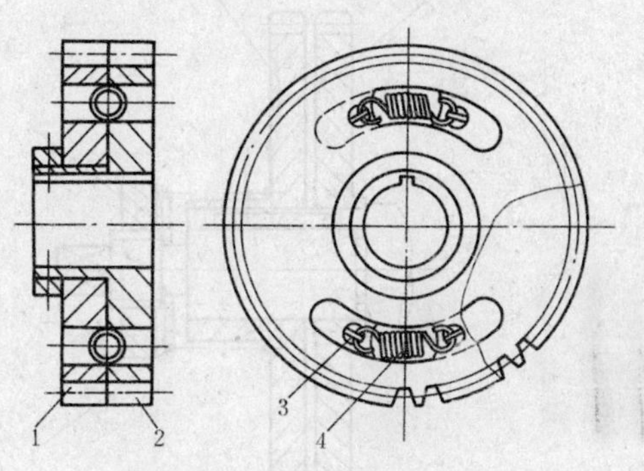

图 5-16　双齿轮错齿调整

1、2—薄齿轮　3—短圆柱　4—弹簧

这种调整法结构较复杂，传动刚度低，不宜传递大扭矩，对齿轮的齿厚和齿距要求较低，可始终保持啮合无间隙，尤其适用于检测装置。

（二）斜齿圆柱齿轮传动间隙的消除

1. 垫片调整

如图 5-17 所示，宽齿轮 4 同时与两个相同齿数的薄片齿轮 1 和 2 啮合，薄片齿轮经平键与轴连接，相互间无相对回转。斜齿轮 1 和 2 间加厚度为 t 的垫片。用螺母拧紧，使两齿轮 1 和 2 的螺旋线产生错位，其后两齿面分别与宽齿轮 4 的齿面贴紧消除间隙，垫片 3 的厚度和齿侧间隙 Δ 的关系可由下式算出：

$$t=\Delta\cot\beta$$

式中　β——斜齿轮的螺旋角；

Δ——齿侧间隙；

t——增加垫片的厚度。

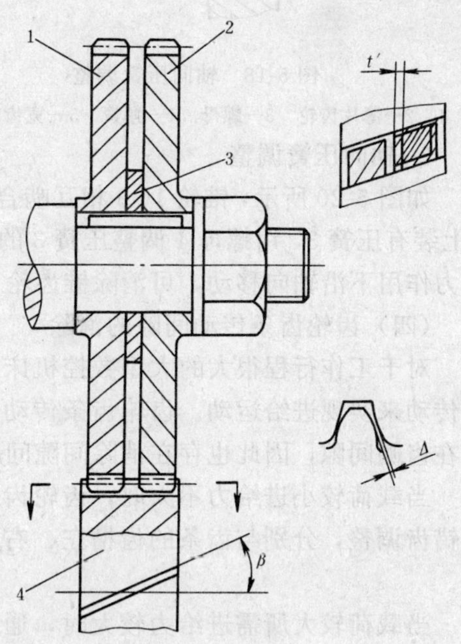

图 5-17　垫片调整消除斜齿轮间隙

1、2—薄片齿轮　3—垫片　4—宽齿轮

2. 轴向压簧调整

如图 5-18 所示，斜齿轮 1 和 2 用键滑套在轴上，相互间无相对转动。斜齿轮 1 和 2 同时与宽齿轮 5 啮合，螺母 3 调节蝶形弹簧 4，使齿轮 1 和 2 的齿侧分别贴紧宽齿轮 5 的齿槽左右两侧，消除了间隙。弹簧压力的调整大小应适当，压力过小则起不到消隙的作用，压力过大会使齿轮磨损加快，缩短使用寿命。齿轮内孔应有较长的导向长度，因而轴向尺寸较大，结构不紧凑，优点是可以自动补偿间隙。

（三）锥齿轮传动间隙的消除

1. 周向压簧调整

如图 5-19 所示，将大锥齿轮加工成 1 和 2 两部分，齿轮的外圈 1 开有三个圆弧槽 8，内圈 2 的端面带有三个凸爪 4，套装在圆弧槽内。弹簧 6 的两端分别顶在凸爪 4 和镶块 7 上，使内外齿圈 1、2 的锥齿错位与小锥齿轮啮合达到消除间隙的作用。螺钉 5 将内外齿圈相对固定是为了安装方便，安装完毕后即刻卸去。

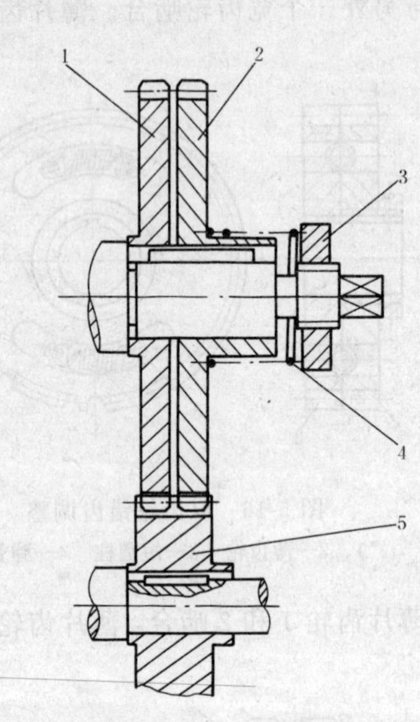

图 5-18　轴向压簧调整

1、2—薄片齿轮　3—螺母　4—弹簧　5—宽齿轮

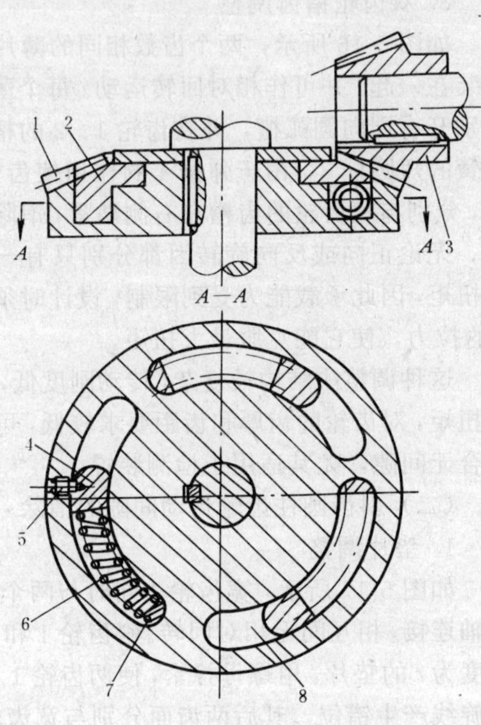

图 5-19　周向压簧调整

2. 轴向压簧调整

如图 5-20 所示，锥轮 1、2 相互啮合。在锥齿轮 1 的轴 5 上装有压簧 3，用螺母 4 调整压簧 3 的弹力。锥齿轮 1 在弹力作用下沿轴向移动，可消除锥齿轮 1 和 2 的间隙。

（四）齿轮齿条传动间隙的消除

对于工作行程很大的大型数控机床，一般采用齿轮齿条传动来实现进给运动。齿轮齿条传动也同齿轮传动一样存在齿侧间隙，因此也存在消除间隙问题。

当载荷较小进给力不大时，齿轮齿条可采用双片薄齿轮错齿调整，分别与齿条的齿槽左、右二侧贴紧来消除间隙。

当载荷较大所需进给力较大时，通常采用双厚齿轮的传动结构，其原理如图 5-21 所示。进给运动由轴 2 输入，通过两对斜齿轮将运动传给轴 1 和轴 3，然后由两个直齿轮 4

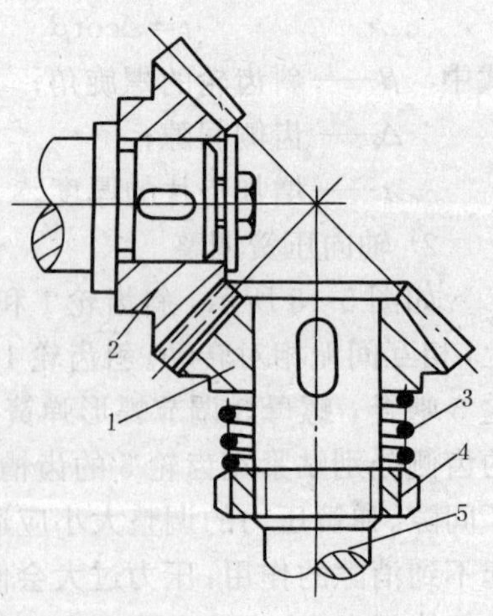

图 5-20　轴向压簧调整

和 5 去传动齿条，带动工作台移动。轴 2 上两个斜齿轮的螺旋线的方向相反。在轴 2 上作用一个轴向力 F，弹簧弹力使斜齿轮产生微量的轴向移动。这时轴 1 和轴 3 以相反的方向转过一个角度，使齿轮 4 和 5 分别与齿条的两齿面贴紧，消除了间隙。

四、回转进给坐标系统的典型结构

为了提高数控机床的生产效率，扩大其工艺范围，对于数控机床的进给运动除了沿坐标轴 X、Y、Z 三个方向的直线进给运动之外，常常还需要有绕 X、Y、Z 轴的圆周进给运动。通常数控机床的圆周进给运动，可以实现精确的自动分度改变工件相对于主轴的位置，以便分别加工各个表面，这对箱体零件的加工带来了便利。对于自动换刀的多工序数控机床来说，回转工作台已成为一个不可缺少的部件。

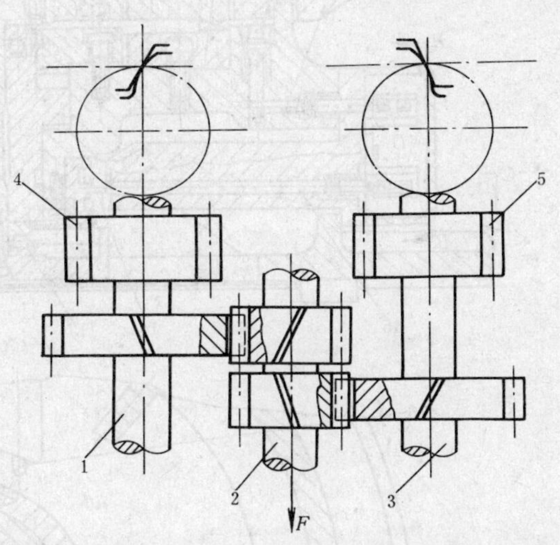

图 5-21　双齿轮消除间隙原理

数控机床中常用的回转工作台有分度工作台和数控回转工作台。

（一）分度工作台

分度工作台是按照数控系统的指令，在需要分度时工作台连同工件回转规定的角度，有时也可采用手动分度。分度工作台只能够完成分度运动而不能实现圆周运动，并且它的分度运动只能完成一定的回转度数如 90°、60°或 45°等。

1. 鼠牙盘式分度工作台

鼠牙盘式分度工作台主要由工作台面底座、夹紧液压缸、分度液压缸和鼠牙盘等零件组成，其结构如图 5-22 所示。鼠牙盘是保证分度精度的关键零件，在每个齿盘的端面有数目相同的三角形齿。当两个齿盘啮合时，能自动确定周向和径向的相对位置。

机床需要进行分度工作时，数控装置就发出指令，电磁铁控制液压阀（图中未示出），使压力油经孔 23 进入到工作台 7 中央的夹紧液压缸下腔 10 推动活塞 6 向上移动，经推力轴承 5 和 13 将工作台 7 抬起，上下两个鼠齿盘 4 和 3 脱离啮合，与此同时，在工作台 7 向上移动过程中带动内齿轮 12 向上套入齿轮 11，完成分度前的准备工作。

当工作台 7 上升时，推杆 2 在弹簧力的作用下向上移动使推杆 1 能在弹簧作用下向右移动，离开微动开关 S_2，使 S_2 复位，控制电磁阀（图中未示出）使压力油经油孔 21 进入分度油缸左腔 19，推动齿条活塞 8 向右移动，带动与齿条相啮合的齿轮 11 作逆时针方向转动。由于齿轮 11 已经与内齿轮 12 相啮合，分度台也将随着转过相应的角度。回转角度的近似值将由微动开关和挡块 17 控制，开始回转时，挡块 14 离开推杆 15 使微动开关 S_1 复位，通过电路互锁，始终保持工作台处于上升位置。

当工作台转到预定位置附近，挡块 17 通过 16 使微动开关 S_3 工作。控制电磁阀开启使压力油经油孔 22 进入到压紧液压缸上腔 9。活塞 3 带动工作台 7 下降，上鼠齿盘 4 与下鼠齿盘 3 在新的位置重新啮合，并定位压紧。液压缸下腔 10 的回油经节流阀可限制工作台的下降速度，保护齿面不受冲击。

当分度工作台下降时，通过推杆 2 及 1 的作用启动微动开关 S_2，分度液压缸右腔 18 通过油孔 20 进压力油，活塞齿条 8 退回。齿轮 11 顺时针方向转动时带动挡块 17 及 14 回到原处，为下一次分度工作作好准备。此时内齿轮 12 已同齿轮 11 脱开，工作台保持静止状态。

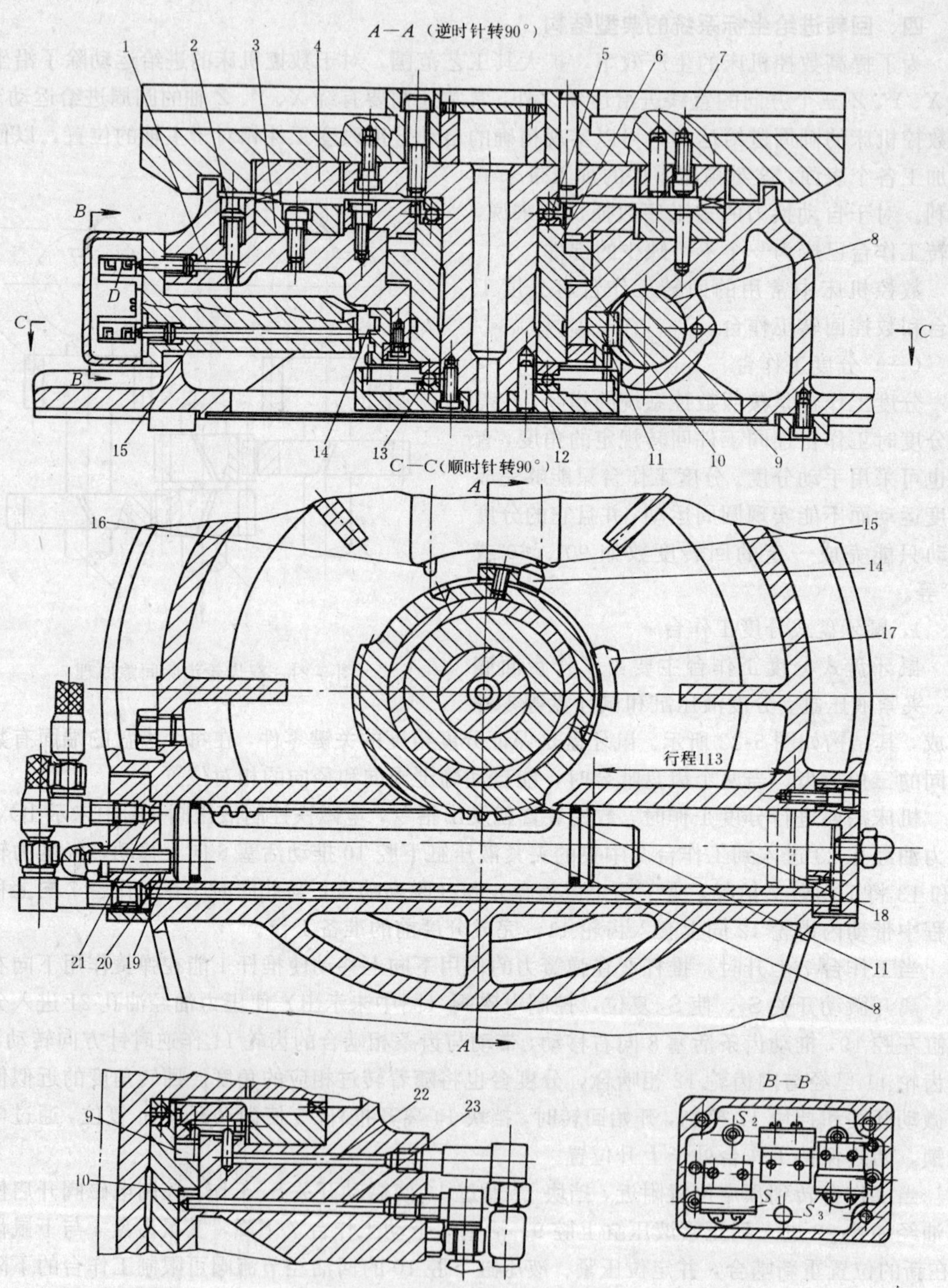

图 5-22　鼠齿盘式分度工作台

鼠齿盘式分度工作台的优点是：定位刚度好，重复定位精度高，分度精度可达±（0.5″～3″）结构简单。缺点是鼠齿盘制造精度要求很高，且不能任意角度分度，它只能分度能除尽鼠齿盘齿数的角度。这种工作台不仅可与数控机床做成一体，也可作为附件使用，广泛应用于各种加工和测量装置中。

2. 定位销式分度工作台

图 5-23 所示是自动换刀数控卧式镗铣床的分度工作台。分度工作台 1 位于长方形工作台 10 的中间，在不单独使用分度工作台 1 时，两个工作台可以作为一个整体工作台来使用。这种工作台的定位分度主要靠定位销和定位孔来实现。在工作台 1 的底部均匀分布着八个削边圆柱定位销 7，在工作台底座 21 上制有一个定位孔衬套 6 以及供定位销移动的环形槽。其中只能有一个定位销 7 进入定位衬套 6 中，其余七个定位销则都在环形槽中。因为八个定位销在圆周上均匀分布，之间间隔为 45°，因此工作台只能作二、四、八等分的分度运动。

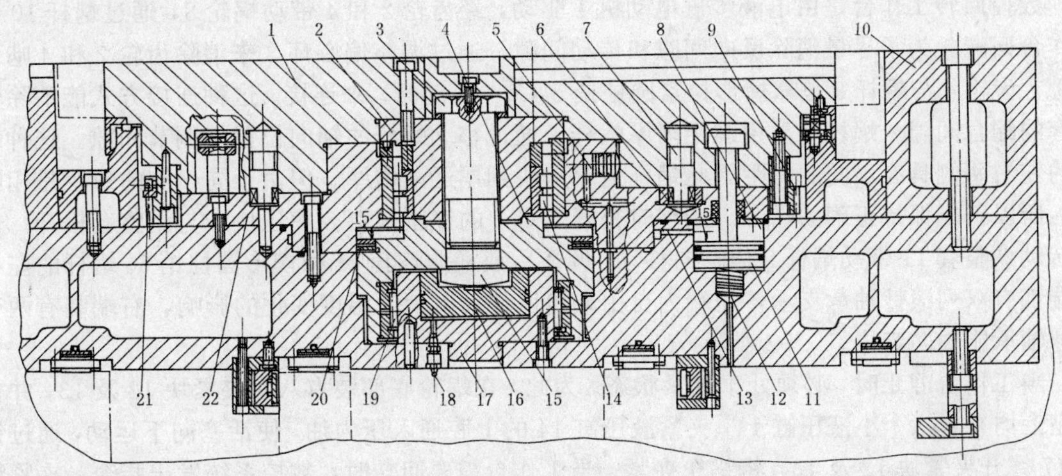

图 5-23　定位销式回转工作台

分度时，数控装置发出指令，由电磁阀控制下底座 13 上的六个均匀分布锁紧液压缸 8（图中只示出一个）中的压力油经环形槽流向油箱，活塞 11 被弹簧 12 顶起，工作台 1 处于松开状态。与此同时，间隙消除液压缸 5 卸荷，压力油经管道 18 流入中央液压缸 17，使活塞 16 上升，并通过螺柱 15 由支座 4 把止推轴承 20 向上抬起，顶在底座 21 上，通过螺钉 3、锥套 2 使工作台 1 抬起。固定在工作台面上的定位销 7 从定位套 6 中拔出，作好分度前的准备工作。

工作台 1 抬起之后，数控装置在发出指令使液压马达转动，驱动两对减速齿轮（图中未示出），带动固定在工作台 1 下面的大齿轮 9 回转，进行分度。在大齿轮 9 上每 45°间隔设置一挡块。分度时，工作台先快速回转，当定位销即将进入规定位置时，挡块碰撞第一个限位开关，发出信号使工作台减速，当挡块碰撞第二个限位开关时，工作台停止回转，此刻相应的定位销 7 正好对准定位孔衬套 6。分度工作台的回转速度由液压马达和液压系统中的单向节流阀来调节。

完成分度后，数控装置发出信号使中央液压缸 17 卸荷，工作台 1 靠自重下降。相应的定位销 7 插入定位孔衬套 6 中，完成定位工作。定位完毕后消除间隙液压缸 5 通入压力油，活塞向上顶住工作台 1 消除径向间隙。然后使锁紧液压缸 8 的上腔通入压力油，推动活塞杆 11

下降，通过活塞杆上的T形头压紧工作台。至此分度工作全部完成，机床可以进行下一工位的加工。

工作台的回转轴支承是滚针轴承19和径向有1∶12锥度的加长型圆锥孔双列圆柱滚子轴承14。轴承19装在支座4内，能随支座4作上升或下降移动。当工作台抬起时，支座4所受推力的一部分由推力轴承20承受，这就有效地减少了分度工作台回转时的摩擦力矩，使转动更加灵活。轴承14内环由螺钉3固定在支座4上，并可以带着滚柱在加长的外环内作15mm的轴向移动，当工作台回转时它就是回转中心。

（二）数控回转工作台

数控回转工作台主要用于数控镗床和铣床。从外形上看它与分度工作台没有多大差别，但在内部结构和功用上则有较大的不同。

图5-24所示数控回转工作台由传动系统、间隙消除装置及蜗轮夹紧装置等组成。

数控回转工作台是由电液步进电动机1驱动，经齿轮2和4带动蜗轮8，通过蜗杆10使工作台回转。为了尽量消除反向间隙和传动间隙，通过调整偏心环3来消除齿轮2和4啮合侧隙。齿轮4与蜗杆9是靠楔形拉紧圆柱销5（$A—A$剖面）来连接。这种连接方式能消除轴与套的配合间隙。蜗杆9采用螺距渐厚蜗杆，通过移动蜗杆的轴向位置来调节间隙。这种蜗杆的左右两侧具有不同的螺距因此蜗杆齿厚从头到尾逐渐增厚。但由于同一侧的螺距是相同的，所以仍能保持正确的啮合。调整时松开螺母7的锁紧螺钉8使压块6与调整套松开。然后转动调整套11带动蜗杆9作轴向移动。调整后锁紧调整套11和楔形圆柱销5。蜗杆的左右两端都有双列滚针轴承支承，左端为自由端可以伸缩以消除温度变化的影响，右端装有两个推球轴承能轴向定位。

当工作台静止时，必须处于锁紧状态。为此，在蜗轮底部装有八对夹紧块12及13，并在底座上均布着八个小液压缸14，夹紧液压缸14的上腔通入压力油，使活塞向下运动，通过钢球17撑开夹紧块12及13，将蜗轮夹紧。当工作台需要回转时，数控系统发出指令，夹紧液压缸14上腔的油流回油箱，钢球17在弹簧16的作用下向上抬起，夹紧块12和13松开蜗轮，这时蜗轮和回转工作台可按照控制系统的指令作回转运动。回转工作台的导轨面由大型滚柱轴承支承，并由圆锥滚子轴承及圆锥孔双列圆柱滚子轴承保持准确的回转中心。

数控回转工作台的导轨面由大型滚柱轴承支承，并由圆锥滚柱轴承及双列向心圆柱滚子轴承保持回转中心的准确。数控回转工作台设有零点，当它作回零运动时首先由安装在蜗轮上的挡块碰撞限位开关，使工作台减速，然后通过感应块和无触点开关的作用使工作台准确的停在零点位置上。

数控回转工作台可作任意角度的回转和分度，可由光栅18进行读数控制，因此能够达到较高的分度精度。

五、导轨

导轨是进给系统的重要环节，是机床的基本结构的要素之一，机床的加工精度和使用寿命很大程度上决定于机床导轨的质量，而数控机床对于导轨有着更高的要求：如高速进给时不振动，低速进给时不爬行，有高的灵敏度，能在重载下长期连续工作，耐磨性高，精度保持性要好。

对于一般的滑动导轨因其静摩擦力较大如果启动力不足以克服静摩擦力，这时被传动的工作台不能立即运动，作用力使一系列传动元件（如步进电动机、齿轮、丝杠及螺母等）产生弹性变形，储存了能量。当作用力超过静摩擦力时，工作台突然向前运动，静摩擦力变为动摩擦力数值明显减小，工作台产生很大加速度，由于惯性会使工作台冲过预定位置。为了提高数控机床的定位精度和运动平稳性，目前普遍使用滚动导轨、静压导轨、塑料导轨。塑料导轨因其良好的动、静摩擦特性和耐磨性大有取代滚动导轨之势。

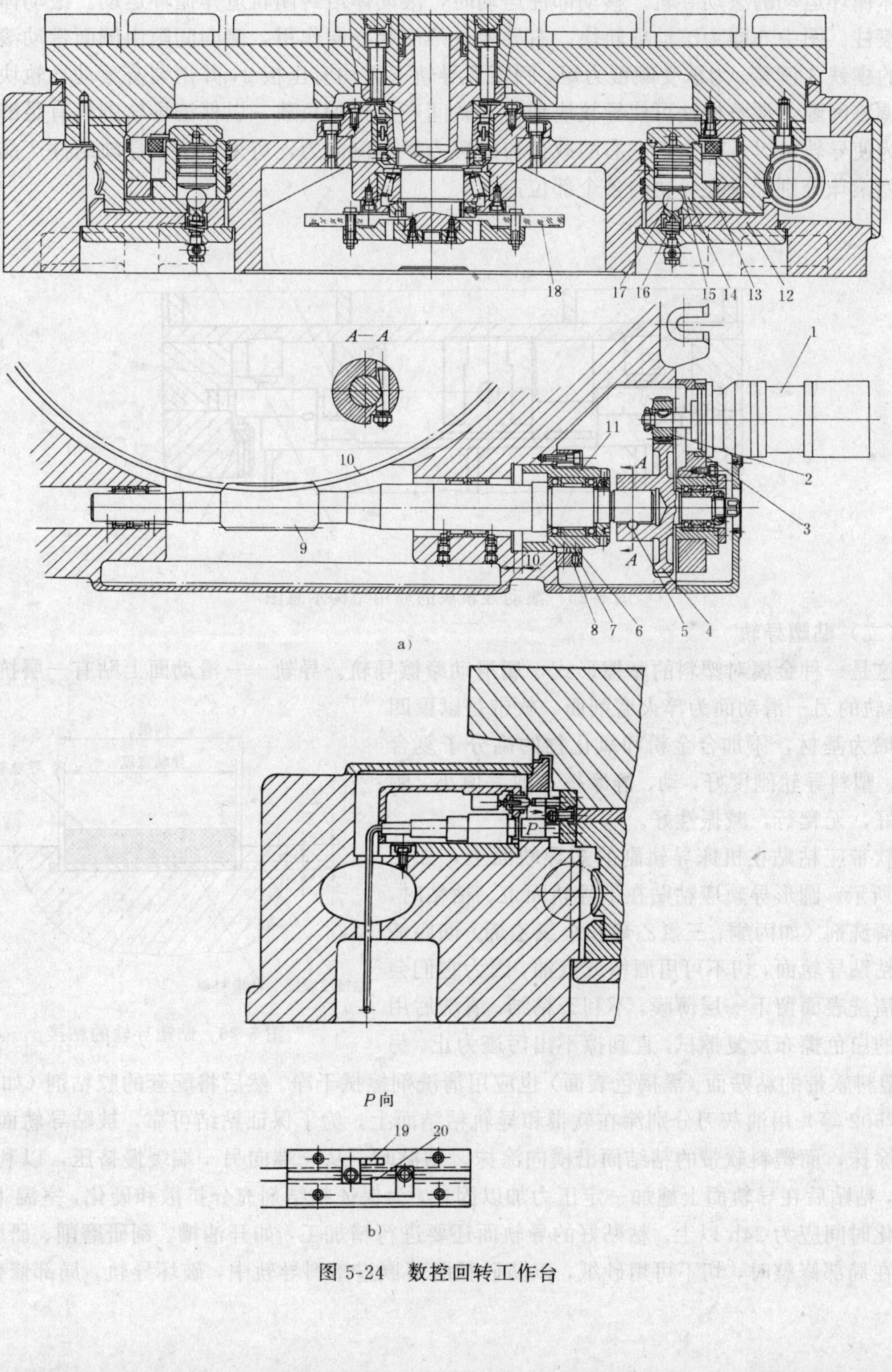

A—A

a）

P向

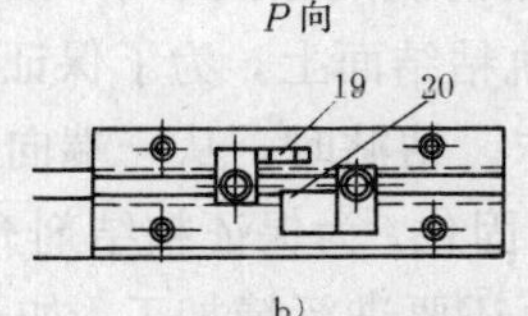

b）

图 5-24　数控回转工作台

（一）滚动导轨

滚动导轨是在导轨工作面之间安排滚动件，使两导轨面之间形成滚动摩擦，摩擦系数小。动、静摩擦系数相差很小，运动轻便灵活，所需功率小，精度好，无爬行。滚动导轨由标准导轨块构成，装拆方便，润滑简单。图 5-25 所示为滚动导轨块的应用结构示意图。这是一种滚动体循环运动的滚动导轨。移动部件运动时，滚动体沿封闭轨道作循环运动。滚动体为滚珠或滚柱。图中 5 即为滚动导轨块。右导轨 6 两侧起导向作用，侧向间隙由侧面带动滚动导轨块的楔铁 3 调整。为承受颠覆力矩，两矩形导轨下方均有压板 2，并用装有滚动导轨块的楔铁 7 调整间隙。调整楔铁可使导轨块和方导轨间产生预加负载，以保证导轨副具有足够的刚性。为使导轨可以承受上下左右的载荷和颠覆力矩与侧向力，可采用滚动导轨组件产品，它有四列滚珠分别配置在导轨的各个部位。

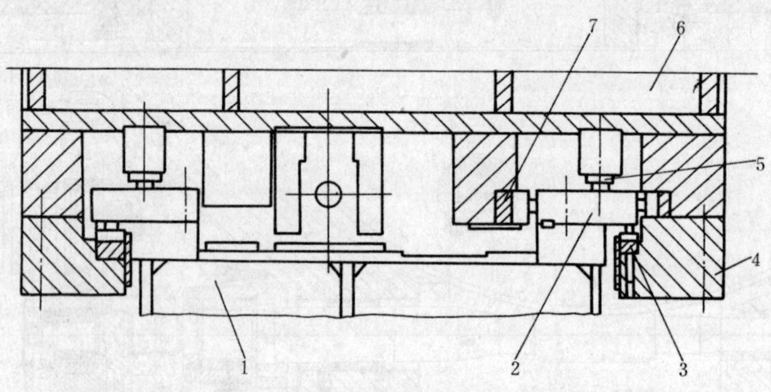

图 5-25　滚动导轨块的应用结构示意图

（二）贴塑导轨

这是一种金属对塑料的摩擦形式，属滑动摩擦导轨。导轨——滑动面上贴有一层抗磨软带，导轨的另一滑动面为淬火磨削面。软带是以聚四氟乙烯为基材，添加合金粉和氧化物的高分子复合材料。塑料导轨刚度好，动、静摩擦系数差值小，耐磨性好，无爬行，减振性好。

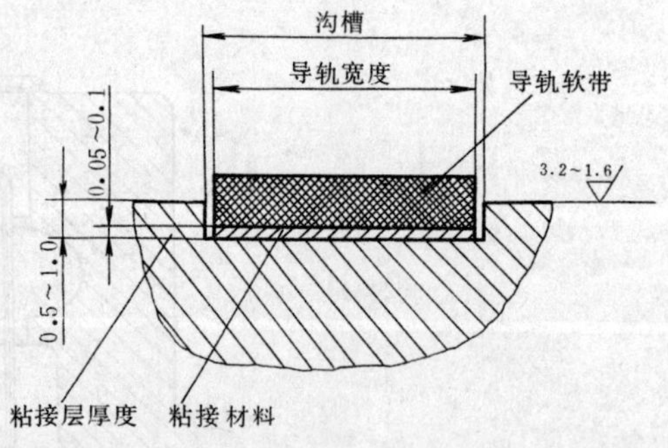

图 5-26　贴塑导轨的粘接

软带应粘贴在机床导轨副的短导轨面上，如图 5-26 所示。圆形导轨应粘贴在下导轨面上。粘帖时，先用清洗剂（如丙酮、三氯乙烯和全氯乙烯）彻底清洗被粘贴导轨面，切不可用酒精或汽油，因为它们会在被清洗表面留下一层薄膜，不利于粘结。清洗后用干净的白色擦布反复擦拭，直到擦不出污迹为止。另外，塑料软带的粘贴面（黑褐色表面）也应用清洗剂擦拭干净。然后将配套的胶粘剂（如 101、212、502 等）用油灰刀分别涂在软带和导轨粘结面上，为了保证粘结可靠，被贴导轨面应沿纵向涂抹，而塑料软带的粘结面沿横向涂抹。粘贴时，从一端向另一端缓慢挤压，以利赶跑气泡，粘贴后在导轨面上施加一定压力加以固化。为保证粘结剂充分扩散和硬化，室温下，加压固化时间应为 24h 以上。粘贴好的导轨面还要进行精加工，如开油槽、刮研磨削、研磨等。注意在局部修整时，切不可用砂纸，以防砂粒脱落嵌进塑料导轨中，破坏导轨。局部修整时，要用刮刀。与粘贴导轨配对的金属导轨，硬度在160HBS以上，表面粗糙度在$R_a3.2\mu m$～$R_a0.8\mu m$。有时为了使其对软带起定位作用，导轨粘贴面加工成0.5～1mm深的凹槽。

第四节　数控机床的位置检测装置

一、检测装置的功用及分类

检测装置是把位移和速度测量信号作为反馈信号，并将反馈信号转换成数字送回计算机，和脉冲指令信号进行比较，以控制驱动元件正确运转。在闭环伺服系统中检测装置是必不可少的。检测装置的精度直接影响数控机床的定位精度和加工精度。

位移检测系统所能测量的最小位移量称做分辨力。分辨力的高低不仅取决于检测元件本身也取决于检测线路。在设计高精度或大中型数控机床时，必须认真选取检测元件。数控机床对检测元件的主要要求是：

1）高的可靠性和抗干扰能力。

2）满足机床加工精度和加工速度的要求。

3）使用维护方便。

4）成本低。

数控机床常用的位置检测元件如表5-4所示。

表5-4　数控机床常用的位置检测元件

	增量式	绝对式
直线型	直线感应同步器 计量光栅 磁尺 激光干涉仪	三速感应同步器 绝对值式磁尺
旋转型	脉冲编码器 旋转变压器 圆感应同步器 圆光栅 圆磁栅	多速旋转变压器 绝对脉冲编码器 三速圆感应同步器

数控机床对直线位移进行检测的检测装置一般有直线型和旋转型两种。直线测量装置常用直线型检测元件直接测量工作台的直线位移，其测量精度主要取决于测量元件的精度，不受机床传动精度的影响。它的优点是直接反应工作台的直线位移量，缺点是测量装置要和行程等长，这对大型数控机床来说是一个很大的限制。间接测量使用回转型测量装置通过和工作台直线运动相关联的回转运动，间接的测量工作台的直线位移。其测量精度取决于测量元件和机床传动链两者的精度。间接测量使用可靠方便，无长度限制，其缺点是测量信号加入了直线转变为回转运动的传动链误差，从而影响测量精度。

在数控机床上除了位置检测以外还有速度检测，其目的是精确控制转速。转速检测元件常用测速发电机，也可用回转式脉冲发生器、脉冲编码器和频率电压转换线路产生速度检测信号。

二、直线型检测装置

（一）感应同步器

感应同步器是一种电磁式的高精度位移检测元件，按其结构方式的不同可分为直线式和旋转式两种，前者用于长度测量，后者用于角度测量。直线型感应同步器由作相对平行移动的定尺和滑尺组成，定尺和滑尺之间保持一定量的均匀间隙，约 0.25mm，定尺表面制有连续绕阻，滑尺上有两组分段励磁绕阻，定尺固定不动，滑尺可随运动部件移动，使用时，给滑尺绕组通以交流电压，由于电磁感应在定尺绕组中产生感应电动势，其幅值和相位随滑尺和定尺之间相对位置的变化而变化，感应同步器就是利用这个感应电动势的变化进行测量。

感应同步器的测量精度，主要取决于定尺绕组沿长度方向的尺寸精度，使用感应同步器构成的闭环伺服系统能够使数控机床获得较高的加工精度，但要得到理想的测量效果，对机械部件及安装调试要求很高。为了防止油污和铁屑侵入划伤定尺和滑尺的绕组，造成短路，致使感应同步器损坏，对尺子的保护罩要求较高。

感应同步器的特点是：精度高，工作可靠，抗干扰能力强，维护简单，寿命长，可测量长距离位置，成本低，易于成批生产。

（二）光栅

光栅就是在一块长条形的光学玻璃上均匀地刻划很多条和运动方向垂直的条纹，条纹之间的距离称为栅距。栅距可以根据所需的精度来决定，一般是每毫米刻 50、100、200 条线。长光栅称为标尺光栅，固定在机床的移动部件上；短光栅称为指示光栅，装在机床的固定部件上，两块光栅互相平行并保持一定的距离。

如果将指示光栅在自身的平面内转过一个很小的角度，两块光栅的条纹刻线就会相交，其交点组成一条条黑色条纹，称之为莫尔条纹。因为两块光栅的刻线密度相等，即栅距 W 相等，而莫尔条纹的方向和刻线方向大致垂直，条纹宽度 $W=P\cos(\theta/2)/\sin\theta$，当 θ 很小时，可近似表示为 $W=P/\theta$。若光栅的刻线为 100 条，即栅距为 $P=0.01$mm，把莫尔条纹的宽度调为 10mm，则其放大倍数为 $1/\theta=W/P=1000$ 倍，这就是莫尔条纹的放大作用。此外，由于莫尔条纹是由若干条线纹组成，例如对于栅距为 0.01mm 的光栅，10mm 长的一条莫尔条纹就是由 1000 条线纹组成，这样栅距之间的固有相邻误差就被平均化了。莫尔条纹的移动与光栅之间的移动成正比关系，当光栅移动一个栅距时，莫尔条纹也相应地移动一条条纹。若光栅向反方向移动。则莫尔条纹也相应的向反方向移动。所以用莫尔条纹测量长度，决定其精度的要素不是一根线，而是一组线的平均效应，其精度比单纯光栅精度高，尤其是重复精度有显著的提高。

在实际应用时，大都把光源、指示光栅和光电元件组合在一起称之为读数头。读数头的形式很多，但就其光路可分为分光读数头、反射读数头和垂直入射读数头等多种。

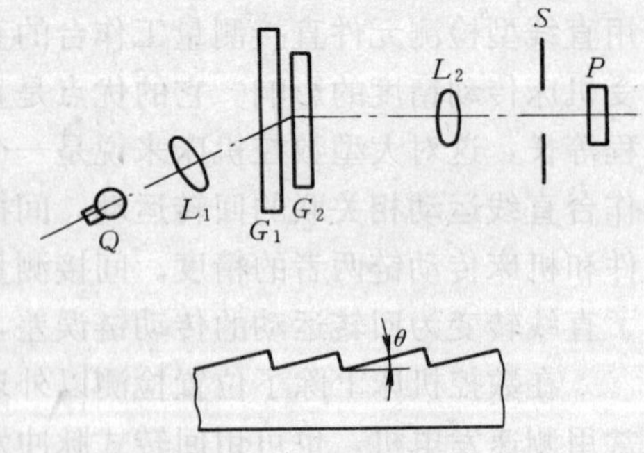

图 5-27　分光读数头

分光读数头原理如图 5-27 所示，光源 Q 发出光经透镜 L_1 变成平行光，照射到光栅 G_1 和 G_2 上，由透镜把在光栅 G_2 上形成的莫尔条纹聚焦，并在它的焦面上安置光电元件 P 接受莫尔条纹的明暗信号。这是莫尔条纹的基本光学系统，由于光栅的栅距较小，因此两块光栅之间的间隙也小，为了保护光栅，常要粘一层保护玻璃，但间距太小不行。因此实际采用等倍投影系统（图 5-28），它是在光栅 G_1 和 G_2 之间装上等倍投影透镜 L_3 和 L_4。这样 G_1 的象以同样大小投影在 G_2 上形成莫尔条纹，其本质未变，只是增

大了 G_1 和 G_2 之间的距离。

这种分光读数头刻线截面为锯齿形，栅距为 0.04mm，倾角 θ 由光栅材料的折射率与入射光的波长决定。

反射读数头主要用于栅距为 0.02～0.04mm 以上的反射系统，如图 5-29 所示。光源 Q 经准直透镜 L_1 变为平行光，并以对光栅法面入射角为 30°投影到标尺光栅 G_1 的反射面上，反射回来的光束先通过指示光栅 G_2 形成莫尔条纹，然后经透镜 L_2 由光电元件 P 接收信号。

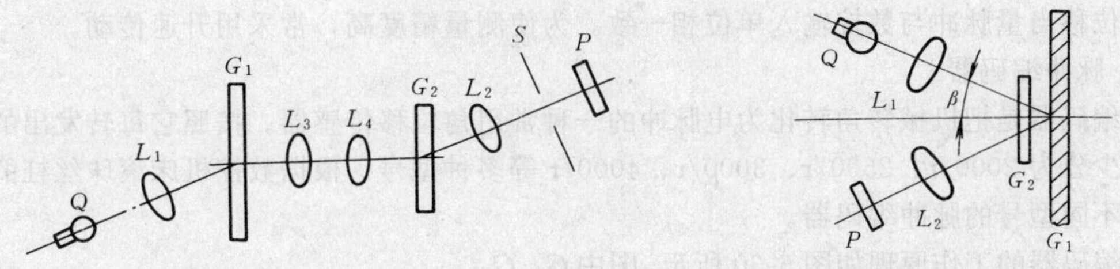

图 5-28 等倍投影系统 图 5-29 反射系统

光栅测量装置是一种非接触式测量，利用光路减少了机械误差，具有精度高，响应速度快等特点，因此是数控机床和数显系统常用的检测元件。

（三）磁栅

磁栅是用电磁的方法计算磁波数目的一种位置检测元件，磁栅测量装置由磁性标尺，读取磁头和检测电路组成。

1. 磁性标尺

磁性标尺是在非磁性材料的基体上，涂敷或镀上一层很薄的磁膜，然后由录磁机在使用位置上录磁，磁化信号可以是脉冲，也可以是正弦波或饱和磁波，磁化信号的节距一般有 0.05、0.10、0.20、1mm 等几种。

磁尺基体首先要不导磁，其次要求温度对测量精度影响小，希望其膨胀系数在 10.5～12.0×10^{-6}/℃左右，即与普通钢材和铸铁相近。磁尺按其基体形状的不同可以分为直线位移测量用的实体型磁尺，带状和棒状磁尺，以及用于角度位移的回转型磁尺等。磁膜要求厚度均匀，一般为 10～20μm，录磁后成为磁性标尺。

2. 磁头

磁头是进行磁-电转换的变换器，它把反映空间位置的磁化信号检测出来，转换成电信号输送给检测电路，它是磁尺测量装置中比较关键的元件。

它的相位检测电路和感应同步器相似，这里不再赘述。

磁栅位置检测电路的特点是：容易制造，检测精度高，能达到每米长±3μm。安装使用方便，对环境条件要求较低，若磁性标尺膨胀系数与机床一致，可在一般车间使用。由于磁头与磁栅为有接触的相对运动，因而有磨损，使用寿命受到一定的限制。一般使用寿命可达 5 年，涂上保护膜后寿命则延长。

三、旋转型检测装置

（一）旋转变压器

旋转变压器是一种角位移检测元件，由定子和转子组成，分为有刷和无刷两种形式。有刷旋转变压器定子和转子均为两相交流分布绕组。绕组的轴线相互垂直，定子和转子铁心间有均匀的间隙，转子绕组的端点通过电刷和滑环引出。无刷旋转变压器没有电刷和滑环，由分解器和变压器两部分组成，分解器结构与有刷旋转变压器相同。变压器的一次绕组绕在与分解器转子固定在一起的线轴上。加在分解器定子绕组上的励磁电压信号，通过转子线圈传到变压器的一次绕组，从变压器的二次绕组输出最后信号。

数控机床检测装置主要使用无刷旋转变压器，因为无刷旋转变压器具有可靠性高，寿命长，体积小，不用维修以及输出信号大、抗干扰能力强等优点。在使用时，可将其轴与伺服电动机轴通过齿轮连接，根据机床传动丝杠的螺距不同，可选用不同齿数比的齿轮副，以保证机床的位移当量脉冲与数控输入单位相一致。为使测量精度高，常采用升速传动。

（二）脉冲编码器

脉冲编码器是把机械转角转化为电脉冲的一种常用角位移传感器。按照它每转发出的脉冲数的多少分为 2000/r、2500/r、3000/r、4000/r 等多种型号。根据数控机床滚珠丝杠的螺距来选用不同型号的脉冲编码器。

脉冲编码器的工作原理如图 5-30 所示。图中 G_1、G_2 是光源，M_A、M_B、M_Z 为光电元件如光敏二极管等，D 为光电盘。光电盘是在一块具有一定直径的玻璃圆盘上，用真空镀膜的技术在表面镀上一层不透光的金属薄膜，再涂上一层均匀的感光材料，然后用精密照相腐蚀工艺，制成沿圆周方向等距的透光和不透光部分相间的辐射状线纹，在圆盘的里圈不透光的圆环上还刻有一条透光条纹，用来产生一脉冲信号。安装时 M_A、M_B 错开 90°相位角，当光源发光，光线透过圆光栅和指示光栅的条纹，在光电元件 M_A、M_B 上形成明暗交替变换的条纹，产生两组近似于正弦波的电流信号 A 和 B，两者的相位相差 90°，经放大整形后可以得到方波。若 A 相超前于 B 相，对应的是电动机作正向旋转；若 B 相超前于 A 相，则对应的电动机作反方向旋转。利用 AB 之间的相位关系可以鉴别编码器的旋转方向。Z 相是一基准脉冲，轴每转一转时固定位置产生一个脉冲，它是用来产生机床基准点的。

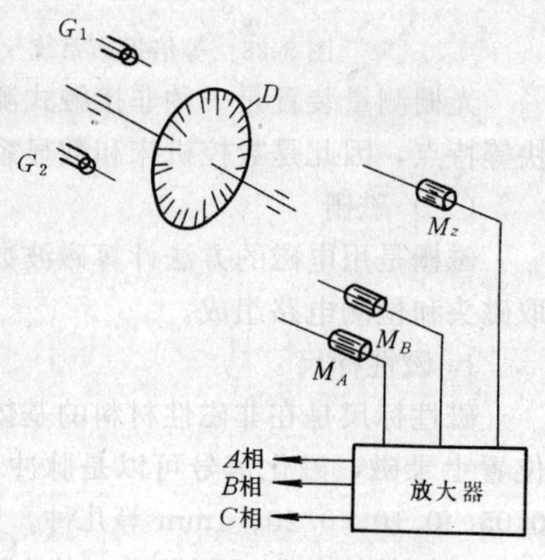

图 5-30　脉冲编码器原理图

接收电路将 M_A、M_B、M_Z 产生的信号进行电平转换，经处理后将得到的位置反馈值与插补器输出的指令进行比较，然后进行位置控制。

（三）测速发电机

测速发电机是速度反馈元件，相当于一台永磁式直流电机。它由定子和转子组成，转子安装在被控直流电机转子轴尾部并随同转动，产生直流电压经电刷输出。这个电压正比于伺服电动机转速，把这个电压送往直流电机的速度环的输入端，用以控制直流电动机的运转速度。

第五节　自动换刀装置

数控机床为了进一步提高生产率，进一步压缩非切削时间，现代的机床逐步发展为在一台机床上在一次装夹中完成多工序或全部工序的加工。在这类数控机床上自动换刀装置是必不可少的。实际上，数控机床上使用的回转刀架就是一种简单的自动换刀装置，而多工序数控机床更加发展和完善了各类回转刀具的自动更换装置，并使刀具容量增大，以便实现更为复杂的换刀动作。

自动换刀装置应当满足的基本要求包括：

1）刀具换刀时间短。

2）刀具重复定位精度高。

3）足够的刀具储存量。

4）刀库占地面积小。

一、自动换刀装置的形式

（一）回转刀架换刀

数控机床上使用的回转刀架是一种最简单的自动换刀装置。根据不同的适用对象，刀架可设计为四方形、六角形或其它形式。回转刀架可分别安装四把、六把以及更多的刀具，并按数控装置发出的脉冲指令回转、换刀。

由于数控机床的切削加工精度在很大程度上取决于刀尖位置。由于在加工过程中刀尖位置不进行人工调整，因此，回转刀架在结构上必须有良好的强度和刚性，以及合理的定位结构，以保证回转刀架在每一次转位之后，具有尽可能高的重复定位精度。

图 5-31 所示为数控机床回转刀架。刀架的全部动作由液压系统通过电磁换向阀和顺序阀控制，具体过程如下：

CK7815 型数控车床采用 BA200L 刀架，最多可以有 24 个分度位置，机床可选用 12 位（A 型或 B 型）、8 位（C 型）刀盘。其工作循环是：刀架接收数控装置的指令，松开——转到指令要求的位置——夹紧，发出转位结束的信号。按照这个规律就可以分析各种结构刀架的工作过程。如图 5-31a 为自动回转刀架结构图，图 5-31b 为 12 位和 8 位刀盘布置图。

刀架转位为机械传动。驱动电动机 11 尾部有电磁制动器，转位开始时，电磁制动器断电，电动机 11 通电，30ms 以后制动器松开，电动机开始转动，通过齿轮 10、9、8 带动蜗杆 7 旋转，从而使蜗轮 5 转动。蜗轮内孔有螺纹，与轴 6 上的螺纹配合。这时轴 6 不能回转，当蜗轮转动时，使得轴 6 沿轴向向左移动，因为刀架 1 与轴 6、活动鼠牙盘 2 是固定在一起的，所以刀盘和鼠牙盘也向左移动，鼠牙盘 1 和 2 脱开。在轴 6 上有两个对称槽，内装滑块 4，在鼠牙盘脱开后，蜗轮转到一定角度与蜗轮固定在一起的圆盘 14 上的凸起便碰到滑块 4，蜗轮便通过轴 6 上的螺纹使轴 6 右移，鼠牙盘 2、3 结合定位，电磁制动器通电，维持电动机轴上的反转力矩，以保证鼠牙盘之间有一定的压紧力。最后电动机断电，同时轴 6 右端的小轴 13 压下微动开关 12，发出转位结束信号。刀架的选位由刷形选位器进行选位。松开、夹紧位置检测则由微动开关 12 实行。整个刀架是一个纯电器系统，结构简单。

刀具在刀盘上由压板 15 及斜铁 16 来夹紧，更换和对刀都十分方便。

（二）更换主轴头换刀

在带有旋转刀具的数控机床中，更换主轴头换刀是一种简单的换刀方式，主轴头通常有卧式和立式两种，而且常用转塔的转位来更换主轴头以实现自动换刀，各个主轴头上预先装有各工序加工所需要的旋转刀具，当收到换刀指令时，各主轴头依次的转到加工位置，并接通主运动使相应的主轴带动刀具旋转，而其他处于不加工位置上的主轴都与主运动脱开。

转塔主轴头换刀方式的主要优点是省去了自动松夹、卸刀装刀、夹紧以及刀具搬运等一系列复杂的操作，从而显著减少了换刀时间，提高了换刀的可靠性，但是由于结构上的原因和空间位置的限制，主轴的数目不可能很多。因此转塔主轴头换刀通常只适用于工序较少，精度要求不太高的数控机床，如数控铣床。

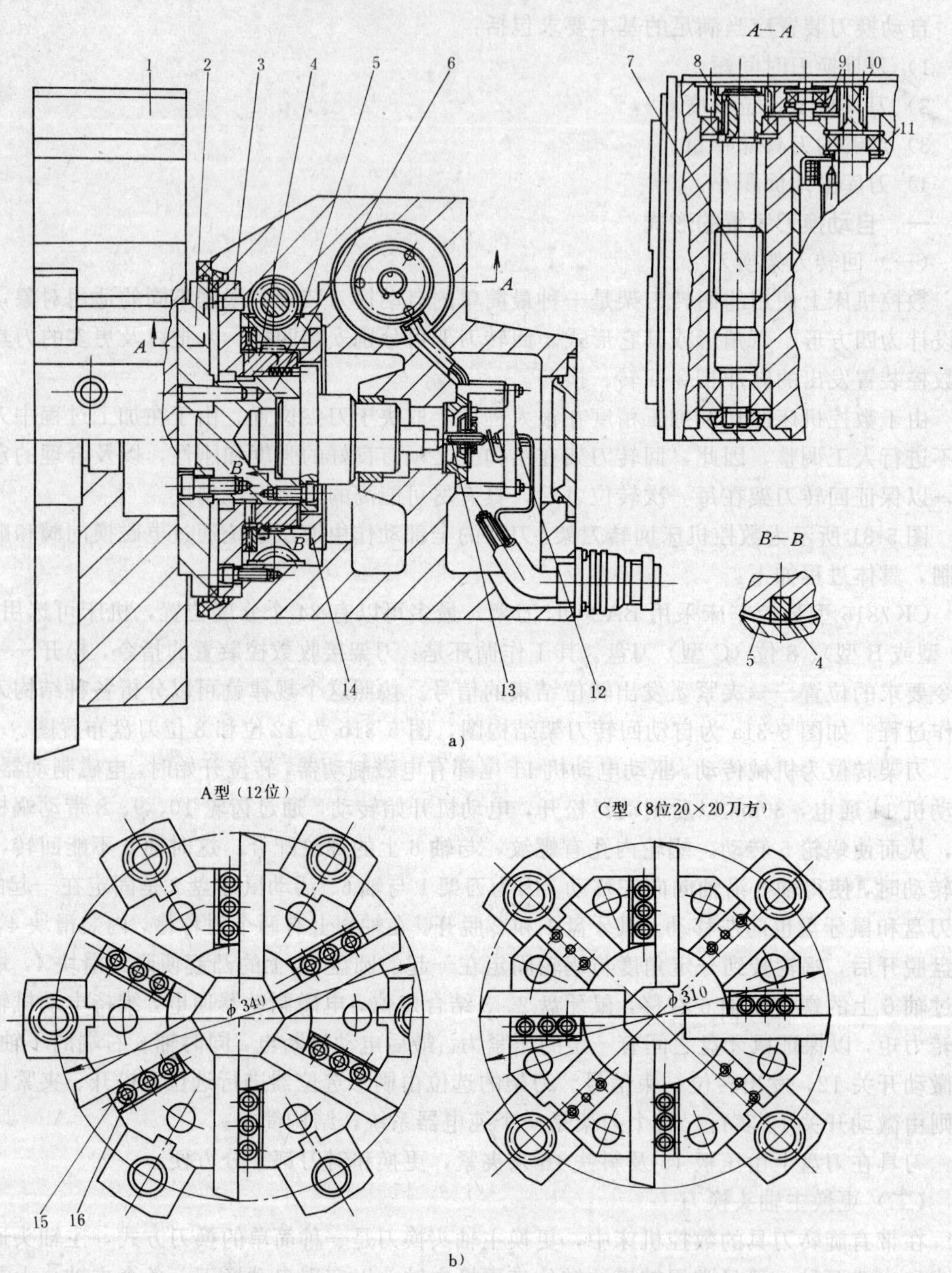

图 5-31　数控车床回转刀架

（三）带刀库的自动换刀系统

带刀库的自动换刀系统由刀库和刀具交换机构组成，目前这种换刀方法在数控机床上的应用最为广泛。带刀库的自动换刀装置的数控机床主轴箱和转塔主轴头相比较，由于主轴箱内只有一个主轴，所以主轴部件具有足够刚度，因而能够满足各种精密加工的要求。另外，刀库可以存放数量很多的刀具，可进行复杂零件的多工序加工，可明显提高数控机床的适应性和加工效率。这种带刀库的自动换刀装置特别适用于数控钻床、数控铣床和数控镗床。

带刀库的换刀系统的整个换刀过程较为复杂，首先应把加工过程中需要使用的全部刀具分别安装在标准刀柄上，在机外进行尺寸调整之后，按一定的方式放入刀库，换刀的时候，按刀具编号在刀库中进行选刀。并由刀具交换装置从刀库和主轴上取出刀具进行交换，将新刀装入主轴，把从主轴上取下的旧刀具放回刀库。存放刀具的刀库具有较大的容量，刀库可安放在主轴箱的侧面或上方，也可单独安装在机床以外作为一个独立部件，由搬运装置运送刀具。这种换刀方式的整个工作过程动作较多，换刀时间较长，并且使系统变得更为复杂，降低了工作可靠性。

二、刀具交换装置

数控机床的自动换刀的装置中，实现刀库与机床主轴之间传递和装卸刀具的装置称为刀具的交换装置。刀具的交换方式通常分为采用机械手交换刀具和由刀库与机床主轴的相对运动实现刀具交换。刀具的交换方式及它们的具体结构对机床的工作效率和工作可靠性有直接的影响。无机械手的换刀系统一般是采用把刀库放在主轴箱可以运动到的位置，或整个刀库或某一刀位能移动到主轴箱可以到达的位置，同时，刀库中刀具的存放方向一般与主轴上的装刀方向一致。换刀时，由主轴运动到刀库上的换刀位置，利用主轴直接取走或放回刀具。图5-32是一种卧式加工中心无机械手换刀系统的换刀过程。

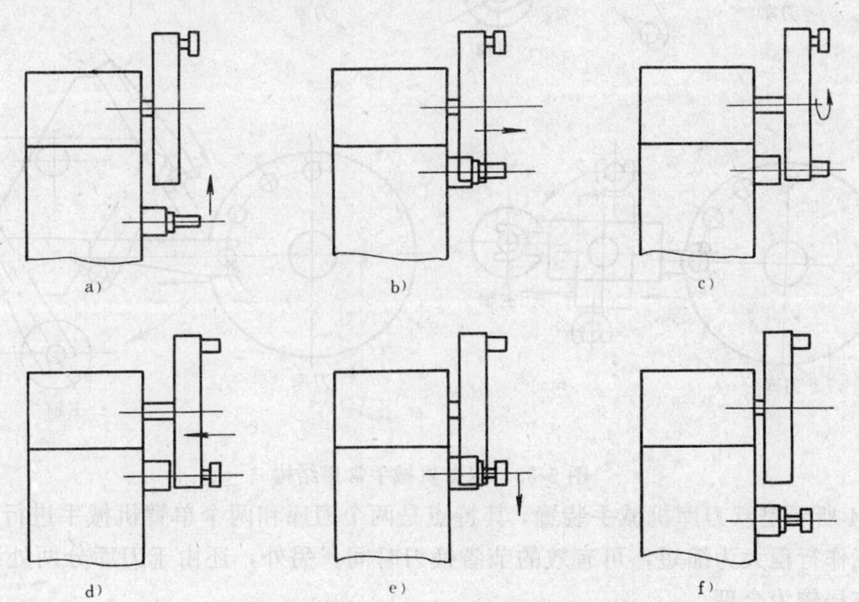

图 5-32　无机械手换刀系统的换刀过程

图 5-32a 中上一工步结束后，主轴准停定位，主轴箱上升。图 5-32b 中当主轴箱上升到顶部换刀位置，刀具进入刀库的交换位置空位，刀具被刀库上的固定钩固定，主轴上的刀具自动夹紧装置松开。图 5-32c 为刀库前移从主轴孔中将需要更换的刀具拔出来。图 5-32d 为刀库转位，根据程序指令将下一工步加工所需要的刀库前移而转到换刀的位置。同时主轴孔的清

洁装置将主轴上的刀具孔清洁干净。图 5-32e 为刀库后退将所选用的刀具插入主轴孔内，主轴上的刀具夹紧装置把刀具夹紧。图 5-32f 为主轴箱下降回落到工作位置，准备进行下一步的工作。无机械手换刀系统的优点是结构简单，成本低，换刀的可靠性较高。缺点是换刀时间长，刀库因结构所限容量不多。这种换刀系统多为中、小型加工中心采用。

采用机械手进行刀具交换方式在加工中心中应用最为广泛。机械手是当主轴上的刀具完成一个工步后，把这一工步的刀具送回刀库，并把下一工步所需要的刀具从刀库中取出来装入主轴继续进行加工的功能部件。对机械手的具体要求是迅速可靠，准确协调。由于不同的加工中心的刀库与主轴的相对位置不同，所以各种加工中心所使用的换刀机械手也不尽相同。但是从手臂的类型来看，有单臂机械手、双臂机械手等。

双臂机械手中最常用的有如图 5-33 所示的几种结构形式：图 a 是钩手，图 b 是抱手，图 c 是伸缩手，图 d 是插手。这几种机械手能够完成抓刀—拔刀—回转—插刀—返回等一系列动作。为了防止刀具掉落，各机械手的活动爪都带有自锁机构。由于双臂回转机械手的动作比较简单，而且能够同时抓取和装卸机床主轴和刀库中的刀具，因此换刀时间进一步缩短。

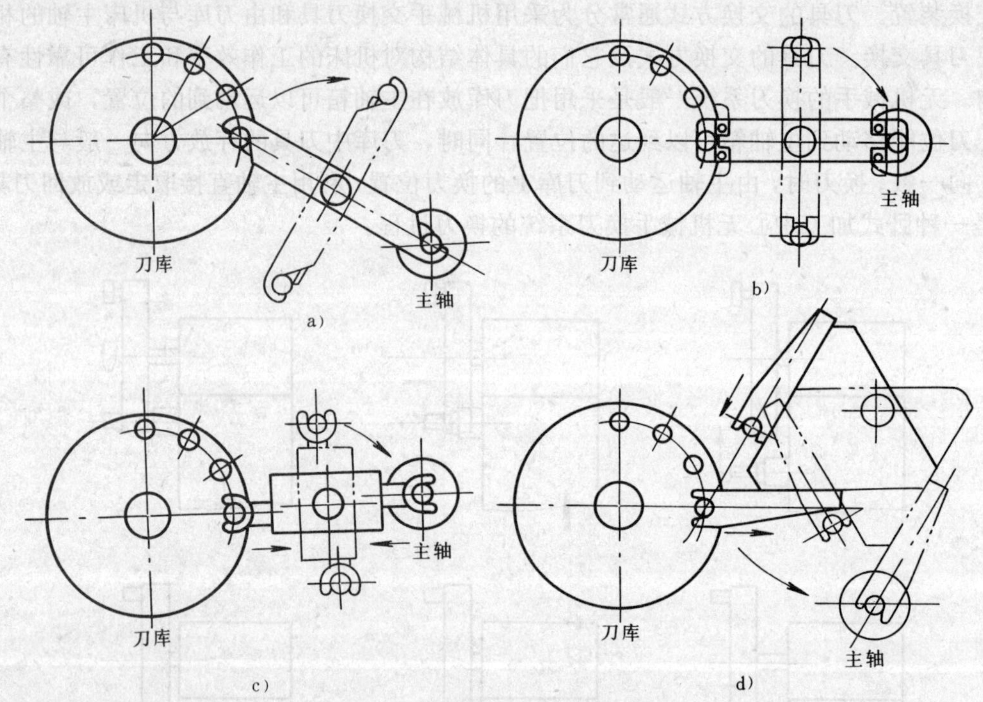

图 5-33　双臂机械手常用结构

图 5-34 所示是双刀库机械手装置，其特点是两个刀库和两个单臂机械手进行工作，因而机械手的工作行程大为缩短，可有效的节省换刀时间。另外，还由于刀库分两处设立，故使机床整体布局较为合理。

三、刀库

在自动换刀装置中刀库是最主要的部件之一。刀库是用来储存加工刀具及辅助工具的地方。由于多数加工中心的取送刀具位置都是在刀库中某一固定刀位，因此刀库还需要有使刀具运动的机构来保证换刀的可靠性。刀库中刀具的定位机构是用来保证要更换的每一把刀具或刀套都能准确地停在换刀位置上。采用电动机或液压系统为刀库转动提供动力。

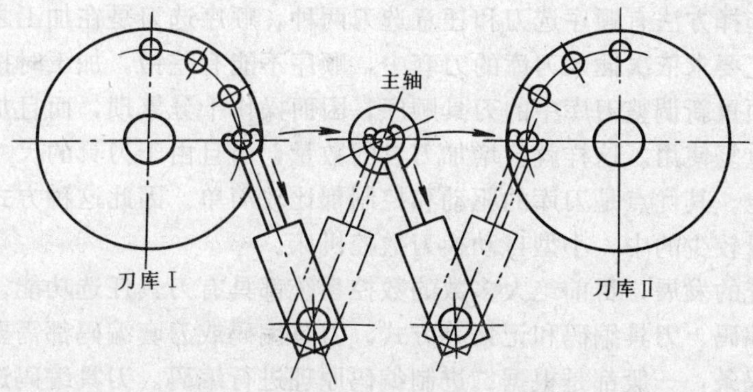

图 5-34 双刀库机械手换刀装置

（一）刀库的类型

根据刀库的容量和取刀方式，可以将刀库设计成各种形式。常用的有：

1. 盘式刀库　此刀库结构简单，应用较多，但由于刀具环形排列，空间利用率低，因此多将刀具在盘中采用双环或多环排列，以增加空间利用率。但这样作会使刀库的外径过大，转动惯量也很大，选刀的时间也很长，因此，盘式刀库一般用于刀具较少的刀库。

2. 链式刀库　它的结构紧凑，刀库容量较大，链环的形状可以根据机床的布局制成各种形状，也可将换刀位突出以便于换刀。当链式刀库需要增加刀具数量时，只需增加链条的长度即可。在一定范围内，不用改变线速度和惯量。这些为系列刀库的设计与制造提供了很多方便。一般当刀具数量在 30～120 把时，多采用链式刀库。

此外，密集形的鼓轮弹仓式或格子式刀库，虽然占地面积小，结构紧凑，在相同的空间内可以容纳的刀具数目较多，但是由于它的选刀和取刀动作复杂，现在已很少用于单机加工中心，多用于 FMS（柔性制造系统）的集中供刀系统。

（二）刀库的容量

刀库中的刀具并不是越多越好，太大的容量会增加刀库的尺寸和占地面积，使选刀过程时间增长。刀库的容量首先要考虑加工工艺的需要。根据对以钻、铣为主的立式加工中心所需刀具数的统计，绘制出图 5-35 的曲线。曲线表明，用 10 把孔加工刀具可完成 70%的钻削工艺，四把铣刀可完成 90%的铣削工艺，据此可以看出用 14 把刀具就可以完成 70%以上的钻铣加工。若是从完成对被加工工件的全部工序考虑进行统计，得到的结果是大部分（超过 80%）的工件完成全部加工过程有 40 把刀具就够了。因此从使用角度出发，刀库的容量一般取为 10～40，盲目的加大刀库容量，将会使刀库的利用率降低，结构过于复杂，造成很大的浪费。

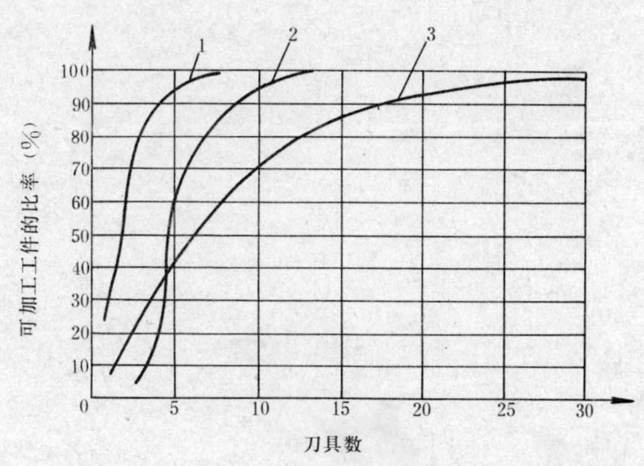

图 5-35 加工工件与刀具数的关系

1—铣削 2—车削 3—钻削

（三）刀具的选择方式

常用的刀具选择方法有顺序选刀和任意选刀两种。顺序选刀是在加工之前，将加工零件所需刀具按照工艺要求依次插入刀库的刀套中，顺序不能有差错。加工时按顺序调刀。加工不同的工件时必须重新调整刀库中的刀具顺序，因而操作十分繁琐，而且加工同一工件中各工序的刀具不能重复使用。这样就会增加刀具的数量，而且由于刀具的尺寸误差也容易造成加工精度的不稳定。其优点是刀库的驱动和控制都比较简单。因此这种方式适合加工批量较大、工件品种数量较少的中、小型自动换刀数控机床。

随着数控系统的发展，目前绝大多数的数控系统都具有刀具任选功能。任选刀具的换刀方式可以有刀套编码、刀具编码和记忆等方式。刀具编码或刀套编码都需要在刀具或刀套安装用于识别的编码条，一般都是根据二进制编码原理进行编码。刀具编码选刀方式采用了一种特殊的刀柄结构，并对每把刀具编码。由于每把刀具都具有自己的代码，因而刀具可以放在刀库中的任何一个刀座内，这样不仅刀库中的刀具可以在不同的工序中多次重复使用，而且换下的刀具也不用放回原来的刀座，这对装刀和选刀都十分有利，刀库的容量也可以相应的减少。而且还可以避免由于刀具顺序的差错所造成的事故。但是由于每把刀具上都带有专用的编码系统，使刀具的长度加长，制造困难，刀具刚度降低，同时使得刀库和机械手的结构也变得复杂。对于刀套编码的方式，一把刀具只对应一个刀套，从一个刀套中取出的刀具必须放回同一刀套中，取送刀具十分麻烦，换刀时间长。因此，无论是刀具编码还是刀套编码都给换刀系统带来麻烦。目前在加工中心上绝大多数都使用记忆式的任选换刀方式。这种方式能将刀具号和刀库中的刀套位置（地址）对应的记忆在数控系统的PC中，无论刀具放在哪个刀套内都始终记忆着它的踪迹。刀库上装有位置检测装置（一般与电动机装在一起），可以检测出每个刀套的位置。这样刀具就可以任意取出并送回。刀库上还设有机械原点，使每次选刀时就近选取，如对于盘式来说，每次选刀运动或正转或反转都不会超过180°角。

第六章　数控机床的使用、保养和维修

第一节　数控机床的选择与使用

一、数控机床的选择

（一）确定被加工工件

数控机床的种类繁多。不同类型的数控机床其使用范围也有一定的局限性。只有在一定的工作条件下加工一定的工件才能达到最佳的效果。因此，确定选购对象之前，应首先要明确准备加工的对象。

每一种加工机床都有其最佳加工的典型零件。如卧式加工中心适用于加工箱体、泵体、壳体等，而立式加工中心适用于加工箱盖、壳体和平面凸轮等单面加工零件。如果对箱体的侧面与顶面要求在一次装夹中加工，可选用五面体加工中心。倘若在立式加工中心上加工卧式加工中心的典型零件，则加工零件的不同加工面需要更换夹具和倒换工艺基准，这样会降低加工精度和生产效率。若将立式加工中心的典型件在卧式加工中心上加工，则需要增加弯板夹具，降低工件加工工艺系统的刚性。

（二）机床规格的选择

应根据被加工典型工件大小尺寸选用相应规格的数控机床。数控机床的主要规格包括工作台尺寸、几个数控坐标的行程范围和主轴电动机功率。选用工作台尺寸应保证工件在其上面能顺利装夹，被加工工件的加工尺寸应在各坐标有效行程内。加工中心的工作台面尺寸和三个直线坐标行程都有一定比例关系，如机床的工作台为500mm×500mm，其X轴行程一般为700～800mm，Y轴为550～700mm，Z轴为500～600mm，因此工作台的大小基本确定了加工空间的大小。此外，选择数控机床时还应考虑工件与换刀空间的干涉及工作台回转时与护罩等附件干涉等一系列问题，而且还要考虑机床工作台的承载能力。

（三）机床精度的选择

选择机床的精度等级应根据被加工工件关键部位加工精度的要求来确定，批量生产的零件实际加工出的精度数值一般为机床定位精度的1.5～2倍。加工中心按精度分为普通型和精密型，其主要精度项目如表6-1所示。普通型机床可批量加工8级精度的工件，精密型机床加工精度可达5～6级，但对使用环境要求较严格及要有恒温等工艺措施。此外，普通型数控机床进给伺服驱动机构大都采用半闭环方式，故对滚珠丝杠受温度变化引起的伸长无法检测，因此会影响工件加工精度。在一些要求较高的加工中心上，对丝杠伸长采取预拉伸措施，这不仅减少了丝杠热变形，也提高了传动刚度。

数控机床的直线定位精度和重复定位精度综合反映了该轴各运动元部件的综合精度。尤其是重复定位精度，它反映了该控制轴在全行程内任意点定位稳定性，这是衡量该控制轴能否稳定可靠工作的基本指标。

铣圆精度是综合评价数控机床有关数控轴的伺服跟随运动特性和数控系统插补功能的指

标。由于数控机床具有一些特殊功能，因此，在加工中等精度的典型工件时，一些大孔径圆柱面和大圆弧面可以采用高切削性能的立铣刀铣削。测定每台机床的铣圆精度的方法是用一把精加工立铣刀铣削一个标准圆柱试件，中小型机床圆柱试件的直径一般在 $\phi200$～$\phi300$mm 左右。将铣削后加工得到的标准圆柱试件放到圆度仪上，测出加工圆柱的轮廓线，取其最大包络圆和最小包络圆，两者间的半径差即为其精度。

表 6-1　加工中心精度

精度项目	普通型（mm）	精密型（mm）
直线定位精度	±0.01/全程	±0.005/全程
重复定位精度	±0.006	±0.002
铣圆精度	0.03～0.04	0.02

（四）自动换刀装置和刀库容量的选择

自动换刀装置（ATC）的工作质量直接影响到整个数控机床尤其是加工中心的质量。ATC 的工作质量主要表现为换刀时间和故障率。据统计，加工中心故障中有 50%以上与 ATC 工作有关。ATC 装置的投资常常占整台机床投资的 30%～50%。为了相应降低整机的价格，用户应在满足使用条件的前提下，尽量选用结构简单和可靠性高的 ATC。

加工中心的刀库容量不宜选得太大，因为容量大，刀库的结构复杂，成本高，故障率也会相应地增加，刀具的管理也相应地复杂化。加工中心的制造厂家对同一种规格机床，通常设有 2～3 种不同容量的刀库，例如卧式加工中心刀库容量有 30、40、60、80 把等，立式加工中心刀库容量有 16、20、24、32 把等。用户在选定时，可以根据被加工工件的工艺分析结果来确定所需刀具数。通常以满足一个零件在一次装夹中所需刀具数量来确定刀库容量。因为当更换一种新的工件时，操作者要根据新的工艺资料对刀库重新进行安排调整。刀库中无关的刀具越多，整理的工作量也就越大，也就越容易出现人为的差错。

从国内外统计数字上来看（如表 6-2 所示），在立式加工中心上选用 20 把左右刀具容量的刀库，在卧式加工中心上选用 40 把左右刀具容量的刀库较为适宜，基本上能满足工作要求。对一些复杂工件，如果考虑一次完成全部加工所需刀具数量会超过现有刀库容量，可综合考虑工艺因素，如将粗、精加工分工序进行，插入热处理工序消除内应力及变形量，工件装卡倒换工艺基准等，这样就把一个复杂工件分为几个加个程序进行加工，使每个加工程序所需刀具数量不超过刀库容量。

表 6-2　刀库库存刀具数表

刀具数量（把）	<10	<20	<30	<40	<50
加工工件占总数百分率（%）	18	50	17	10	5

但是，如果选用的加工中心机床准备用于柔性加工单元（FMC）或柔性制造系统（FMS）中，其刀库容量应选取大容量刀库，甚至配置可交换刀库。

（五）数控系统的选择

当今世界上数控系统的种类规格极其繁多，在我国使用比较广泛的有美国 A-B 公司、日本 FANUC 公司、德国 SIEMENS 公司等的产品，此外我国国产的数控系统的功能也日渐完善。为了使数控系统与机床相匹配，在选择数控系统时应遵循下述几条基本原则。

1. 根据数控机床类型选择相应的数控系统

一般说来，不同类型的数控系统适应于车、铣、镗、磨、冲压等不同的加工类别，选择时要有针对性。

2. 根据数控机床的设计指标选择数控系统

数控系统的性能差别很大，价格上可相差数倍。选用时应该对系统的性能和价格等作一个综合分析，选用合适的系统，不能片面地追求高水平、新系统。

3. 根据数控机床的性能选择数控系统功能

一个数控系统具有许多功能，有的属于基本功能，系统中本来已经具备；有的属于选择功能，由用户特定选择后由供方提供。数控系统生产厂对具有基本功能的系统定价便宜，而对有选择功能要求的系统却较贵。所以，对选择功能一定要根据机床性能需要加以选择，不可求全，否则许多功能用不上而使产品成本大幅度增加。

4. 订购系统时要考虑周全

订购时把需要的系统功能考虑全面，一次订全。对于那些价格增加不多，但对使用会带来许多方便的功能，应该适当配置齐全，附件也应成套配置，保证机床到厂后可立即投入生产。切忌因漏订功能而使机床功能降级或不能使用。用户选用机床数控系统种类不宜过多、过杂，否则会给使用和维修带来极大困难。

(六) 加工节拍与机床台数估算

根据已经确定的工件，分析其工艺路线，在这个工艺路线中选出准备在加工中心上加工的工序，对这些工序作工时节拍估算。

根据现用工艺参数，估算每道工序的切削时间（$t_{切}$），而辅助时间通常取切削时间的10%～20%。另外，中小型加工中心的每次换刀时间约为10～20s，这样计算出单工序时间为

$$t_{单序}=t_{切}+t_{辅}+(10\sim20s)$$
$$=t_{切}+(10\%\sim20\%)\,t_{切}+(10\sim20s)$$

有了单工序时间就不难计算出年产量。按一年300个工作日、两班制，一天有效工作时间14h计算，就可以算出机床的年生产能力。算出工时和节拍后，考虑设计要求和工序平衡要求，可以重新调整加工中心的加工工序数量，修订工艺参数，以达到整个加工过程的平衡。

选择机床时，要考虑的因素有许多，除上述各项外，还应对机床附件的配备、售后技术服务等等全面考虑。

二、加工中心的使用技术

一台经质量检验合格的加工中心如何达到良好的使用效果，获得高的经济效益，是使用者最关心的问题。在开动机床之前，必须充分了解所用机床的性能、特点和加工工艺特点，采用合理的工艺措施，选择合适的加工对象，并在生产组织管理上充分认识加工中心与普通机床的不同，处理好加工中心工序与一般机床加工工序的衔接，熟练地掌握操作使用技巧、调整技术等。以下就加工中心使用过程中的要点作一些说明。

(一) 选择合理的加工对象

不同类型的加工中心可加工不同的典型零件，只要工件的形状、外形尺寸与所用机床的工作台尺寸和行程大小相适应。

为充分发挥机床的经济效益，建议给这类机床安排加工零件时考虑以下原则。

1. 工件的加工批量应大于经济批量

数控机床加工时纯切削时间可占到实际工时的70%～80%，而普通机床只有10%～

20%。但加工中心的准备调整工时又往往很长，所以用来加工批量太小的工件是不经济的，而且生产周期也不一定缩短。经济批量可参考下式估算：

$$经济批量=\frac{\text{NC 准备工时}-\text{普通机床准备工时}}{K\text{（普通机床单件工时}-\text{NC 单件工时）}}$$

NC 准备工时应包括工艺准备、程序准备、现场调试。

修正系数 K 是希望一台加工中心能顶几台普通机床用，所以 K 至少取 2 以上。

2. 安排重复性投产的加工零件

因为加工中心的准备工时往往是工件单件加工工时的几十倍，但许多工作信息（如工艺文件、程序单、工夹具等）可以保存反复使用，所以再重复投产时，生产准备周期与成本可大大减少。

3. 工件加工内容要合适

尽量安排一些有精度要求的铣、镗、钻、铰和攻螺纹等综合加工的工件在加工中心上加工。

4. 加工工件的形状、大小应与机床工作台和行程大小相适应

在特殊情况下，可考虑二次装夹移动工件的方法来加工。但这样加工精度和效率都降低了。

5. 综合考虑生产能力平衡

一台加工中心不可能完成工件的全部工序，必然有和其他设备的工序转接，有生产节拍要求，安排工序时要合理，以发挥加工中心的特长。

（二）确定工件的加工部位和具体内容

加工中心的最大特点是工序集中，提高了生产率，使用者希望一次装夹完成全部加工。可是对于一些复杂的工件，由于加工时的热变形、内应力、夹紧等引起的变形，以及其他因素的影响，很难一次全部完成，有时不得不分为两次或多次进行。

安排零件加工工序时应根据加工所需的刀具数量、精度要求、热处理要求等，将零件分几次装卡和几个程序加工。工序内容与其前后工序相联系。例如，工件在上加工中心之前，应在其他机床上加工出什么基面和基准孔等，为以后的工序留下什么工序和加工余量。

安排的加工内容应充分发挥机床效率，对于用其他机床加工比在加工中心上加工更合适、效率更高的工序，尽量不安排在加工中心上加工。例如，一些大的平面采用龙门刨床、铣床和立车等机床加工效率会更高。

对于一个工件的完整工艺过程，不排斥必要的手工调整和检测等工作。但这些内容尽量不安排在加工程序中，否则大大影响机床效率。

（三）决定工件的装卡方式和夹具设计

根据已确定工件的加工部位、定位基准和夹紧要求，提出夹具的设计要求。夹具是完成零件加工的重要保证，夹具设计合理，才能保证零件加工方便和满足加工精度要求。为此，设计夹具时应考虑以下因素。

1）工件的定位基准和夹紧的要求。加工中心具有多工序集中的特点，零件在一次装夹中，既要粗铣、粗镗，又要精铣、精镗，既要承受很大的切削力，又要满足精确定位精度的要求。

2）夹具、工件与机床工作台面的连接。机床工作台面上一般有标准 T 形槽，转台中心有定位圆孔，台面侧面有基准挡板等定位元件，夹具在工件台上安装要利用这些定位件。夹紧

方式一般用T形槽螺钉或工作台面上的紧固螺钉，用螺栓或压板压紧。夹具上用于紧固的孔或槽应与工作台上的T形槽或螺孔位置相对应。

3）必须给刀具运动留出足够的加工空间。夹具的安装不能和各工序加工刀具运动轨迹发生干涉。例如，用端铣刀加工零件时，入刀和出刀轨迹不能与夹具的压紧螺栓和压板等发生干涉。同样，一些钻夹头、弹簧夹头和镗刀杆等也容易与刀具发生干涉。因此，对有些箱体零件利用其内部空间安排夹紧装置。

4）夹具必须保证最小的夹紧变形。零件在粗加工时，切削力大，需要的夹紧力大，但不能将工件压变形，否则，松开夹具后零件将变形。例如有一个压紧压板压在要加工的孔的上部，当加工后松开压板，会发现此孔已变成椭圆孔了。因此，必须慎重选择夹具的支承点、定位点和夹紧点。压板的夹紧点要尽量接近支承点，避免把夹紧力加在零件无支承的中空区域。如上述措施不能控制工件变形，只有将粗、精加工程序分开，完成粗加工后，使程序暂停，由操作者放松夹具压板的夹紧力，消除变形再继续进行精加工。

5）夹具底面与工作台面接触。为保证夹具重复定位精度并保护机床工作台面，夹具的底面平面度必须保证在0.01～0.02mm以内，表面粗糙度不大于$R_a3.2\mu m$。

6）夹具必须装卸方便。由于加工中心辅助时间已经被压缩得很短，配套夹具的装卸不能占用很多时间，因此要求夹具装卸快捷方便，定位夹紧可靠。设计夹具时应考虑到工件加工尺寸的测量基准、工件坐标系的检测基准和加工刀具的对刀基准等。

7）对批量不大，又经常变换品种的零件，应优先考虑使用组合夹具或成组夹具，以节省夹具的费用与准备时间。对装夹精度要求很高，批量小的零件，可用检测仪器直接在机床工作台上找正，用设定的坐标系加工，以节省夹具费用。对小型零件或加工长度不长的零件，可以考虑在工作台上同时装夹几个零件进行加工，以提高生产效率。

（四）编制工艺文件

工艺文件有多种形式，使用者可以根据本厂的生产习惯与管理方式等进行编制。一般来说，比较全面的工艺文件应包括：工艺卡片、刀具卡片、夹具和专用刀具图样资料、加工工序草图和刀具轨迹图、加工中心调整单、零件加工程序单、实际试切后的程序修改与调整记录等。

工艺文件中最主要的是工艺卡片，它是刀具卡、编程及调整机床的依据，同时也是机床操作者的工作内容表。工艺卡片形式多样，使用者可根据本厂习惯和需要采用适当格式。工艺卡片实例如表6-3所示。

1．编制工艺文件所需的准备工作

作为一个编程人员，为了安排出合理的工艺路线，满足零件的加工要求，必须了解以下内容：

1）机床各坐标的机械原点、各坐标的行程、夹具和工件的安放位置，确定工件坐标系，了解各坐标运动的干涉区，自动换刀装置所应占用的换刀空间等。

2）主轴转速范围与指令，是否有对应的齿轮挂档指令等。

3）进给速度范围和F指令。

4）刀具和T指令、交换指令、使用格式。

5）切削加工工艺规范，最佳切削用量选择。

6）数控系统工作原理和编程指令表。

7）机床加工特点、机床操作方法。

8）切削刀具的工作趋近距离，即刀具快速趋近工件后转入工作进给时，刀尖与待加工表面间的距离。此距离过大会延长加工时间，太小又不安全。建议采用如表 6-4 所列留隙量。

表 6-3 数控机床用工艺卡片

零件号	X-0123			零件名称	夹块	材料		45
程序号	0300			机床型号	JCS-018A	制表		
工步内容	顺序号 N	工步号	刀具号 T	刀具种类	补偿号（D、H）	主轴转速（S）	进给速度（F）	备注
粗铣 *R*28mm *R*24mm 两圆弧	1	1	01	ϕ20 立铣刀	H01 D20	300	F30	
精铣 *R*28mm *R*4mm 两圆弧	29	2	02	ϕ20 立铣刀	H02 D21	300	F30	
钻中心孔	42	3	03	ϕ2.5 中心钻	H03	800	F60	
钻孔	49	4	04	ϕ7.5 钻头	H04	700	F60	
扩孔	56	5	05	ϕ7.8 扩孔钻	H05	500	F40	
铰孔	63	6	06	ϕ8 铰刀	H06	300	F40	

表 6-4 刀具趋近工件留隙量

趋近条件		留隙量/mm
毛坯表面（锻、铸）		5～10
切削面	钻削、镗削	3
	攻螺纹	5～10

2. 确定工步顺序

在加工中心上加工工件，一般为多工步，使用多把刀具。因此在一个加工程序中应合理安排工步顺序，它直接影响到加工精度、加工效率、刀具数量和经济性。安排工步时除考虑通常的工艺要求之外，还应考虑下列因素：

1）工步安排由粗到精原则，先进行大切削、粗加工，去除毛坯大部分加工余量，然后安排一些发热小、加工要求不高的加工内容（如钻小孔、攻螺纹等），最后再精加工。安排加工顺序时建议参照下列次序：粗铣大端面——粗镗孔、半精镗孔——立铣刀加工——加工中心孔——钻孔——攻螺纹——孔和平面精加工。

2）考虑走刀路线，减少空行程。决定加工顺序时考虑邻近加工位置的加工顺序和最小空行程移动量。

3）减少刀具更换次数，节省辅助时间。

3. 刀具的选择

加工中心上使用的刀具应包括通用刀具、通用连接刀柄及少量专用刀柄。应根据工件材料的性能、机床的加工能力、加工工序、切削用量以及其他相关因素正确选用刀具及刀柄。对刀具总的要求是：安装调整方便，刚性好，精度高。选用的连接刀柄只要能满足加工要求，尽量采用短些，使刀柄有较好的刚性。

为了提高机床利用率，尽量采用机床外预调刀具，并将测量尺寸填写到刀具卡中，以便及时修改刀具补偿参数。刀具卡片内容如表 6-5 所示。

表 6-5　数控机床用刀具卡片

机床型号		JCS-018A		零件号	X-123	程序号	0300	制表	
刀具号 T	工步号	刀柄型号	刀具型号			刀具 直径 mm	刀具 长度 mm	偏置值	备注
T01		BX45-M2-45	ϕ20 立铣刀			ϕ20		D20 H01	
T02		BX45-M2-45	ϕ20 立铣刀			ϕ20		D21 H02	
T03		BX45-E10-45	ϕ2.5 中心钻			ϕ2.5		H03	
T04		BX45-E10-45	ϕ7.5 钻头			ϕ7.5		H04	
T05		BX45-E10-45	ϕ7.8 扩孔钻			ϕ7.8		H05	
T06		BX45-E10-45	ϕ8 铰刀			ϕ8		H06	

4．确定切削用量

切削用量包括主轴转速、切削深度和宽度、进给速度等，具体数值应参考刀具切削手册的切削用量来选择合适的切削用量。切削参数还要根据加工工艺的综合刚性加以修正，避免由于刚性不足产生大的切削振动，影响加工精度和表面粗糙度。

考虑刀具寿命修正刀具的切削参数。在中、小批量零件加工中，争取在一批中不再刃磨和更换刀具，以减少调整时间。对个别切削负荷很大的刀具（如端铣刀、深孔粗镗刀等），为了缩短加工时间可采用较大的切削用量。

5．工件坐标系设定、坐标计算、编制工序加工示意图及刀具轨迹图

零件的加工图样一般只给出零件的最终尺寸要求，但加工中心要控制刀具中心的运动轨迹，这两者既有联系又有不同，因此需要根据图样要求进行数值计算，按照加工路线和允许的编程误差，计算出数控系统所需数据，画出对应的工序加工示意图、刀具运动轨迹图，以此作为编程的基础。

进行计算必须依据坐标系进行工作。由于一般数控系统都有工件坐标系设定的功能，设定工件坐标系时，要考虑尽量与零件图上的尺寸链的基准线和面重合，这样可以减少计算工作量，也便于以后测量和找正。

（五）编制加工程序

程序编制的方法有：手工编程、人—机对话型编程和自动程序编制。

手工编程是根据计算结果、工艺卡、工序图等，把程序内容记录在程序单上，然后制作成程序介质（穿孔纸带或磁卡），输入到数控系统中，或用操作键盘输入程序内容，全部工作量主要依赖于手工劳动，因此容易出差错。目前对于点位加工或几何形状不太复杂的零件，人工编程还在广泛使用。

人—机对话型编程，机床制造厂已将一定数量源程序及相应图形存入数控系统，形成“菜单”，编程时编程人员只要与数控系统进行问答对话—输入必要的参数值，系统能自动编制加工程序。这种方式只局限于小型程序，一般以孔加工程序为主。

自动编程是由计算机自动地进行数值计算，编写零件加工程序单，自动地输出将程序记录到穿孔纸带或其他的控制介质上，全部工作或大部分工作由计算机完成，提高了编程效率，同时解决了手工编程无法解决的许多复杂零件编程问题。

目前广大使用者还以手工编程为主。掌握手工编程首先要了解下列四方面内容。

1）掌握程序编制所需的文字、地址、代码等指令的含义。

2）掌握程序编制的规则，即各指令代码的使用方法和组合方式。

3）了解工件在加工中心上加工内容的全部工艺过程和机床的各种操作要求及细节。

4)用已掌握的代码指令等按程序编制规则规定的使用方法来描述在加工中心加工工件的完整过程。

（六）输入程序

编完程序后，需要把程序输入到控制系统的存储器中。程序输入方式有多种，最简单的是用操作面板上的键盘输入。但这种输入方式不仅易出差错，而且占用整机工作时间。若使用自动编程机或NC程编软件的台式计算机及数控纸带穿孔机等装置，把程序复制在传递介质（如纸带、磁带、磁盘等）上，通过数控系统输入装置将程序输入，可减少占用整机时间。

（七）程序校验、试运行

初次编好的加工程序，难免存在一些错误，所以加工前要进行校验，有条件的可以把程序输入到自动编程机上，用绘图方式检查运动轨迹或在有图形显示功能的数控系统上绘图检查。如没有这些条件，可以在机床上直接试运行。试运行的工作内容如下：

1）安装、找正和紧固工夹具。

2）按照程序和工艺文件要求将刀具对号装入刀库并检查是否正确。

3）对刀具进行试切调整和测量，设定、输入工件坐标系及刀具补偿值等参数。

4）闭合机床锁定开关，机床不工作，只有数控系统运行检查程序有无错误。

5）Z轴闭锁试运行，检查加工位置和运动轨迹是否符合要求，刀具的选择和交换是否正确，刀具运动与夹具是否会干涉，各种辅助功能是否齐全。

上述操作步骤使用者可自行选用，经验丰富者可直接加工工件。

（八）试切削

试运行使操作者对加工程序有了全面的了解，可对零件进行试切削。试切中应注意下列问题：

1）对程序了解不深时，可采用单段程序运行方式，以便及时发现问题。

2）试切削时用倍率开关适当降低进给速度倍率和快速趋近速度倍率，这样刀具趋近工件时，有时间来判断运动轨迹是否正确。

3）程序运行中重点观察数控系统上的几个显示画面。

主程序和子程序显示——了解正在执行程序内容

工作寄存器显示——了解正在执行程序段内各状态和指令

缓冲寄存器显示——了解下一个程序段将要执行的各状态和指令

坐标位置显示——了解正在执行的程序段的运动量和坐标位置是否符合要求

4）可用“渐近”法试刀。如镗孔可先试镗一小段长度，检测合格后，再镗削全长。对无把握的刀具补偿值，可以由小到大边试切边修改补偿值等方法进行。

（九）试切加工后应注意的工作

1）全面检查加工完成的试件各项加工精度，根据检查结果调整参数，修改有关参数。

2）及时输出经过试切合格的加工程序，以便保存。

3）总结修改有关工艺文件和程序单，重视程序等软技术资料的积累、总结和提高。

第二节　数控机床的维修及保养

一、维护必备的基本知识

数控机床具有机、电、液集于一身、技术密集和知识密集的特点，所以数控机床的维护人员不仅要有机械、加工工艺以及液压、气动方面的知识，也要具备电子计算机、自动控制、驱动及测量技术等知识，这样才能全面了解，掌握数控机床，及时搞好维修工作。

维修人员在维修前应详细阅读数控机床有关说明书，对数控机床有一个详尽的了解，包括机床结构、特点，机床的梯形图和数控系统的工作原理及框图，以及它们的电缆连接。

使用者对数控机床平时的正确维护保养，及时排除故障和及时修理，是充分发挥机床性能的基本保证。

二、设备的日常维护与常见故障排除方法

（一）日常维护

我们日常对机床进行预防性维护保养的宗旨是延长元器件的使用寿命，延长机械部件的磨损周期，防止意外恶性事故的发生，争取机床长时间稳定工作。对每台数控机床的维护保养要求，在该机床说明书上都有具体规定。下面列举一台数控设备的定期维护检查顺序，如表 6-6 所示。

表 6-6　维护检查顺序表

序号	检查周期	检 查 部 位	检 查 要 求
1	每天	导轨润滑油箱	检查油标、油量，及时添加润滑油，润滑泵能定时启动打油及停止
2	每天	X、Y、Z 轴向导轨面	清除切屑及脏物，检查润滑油是否充分，导轨面有无划伤损坏
3	每天	压缩空气气源压力	检查气动控制系统压力，应在正常范围
4	每天	气源自动分水滤气器自动空气干燥器	及时清理分水器中滤出的水份，保证自动空气干燥器工作正常
5	每天	气液转换器和增压器油面	发现油面不够时及时补足油
6	每天	主轴润滑恒温油箱	工作正常，油量充足并调节温度范围
7	每天	机床液压系统	油箱、液压泵无异常噪声，压力表指示正常，管路及各接头无泄漏，工作油面高度正常
8	每天	液压平衡系统	平衡压力指示正常，快速移动时平衡阀工作正常
9	每天	CNC 的输入/输出单元	如光电阅读机清洁，机械结构润滑良好
10	每天	各种电气柜散热通风装置	各电柜冷却风扇工作正常，风道过滤网无堵塞
11	每天	各种防护装置	导轨、机床防护罩等应无松动、漏水
13	每半年	滚珠丝杠	清洗丝杠上旧的润滑脂，涂上新油脂
14	每半年	液压油路	清洗溢流阀、减压阀、滤油器，清洗油箱箱底，更换或过滤液压油
15	每半年	主轴润滑恒温油箱	清洗过滤器，更换润滑脂

（续）

序号	检查周期	检查部位	检查要求
16	每年	检查并更换直流伺服电动机碳刷	检查换向器表面，吹净碳粉，去除毛刺，更换长度过短的电刷，并应跑合后才能使用
17	每年	润滑液压泵，滤油器清洗	清理润滑油池底，更换滤油器
18	不定期	检查各轴导轨上镶条、压滚轮松紧状态	按机床说明书调整
19	不定期	冷却水箱	检查液面高度，切削液太脏时需更换并清理水箱底部，经常清洗过滤器
20	不定期	排屑器	经常清理切屑，检查有无卡住等
21	不定期	清理废油池	及时取走滤油池中废油，以免外溢
22	不定期	调整主轴驱动带松紧	按机床说明书调整

表中仅列出了一些常规检查内容，对一些机床上频繁运动的元部件，无论是机械还是控制部分，都应作为重点定时检查对象。

（二）常见故障分类

一台数控机床由于自身原因不能正常工作，就是产生了故障。机床故障可分为以下几种类型。

1. 系统性故障和随机性故障

以故障出现的必然性和偶然性，分为系统性故障和随机性故障。系统性故障是指机床和系统在某一特定条件必然出现的故障。随机性故障是指偶然出现的故障。因此随机性故障的分析与排除比系统性故障困难得多。通常随机性故障往往由于机械结构局部松动、错位，控制系统中元器件出现工作特性漂移，电器元件工作可靠性下降等原因造成，需经反复试验和综合判断才能排除。

2. 诊断显示故障和无诊断显示故障

以故障出现时有无自诊断显示，可分为有诊断显示故障和无诊断显示故障两种。现今的数控系统都有较丰富的自诊功能，出现故障时会停机、报警并自动显示出相应的报警参数号，使维修人员较容易找到故障原因。而无诊断显示故障，往往机床停在某一位置不能动，甚至手动操作也失灵，维修人员只能根据出现故障前后现象来分析判断，排除故障难度较大。另外，诊断显示也有可能是其他原因引起的，例如因刀库运动误差造成换刀位置不到位、机械手卡在取刀中途位置，而诊断显示为机械手换刀位置开关未压合报警，这时应调整的是刀库定位误差而不是机械手位置开关。

3. 破坏性故障和非破坏性故障

以故障有无破坏性，分为破坏性故障和非破坏性故障。对于破坏性故障如伺服系统失控造成撞车，短路烧坏保险等，维修难度大，有一定危险，修后不允许重演这些现象。而非破坏性故障可经多次反复试验直至排除，不会对机床造成损害。

4. 机床运动特性质量故障

这类故障发生后，机床照常运行，也没有任何报警显示，但加工出的工件不合格。针对这些故障，必须在检测仪器配合下，对机械、控制系统、伺服系统等采取综合措施。

5. 硬件故障和软件故障

从发生故障的部位分为硬件故障和软件故障。硬件故障只要通过更换某些元器件，如电气开关等，即可排除。而软件故障是因程序编制错误造成，通过修改程序内容或修订机床参数就可排除。

（三）故障原因分析

加工中心出现故障，除少量自诊断显示故障原因外，如存储器报警、动力电源电压过高报警等，大部分故障是因综合故障引起，不能确定其原因，必须做充分的调查。

1. 充分调查故障现场

机床发生故障后，维修人员应仔细观察工作寄存器和缓冲工作寄存器尚存内容，了解已执行程序内容，向操作者了解现场情况和现象。当有诊断显示报警时，打开电气柜观察印制线路板上有无相应报警红灯显示。做完这些调查后，就可以按动数控系统的复位键，观察系统复位后报警是否消除，如消除，则属于软件故障，否则即属于硬件故障。

对非破坏性故障，可让机床再重演故障时运行状况，再仔细观察故障是否再现。

2. 将可能造成故障的原因全部列出

加工中心上造成故障的原因多种多样，有机械的、电气的、控制系统的等等。可是故障到底出现在哪一环节？例如，手摇轮操作无法转动可按下述步骤查找故障原因：

1）确认系统是否处于手摇操作状态。

2）是否未选择移动坐标轴。

3）手摇脉冲发生器电缆连接是否有误。

4）系统参数中脉冲当量值是否正确。

5）系统中报警未解除。

6）伺服系统工作异常。

7）系统处于急停状态。

8）系统电源单元工作异常。

9）手摇脉冲发生器损坏。

若某行程开关工作不正常，其影响因素有：

1）机械运动不到位，开关未压下。

2）机械设计结构不合理，开关松动或挡块太短，压合形状时速度太快等。

3）开关自身质量有问题。

4）开关选型不当。

5）防护措施不好，开关内进了油或切削液，使动作失常。

3. 逐步选择确定故障产生的原因

根据故障现象，参考机床有关维修使用手册罗列出诸多因素，经优化选择综合判断，找出确切因素，才能排除故障。

4. 故障的排除

找到造成故障的确切原因后，就可以“对症下药”，修理、调整和更换有关元部件。

三、CNC 系统的日常维护和故障处理

（一）CNC 系统的日常维护

每种 CNC 系统的日常维护保养，在该系统的随机说明书上都有具体规定。一般说来，应

注意以下几方面：

1. 数控柜、电器柜的散热通风系统维护

应每天检查各电柜的冷却风扇工作是否正常，风道过滤网是否堵塞。由于尘埃聚积在过滤网上，会导致过滤效果降低，使柜内温度上升，影响数控系统的正常工作。应每周或每月对空气过滤网进行清扫。方法是：拧下螺钉，拆下空气过滤器，取下过滤网，轻轻抖去上面的灰尘；灰尘太多时应及时更换或用中性清洁剂冲洗，随后用清水漂洗干净，于阴凉处阴干后使用。注意：打扫灰尘时应使气流从柜内向柜外流过，切勿使灰尘落入系统中。

除非必要的调整和维修，不允许开启柜门。因为加工车间的空气中浮有灰尘、油雾和金属粉沫，如落在电子部件或印制线路板上容易造成短路，损坏印制线路板。

2. 直流伺服电动机碳刷的检查和更换

碳刷可根据用户的实际使用情况来确定清洗周期，一般为三个月检查一次，同时使用工业酒精（乙醇）对碳刷表面进行清洗。当碳刷剩余长度在10mm以下时，须及时更换相同型号的碳刷。

3. 熔丝的熔断和更换

NC装置内部的熔丝熔断时，需先查明其熔断原因，经处理后，再更换相同型号的熔丝。

4. 系统后备电池的更换

系统参数及用户加工程序由带有掉电保护的静态寄存器保存，系统关机后内存中的内容由后备电池供电保持，因此经常检查电池的工作状态和及时更换后备电池非常重要。当系统开机后若发现电池电压报警灯亮时，应立即更换电池。更换方法见电池盒上图示。还应注意，更换电池时，为不遗失系统参数及程序，需在系统开机时更换。电池为高能锂电池，不可充电，正常情况下使用寿命为两年（从出厂日期起）。

5. 纸带阅读机的定期维修

纸带阅读机是CNC系统信息输入的重要部件，如果读带部分有污物，会使读入的纸带信息出现错误。为此，必须时常对阅读头表面、纸带压板、纸带通道表面用纱布蘸酒精擦净污物。

纸带阅读机也是CNC系统内的运动部件，为使其机构顺利运动，还应对运动部分如主动轮滚轴、导向滚轴、压紧滚轴等，每周定时清洁，注润滑油。

6. CNC系统长期不用时的保养

CNC系统如长期闲置，要经常给系统通电，在机床锁住不动的情况下让系统空运行。系统通电可利用电器元件本身的发热来驱散数控柜内的潮气，保证电子元件性能的稳定可靠。实践证明，在空气湿度较大的地区，经常通电是降低故障的一个有效措施。

另外，如果数控机床闲置不用达半年以上，应将电刷从直流电动机中取出，以免由于化学作用使换向器表面腐蚀，引起换向性能变化，甚至损坏整台电动机。

（二）CNC系统故障的处理

1. 维修前的准备工作

（1）维修用器具

为了便于维修数控装置，必须准备下列维修用器具：

1）交流电压表。用来测量交流电源电压，表的测量误差应在±2%以内。

2）直流电压表。用来测量直流电压，量程为10V和30V，误差应在±2%以内。用数字式电压表更好。

3）万用表。分机械式和数字式，其中机械式是必备的，用来测量晶体管的性能。

4）相序表。用来测量三相电源的相序，维修晶闸管可控硅伺服驱动系统时用。

5）示波器。应为频带宽度在5MHz以上的双通道示波器，用于纸带阅读机的光电放大器和速度控制单元的波形测量和调整。

6）逻辑分析仪。查找故障时，能把问题缩小到具体某个元器件，从而加快维修速度。

7）大、中、小号各种规格的“十”字形螺钉旋具和“一”字形螺钉旋具各一套。

8）清洁液和润滑油。

2. 必要备件准备

应配备各种熔丝、电刷、易出故障的晶体管模块和印制线路板，而对不易损坏的印制线路板，如中央处理器（CPU）模块，寄存器模块及显示系统等，因其故障率低，价格昂贵，可不必配置备件，以免积压资金。对已购置的印制线路板，应定期装到CNC系统上通电运行，以免长期不用出现故障。

3. CNC系统故障诊断方法

CNC系统发生故障（或称失效），是指CNC系统丧失了规定的功能。用户发现故障时，可遵循下述几个方面的判断方法进行综合判断：

（1）直观法

就是充分利用人的感官注意发生故障时的现象判断故障发生的可能部位。如有故障时是否伴有响声、火花、亮光产生，它们来自何方，何处出现焦糊味，何处发热异常。然后仔细观察可能发生故障的每块线路板的表面状况，是否有烧焦、熏黑或断裂，以进一步缩小检查范围。这是一种最简单、最基本的方法。但要求维修人员要有丰富的经验。

（2）报警指示灯显示故障

现代数控系统有众多的硬件报警指示灯，它们分布在电源单元、控制单元、伺服单元等部件上，根据报警指示灯判断故障所在部位。

（3）利用软件报警功能（自诊断功能）

CNC系统都有自诊断功能，只是自诊断能力有强弱之分。在系统工作期间，自诊断程序作为主程序的一部分对系统本身、与CNC连接的各种外围设备、伺服系统等进行监控，一旦发现异常，立即以报警方式显示在CRT上或点亮各种报警指示灯，甚至可以对故障进行分类，并决定是否停机。一般CNC系统有几十种报警号，有的甚至多达五六百项报警号，用户可以根据报警内容提示来寻找故障的根源。

（4）利用状态显示诊断功能

CNC系统不仅能将故障诊断信息显示在CRT上，而且能以“诊断地址”和“诊断数据”的形式提供诊断的各种状态。可将故障区分出是在机床的一侧还是另一侧，缩小检查范围。

（5）核对数控系统参数

系统参数变化会直接影响到机床的性能，甚至使机床发生故障，不能正常工作。CNC系统的有些故障就是由于外界的干扰等因素造成个别参数发生了变化所引起的。因此可通过核对、修正参数，将故障排除。

（6）置换备件法

当通过分析认为故障可能出在印制电路板时，如有备用板进行替换，可迅速找出有故障的线路板，减少停机时间。但在换板时，一定要注意使印制线路板与原板的状态一致，这包括电位器的位置，短路设定棒的位置等。当更换寄存器板时，不需进行初始化、重新设定各种 NC 数控等操作，一定要按说明书的要求进行。

（7）测量比较法

CNC 系统生产厂在设计制造印制线路板时，为了调整维修的便利，在印制线路板上设计了多个检测用端子，用户也可利用这些端子将正常的印制线路板和出故障的印制线路板进行测量比较，分析故障的原因及故障的所在位置。

以上各种方法各有特点，对于较难判断的故障，需要将多种方法同时综合运用，才能产生较好的效果，正确判断出故障的原因及故障的所处位置。

第七章　数控机床的安装调试与验收

数控机床的安装调试与验收工作是指数控机床运输到企业用户后，安装到车间工作场地，经调试检查直到能正常投入生产的这一过程。对于小型数控机床，这项工作比较简单，而大中型数控机床这项工作就比较复杂，现以大中型数控机床为例加以介绍。

第一节　数控机床的安装

一、数控机床的初始就位

数控机床在运输到达企业用户以前，用户应根据机床厂提供的基础图做好机床基础，在安装地脚螺栓的部位做好预留孔。机床拆箱后首先找到随机的文件资料，找出机床装箱单，按照装箱单清点包装箱内的零部件、电缆、资料等是否齐全，然后再按机床说明书中的介绍，把组成机床的各大部件分别在地基上就位。就位时，垫铁、调整垫板和地脚螺栓等也应相应对号入座。

二、机床各部件组装连接

机床各部件组装连接前，首先做好各部件外表清洁工作，并除去各部件安装连接表面、导轨和各运动面上的防锈涂料，然后再把机床各部件组装连接成整机。当组装连接时，需要将立柱、数控装置柜、电气柜等装在床身上，或刀库机械手需要装在立柱上及床身上装上加长床身等，均要使用机床原来的定位销、定位块和其他定位元件，使各部件的安装位置恢复到机床拆卸前的状态，以利于下一步的精度调试。

各部件组装完毕后，再进行电缆、油管和气管的连接。机床说明书中有电气接线图和液、气压管路图，可以根据该图把有关电缆和管道接头按标记对应接好。连接时应注意整洁和可靠的接触及密封，并注意检查有无松动和损坏，电缆线头插入后一定要拧紧紧固螺钉，保证接触可靠。油管气管在连接过程中要特别防止污物从接口中进入管路，造成整个液压系统故障；管路连接时，所有管接头都必须对正拧紧。否则在试车时，往往由于一根管子渗漏，造成需要拆下一批管子，返修工作量很大。电缆和油管全部连接完毕后，还应做好各缆线及管子的就位固定、防护罩壳的安装等，以保证机床的整齐外观。

三、数控系统的连接和调整

（一）开箱检查

数控系统开箱后应仔细检查系统本体和与之配套的进给速度控制单元及伺服电动机、主轴控制单元及主轴电动机。检查它们的包装是否完整无损，实物和订单是否相符。此外，还须检查数控柜内各插接件有无松动，接触是否良好。

（二）外部电缆的连接

外部电缆连接是指数控装置与外部 MDI/CRT 单元、强电柜、机床操作面板、进给伺服电动机动力线与反馈线、主轴电动机动力线与反馈信号线的连接以及与手摇脉冲发生器等的连接。应使上述连接符合随机提供的连接手册的规定。最后还应进行地线连接。地线应采用辐射式接地法，即将数控柜中的信号地、强电地、机床地等连接到公共接地点上。

数控柜与强电柜之间应有足够粗的保护接地电缆，一般采用截面积为 5.5～14mm^2 的接地电缆。而总的公共接地点必须与大地接触良好，一般要求地电阻小于 4～7Ω。

（三）数控系统电源线的连接

首先切断数控柜的电源开关，再连接数控柜电源变压器一次侧的输入电缆。然后检查电源变压器和伺服变压器的绕组抽头连接是否正确。

（四）设定的确认

数控系统内的印制线路板上有许多用短路棒短路的设定点，需要对其适当设定以适应机床的要求。设定确认工作应按随机维修说明书的要求进行。设定确认的内容一般包括以下三个方面。

1. 控制部分印制线路板上设定的确认　主要包括主板、ROM 板、连接单元、附加轴控制板及旋转变压器或感应同步器控制板上的设定。

2. 速度控制单元印制线路板上设定的确认　在直流速度控制单元和交流速度控制单元上都有许多设定点，用于选择检测元件种类、回路增益以及各种报警等。

3. 主轴控制单元印制线路板上设定的确认　在直流或交流主轴控制单元上，均有一些用于选择主轴电动机电流极限和主轴转速等的设定点。

（五）输入电源电压、频率及相序的确认

1）检查确认变压器的容量是否满足控制单元和伺服系统的电能消耗。

2）检查电源电压波动范围是否在数控系统的允许范围之内。

3）对于采用晶闸管控制元件的速度控制单元和主轴控制单元的供电电源，一定要检查相序。当相序不对时接通电源，可能使速度控制单元的输入熔丝烧断。

（六）确认直流电源单元的电压输出端是否对地短路

数控系统内部都有直流稳压电源单元，为系统提供+5V、+15V、+24V 等直流电压。因此，在系统通电前，应检查这些电源的负载是否有对地短路现象。

（七）接通数控柜电源检查各输出电压

接通数控柜电源以前，先将电动机动力线断开，这样可使数控系统工作时机床不引起运动。但是，应根据维修说明书对速度控制单元作一些必要的设定，以避免因电动机动力线断开而报警。然后再接通电源，首先检查数控柜各个风扇是否旋转，并借此也确认电源是否接通。再检查各印制线路板上的电压是否正常，各种直流电压是否在允许的波动范围内。

（八）确认数控系统各种参数的设定

为保证数控装置与机床相连接时，能使机床具有最佳工作性能，数控系统应根据随机附带的参数表逐项予以确定。显示参数时，一般可通过按压 MDI/CRI 单元上的参数键（PARAM）来显示已存入系统存储器的参数。所显示的参数内容应与机床安装调试后的参数表一致。

（九）确认数控系统与机床侧的接口

数控系统一般都具有自诊断的功能。在光屏 CRT 画面上可以显示数控系统与机床接口以及数控系统内部的状态。当具有可编程控制器（PC）时，还可以显示出从数字控制（NC）到可编程控制器，再从可编程控制器到机床（MT），以及从机床到可编程控制器，再从可编程控制器到数字控制的各种信号状态。至于各个信号的含义及相互逻辑关系，随可编程控制器的顺序程序不同而不同。可以根据资料中的梯形图说明书及诊断地址表，通过自诊画面确认数控系统与机床之间的接口信号状态是否正确。

完成上述步骤已将数控系统调整完毕，已具备与机床联机通电试车的条件。此时应切断数控系统的电源，连接电动机的动力线，恢复报警的设定。

第二节　数控机床的调试

机床调试前，应按说明书要求给机床润滑油油箱、润滑点灌注规定的油液和油脂，用煤油清洗液压油箱及滤油器并灌入规定牌号的液压油，接通外界输入气源。

一、通电试车

机床通电试车一般采用各部件分别供电试验，然后再作各部件全面供电试验。通电后首先观察有无报警故障，然后用手动方式陆续启动各部件，并检查安全装置是否起作用，能否正常工作，能否达到额定的工作指标。例如启动液压系统时，先检查液压泵电动机转向是否正确，系统压力是否可以形成，液压元件能否正常工作等等。总之，根据机床说明书检查机床主要部件，功能是否正常齐全，使机床各部件都能操作运动。

然后，调整机床的床身水平，粗调机床的主要几何精度，再调整重新组装的主要运动部件与主机的相对位置，如机械手、刀库与主机换刀位置的校正，APC 托盘站与机床工作台交换位置的找正等。这些工作完成后，就可以用快干水泥灌注主机和各附件的地脚螺栓，将各预留孔灌平，等水泥完全干固以后，就可以进行下一步工作了。

在数控系统与机床联机通电试车时，虽然数控系统已经确认，工作正常无任何报警，但为了预防万一，应在接通电源的同时，做好按压急停按钮的准备，以便随时切断电源。在检查机床各轴的运转情况时，应用手动连续进给移动各轴，通过数字显示器 CRT 或 DPL 的显示值检查机床部件移动方向是否正确。如方向相反，则应将电动机动力线及检测信号线反接才行。然后检查各轴移动距离是否与移动指令相符，如不相符，应检查有关指令、反馈参数及位置控制环增益等参数设定是否正确。随后，再用手动进给，以低速移动各轴，并使它们碰到超越开关，用以检查超程限位是否有效，数控系统是否在超程时发出报警。最后还应进行一次返回基准点动作。机床基准点是以后机床进行加工的程序基准位置，因此，必须检查有无基准点功能以及每次返回基准点的位置是否完全一致。

二、机床精度和功能的调试

1）使用精密水平仪、标准方尺、平尺和平行光管等检测工具，在已经固化的地基上用地脚螺栓和垫铁精调机床主床身的水平，并在找正水平后移动床身上的各运动部件，例如立柱、溜板和工作台等，观察各坐标全行程内机床的水平变化情况，使之调整机床几何精度在允差范围之内。

调整时，主要通过调整垫铁为主，必要时可稍微改变导轨上的镶条和预紧滚轮，使机床达到出厂精度。

2）应用 G28、Y0、Z0 等程序让机床自动运动到刀具交换位置，再以手动方式调整好装刀机械手和卸刀机械手相对主轴的位置。

调整时，一般应用一个校对心棒进行检测。出现误差时，可以通过调整机械手的行程，移动机械手支座和刀库位置等，必要时还可以修改换刀位置点的设定。调整完毕后应紧固各调整螺钉及刀库地脚螺栓，然后装上几把刀柄，进行多次从刀库到主轴的往复自动交换，要求动作准确无误，不得出现撞击和掉刀现象。

3）对带有APC交换工作台的机床，应将工作台移动到交换位置，再调整托盘站与交换台面的相对位置，达到工作台自动交换时动作平稳、可靠、正确。然后在工作台面上装有70%～80%的允许负载，进行承载自动交换，达到正确无误后紧固各有关螺钉。

4）检查数控系统中参数设定值是否符合随机资料中规定的数据，然后试验各主要操作功能、安全措施、常用指令执行情况等。例如，各种运动方式（手动、点动、MD、自动等）、主轴挂档指令、各级转速指令等是否正确无误。

5）检查机床辅助功能及附件的正常工作，例如照明灯、冷却防护罩和各种护板是否完整；切削液箱注满冷却液后，喷管能否正常喷出切削液；在用冷却防护罩条件下是否有切削液外漏；排屑器能否正常工作；主轴箱的恒温油箱是否起作用等。

三、机床试运行

数控机床在带有一定负载条件下，经过较长时间的自动运行，比较全面地检查机床功能及工作可靠性成为数控机床的试运行。试运行的时间，一般采用每天运行8h，连续运行2～3天，或运行24h，连续运行1～2天。

试运行中采用的程序叫考机程序，可以采用随箱技术文件中的考机程序，也可自行编制一个考机程序。一般考机程序中应包括：主要数控系统的功能使用；自动换刀取刀库中2/3以上刀具；主轴最高、最低及常用的转速；快速及常用的进给速度；工作台面的自动交换；主要M指令等。试运行时刀库应插满刀柄，刀柄质量应接近规定质量，交换工作台面上应加有负载。在试运行时间内除操作失误引起的故障外，不允许机床有其他故障出现，否则表明机床的安装调试存在问题。

第三节　数控机床的检测与验收

数控机床的检测验收工作是一项比较复杂的工作，对试验检测手段及技术要求也比较高。一般需要使用各种高精度仪器，对机床的机、电、液、气等各部分及整机进行综合性能及单项性能的检测，另外还需对机床进行刚度和热变形等一系列试验，最后得到对该机床的综合评价。一般数控机床的检测验收工作主要包括以下几个方面。

一、机床外观的检查

在对数控机床作详细检测验收以前，应对机床外观进行检查。它包括两个方面：其一是参照通用机床有关标准，对机床各种防护罩、机床油漆质量、照明、切屑处理、电线和气油管走线固定防护等进行检查；其二是对数控柜的外观进行检查，检查时应侧重以下三个方面。

（一）数控柜外表

检查数控柜中的MDI/CRT单元、位置显示单元、纸带阅读机、直流稳压单元及各种印制线路板等是否有破损、污染、连接电缆捆绑处是否有破损，如是屏蔽线还应检查屏蔽层是否有剥落现象。

（二）数控柜内部件紧固情况

1．螺钉紧固检查

检查输入变压器、伺服用电源变压器、输入单元、电源单元及纸带阅读机等有接线端处的螺钉是否都已拧紧；凡是需要盖罩的接线端座是否都有盖罩。

2. 连接器紧固检查

数控柜内所有连接器、扁平电缆插座等都有紧固螺钉紧固，以保证连接牢固，接触良好。

3. 印制线路板的紧固检查

无论是笼式结构布局的数控柜（每块印制线路板均插在笼子里），还是主从式结构布局的数控柜（一块主板上插上若干块选择板），都应检查固定印制线路板的紧固螺钉是否拧紧，并应检查印制线路板上各个 EPROM 和 RAM 片等是否插入到位。

（三）伺服电动机的外表

特别对带有脉冲编码器的伺服电动机的外壳应作认真检查，尤其是后端盖处。如发现有磕碰现象，应将电动机后盖打开，取下脉冲编码器外壳，检查光码盘是否碎裂。

二、机床几何精度的检查

数控机床的几何精度综合反映机床的关键机械零部件及其组装后的几何形状误差。数控机床的几何精度检查和普通机床的几何精度检查基本类似，使用的检测工具和方法基本相似。目前常用的检测工具有：精密水平仪、直角尺、精密方箱、平尺、平行光管、千分表、测微仪、高精度主轴心棒及刚性好的千分表杆等。使用的检测工具精度等级必须比所测的几何精度要高一个等级。

在几何精度检测中必须对机床地基有严格要求，应当在地基及地脚螺栓的固定混凝土完全固化后再进行。精调时应把机床的主床身调到较精确的水平面以后，再精调其他几何精度。有一些几何精度项目是互相联系的，例如在立式加工中心检测中，如发现 Y 轴上和 Z 轴方向移动的相互垂直度误差较大，则可以适当调整立柱底部床身的地脚垫铁，使立柱适当前倾或后仰，来减小这项误差。但是这样也会改变主轴回转轴心线对工作台面的垂直度误差。因此，对各项几何精度检测工作应在精调后一气呵成，不允许检测一项调整一项，分别进行，否则会造成由于调整后一项几何精度而把已检测合格的前一项精度调成不合格。

机床几何精度检测应在机床稍有预热的条件下进行，所以机床通电后各移动坐标应往复运动几次，主轴也应按中速回转几分钟以后才能进行检测。

普通立式加工中心几何精度检测内容如下：

1）工作台面的平面度。

2）各坐标方向移动的相互垂直度。

3）X 坐标方向移动时工作台面的平行度。

4）Y 坐标方向移动时工作台面的平行度。

5）X 坐标方向移动时工作台面 T 形槽侧面的平行度。

6）主轴的轴向窜动。

7）主轴孔的径向跳动。

8）主轴箱沿 Z 坐标方向移动时主轴轴心线的平行度。

9）主轴回转轴心线对工作台面的垂直度。

10）主轴箱在 Z 坐标方向移动时的直线度等。

普通卧式加工中心几何精度检测内容与立式加工中心几何精度检测内容大致相似，仅多几项与平面转台有关的几何精度。

三、机床定位精度的检查

数控机床的定位精度是表明所测量的机床各运动部件在数控装置控制下，运动所能达到的精度。因此，根据实测的定位精度数值，可以判断出机床自动加工过程中能达到的最好的工件加工精度。

机床定位精度主要检测内容如下：

1）直线运动定位精度（包括 X、Y、Z、U、V、W 轴）。

2）直线运动重复定位精度。

3）直线运动轴机械原点的返回精度。

4）直线运动失动量的测定。

5）回转运动定位精度（转台 A、B、C 轴）

6）回转运动重复定位精度。

7）回转轴原点的返回精度。

8）回转运动失动量的测定。

测量直线运动的检测工具有：测微仪、成组块规、标准长度刻线尺、光学读数显微镜及双频激光干涉仪等。

回转运动检测工具有：360 齿精确分度的标准转台或角度多面体、高精度圆光栅及平行光管等。

四、机床切削精度的检查

机床切削精度检查实质上是对机床的几何精度和定位精度在切削加工条件下的一项综合检查。机床切削精度检查可以是单项加工，也可以加工一个标准的综合性试件。对于普通立式加工中心，其主要单项加工有：

1）镗孔精度。

2）端面铣刀铣削平面的精度（X-Y 平面）。

3）镗孔的孔距精度和孔径分散度。

4）直线铣削精度。

5）斜线铣削精度。

6）圆弧铣削精度。

对于普通卧式加工中心，则还应有：

1）箱体掉头镗孔同轴度。

2）水平转台回转 90°铣四方加工精度。

被切削加工试件的材料除特殊要求外，一般都采用一级铸铁，使用硬质合金刀具按标准的切削用量切削。

五、机床性能及数控系统性能检查

以立式加工中心为例介绍机床性能检查内容。

（一）主轴系统性能

1）用手动方式选择高、中、低三个主轴转速，连续进行 5 次正转和反转的启动和停止动作，试验主轴动作的灵活性和可靠性。

2）用数据输入方式，主轴从最低一级转速开始运转，逐级提到允许的最高转速，实测各级转速数，允差为设定值的±10%，同时观察机床的振动。主轴在长时间高速运转后（一般为 2h）允许温升 15℃。

3）主轴准停装置连续操作5次，试验动作的可靠性和灵活性。

（二）进给系统性能

1）分别对各坐标进行手动操作，试验正、反向的低、中、高速进给和快速移动的启动、停止、点动等动作的平衡性和可靠性。

2）用数据输入方式或MDI方式测定G00和G01下各种进给速度，允差±5%。

（三）自动换刀系统

1）检查自动换刀的可靠性和灵活性，包括手动操作及自动运行时刀库装满各种刀柄条件下的运动平稳性，机械手抓取最大允许质量刀柄的可靠性，刀库内刀号选择的准确性等。

2）测定自动交换刀具的时间。

（四）机床噪声

机床空运转时总噪声不得超过标准规定的80dB。由于数控机床采用电调速装置，所以主轴箱的齿轮并不是最大的噪声源，而主轴电动机的冷却风扇和液压系统液压泵等处噪声可能成为最大噪声源。

（五）电气装置

在机床运转试验前后要分别作一次绝缘检查，检查接地线质量，确认绝缘的可靠性。

（六）数字控制装置

检查数控柜的各种指示灯，检查纸带阅读机、操作面板、电柜冷却风扇和密封性等动作及功能是否正常可靠。

（七）安全装置

检查对操作者的安全性和机床保护功能的可靠性。如各种安全防护罩、机床各运动坐标行程保护自动停止功能，各种电流电压过载保护和主轴电动机过热过负荷时紧急停止功能等。

（八）润滑装置

检查定时定量润滑装置的可靠性，检查润滑油路有无渗漏，到各润滑点的油量分配等功能和可靠性。

（九）气、液装置

检查压缩空气和液压油路的密封、调压功能及液压油箱的正常工作情况。

（十）附属装置

检查机床各附属装置机能的工作可靠性，如切削液装置能否正常工作，排屑器的工作质量，冷却防护罩有无泄漏，APC交换工作台工作是否正常，试验带重负载的工作台面自动交换，配置接触式测头的测量装置能否正常工作及有无相应的测量程序等。

（十一）数控机能

按照机床数控系统说明书，用手动或自动编程的检查方法，逐项检查数控系统主要的使用功能。如定位、直线插补、圆弧插补、暂停、自动加减速、坐标选择、平面选择、刀具位置补偿、刀具直线补偿、拐角功能选择、固定循环、行程停止、选择停机、程序结束、冷却的启动和停止、单程序段、原点偏置、跳读程序段、程序暂停、进给速度超调、进给保持、紧急停止、程序号显示及检索、位置显示、镜象功能、螺距误差补偿、间隙补偿及用户宏程序等机能的准确性及可靠性。

（十二）连续无载荷运转

让机床长时间连续运行（一般为8～16h），是检查整台机床自动实现各种功能可靠性的有效办法。在连续运行中应编制一个功能比较齐全的程序，一般应包括：

1）主轴转动要包括标称的最低、中间及最高转速在内五种以上速度的正转、反转及停止等运行。

2）各坐标运动要包括标称的最低、中间及最高进给速度及快速移动，进给移动范围应接近全行程，快速移动距离应在各坐标轴全行程的 1/2 以上。

3）一般自动加工所用的一些功能和代码要尽量用到。

4）自动换刀应至少交换刀库中 2/3 以上的刀号，而且都要装上质量在中等以上的刀柄进行实际交换。

5）必须使用特殊功能，如测量功能、APC 交换和用户宏程序等。

附　　录

附录A　TSG-JT（ST）工具系统（锥柄）

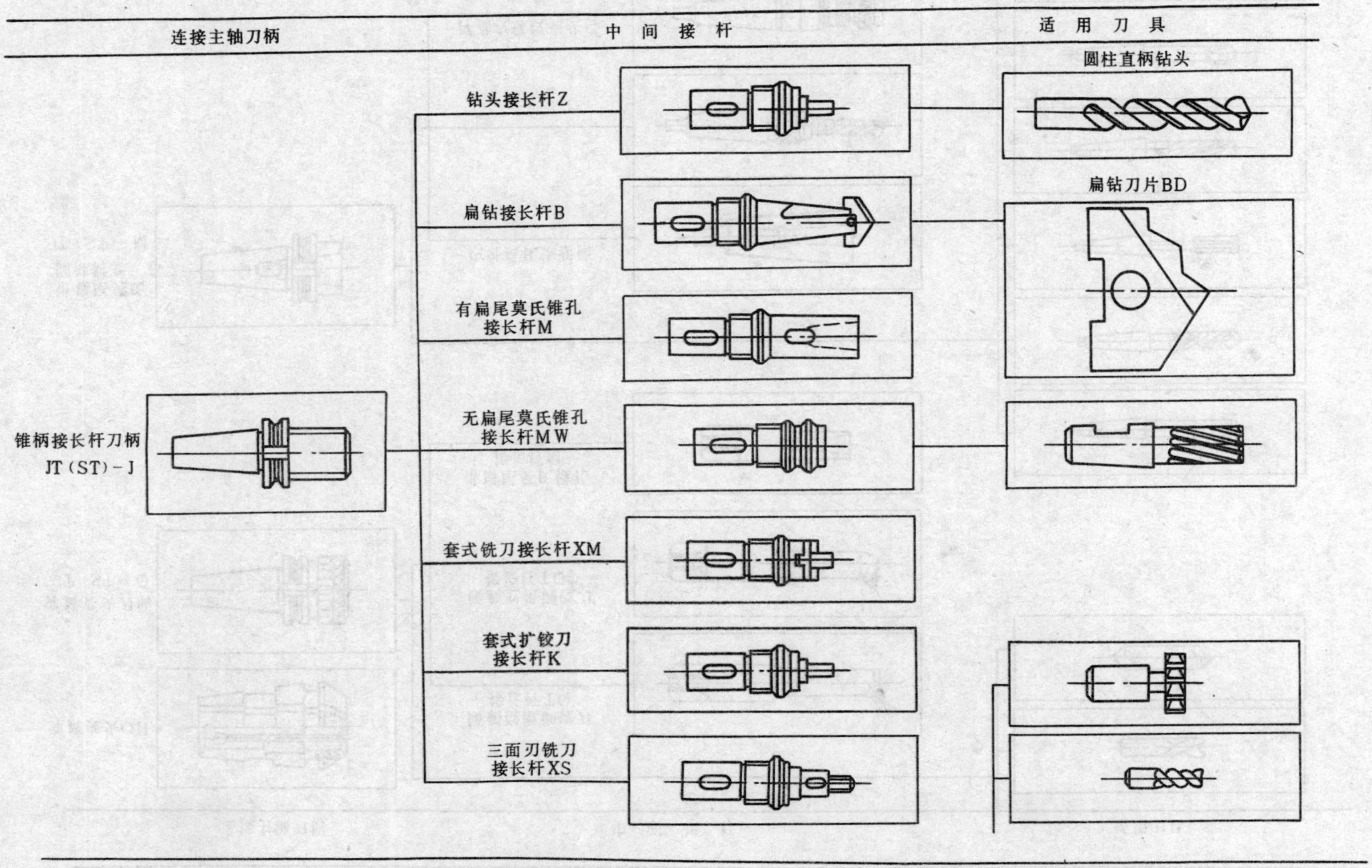

（续）

连接主轴刀柄
中 间 接 杆
适用刀具
弹簧夹头OH
弹簧夹头刀柄
JT（ST）-Q
倾斜型微调镗刀
接长杆TQ
倾斜型粗调镗刀
接长杆TQC
带扁尾莫氏锥孔
接长杆M
带扁尾莫氏
圆锥衬套
JT（ST）-M
内外莫氏锥套筒
浮动攻螺纹夹头G

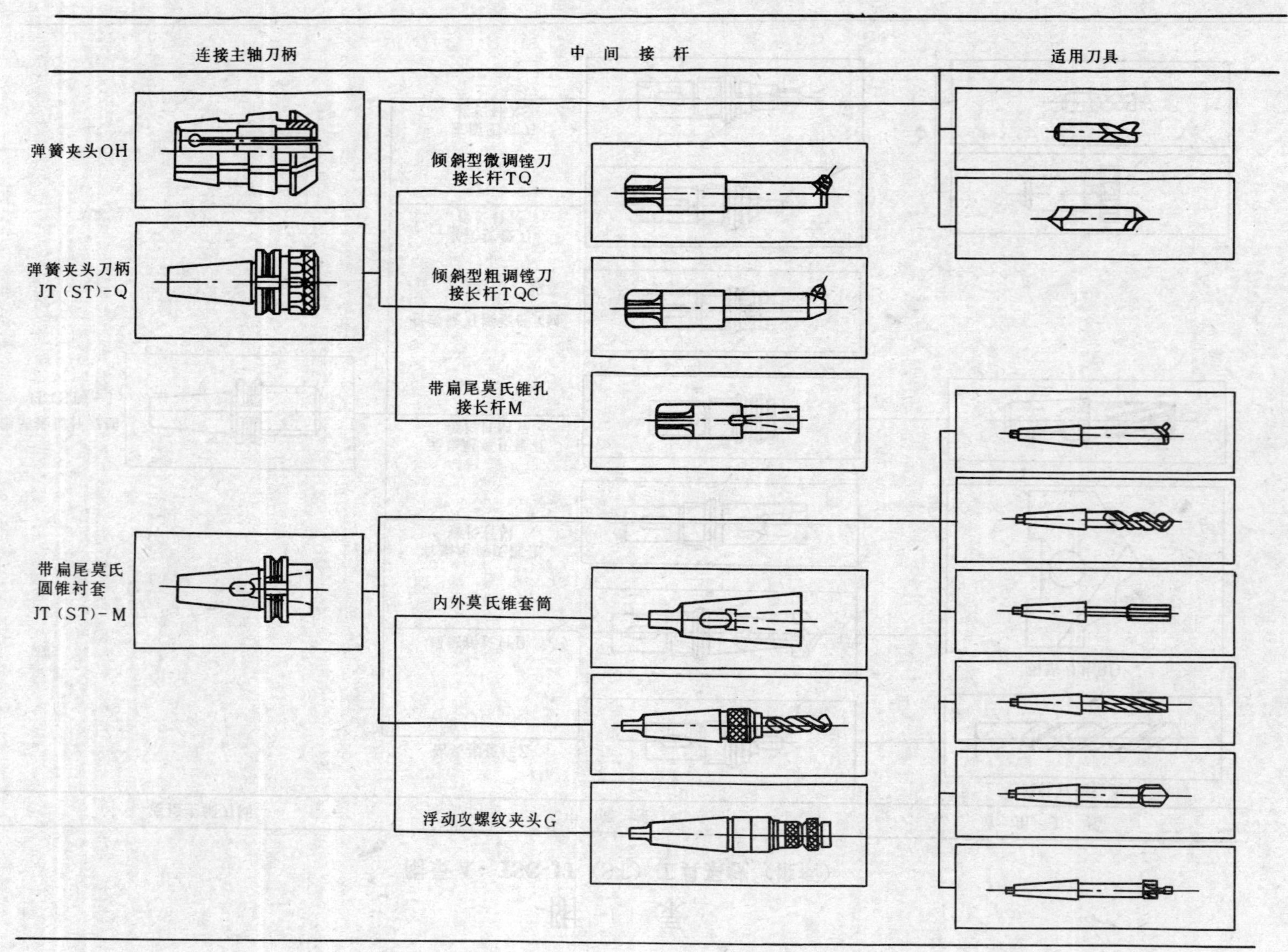

(续)

连接主轴刀柄
中间接杆
适用刀具
无扁尾莫氏锥孔刀柄 JT(ST)-MW
无扁尾莫氏锥1#~4#立铣刀
T型槽铣刀
钻夹头刀柄 JT(ST)-Z
直柄钻头扩钻、铰刀
攻丝夹头刀柄 JT(ST)-G
丝锥M4~M24
攻螺纹夹头GT
套式面铣刀刀柄 JT(ST)-XM
机夹不重磨面铣刀
φ50、63、80、100、125
GB整体刀具φ63、80、100
套式扩、铰刀刀柄 JT(ST)-K
扩铰刀外径φ25~80
三面刃铣刀刀柄 JT(ST)-XS

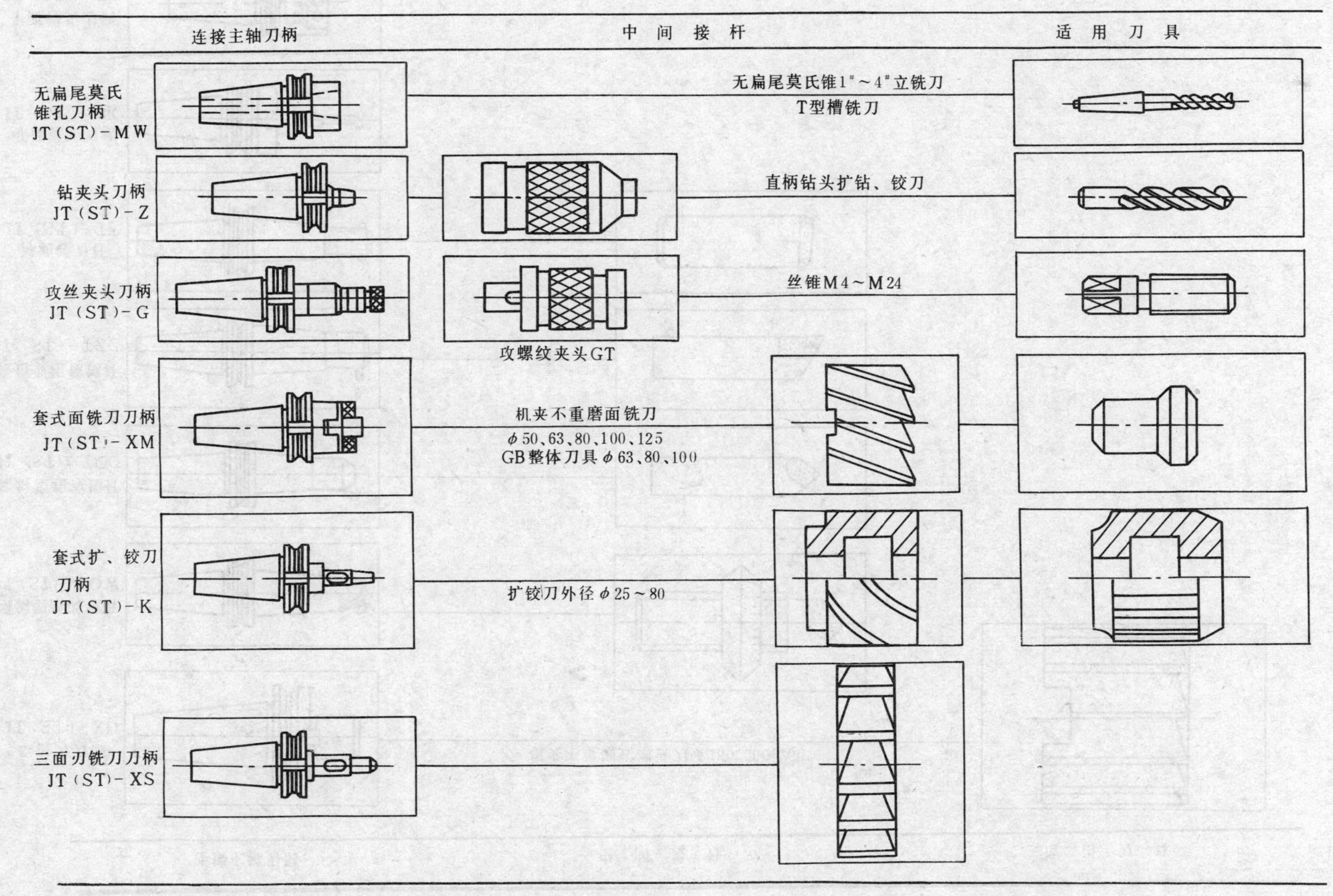

（续）

连接主轴刀柄
中 间 接 杆
适 用 刀 具
端铣刀刀柄
JT（ST）- XD
机夹不重磨式端铣刀 φ 160、200、250
倾斜型微调镗杆
JT（ST）- TQW
倾斜型粗镗镗杆
JT（ST）- TQC
直角型粗镗镗杆
JT（ST）- TZC
浮动镗刀杆
JT（ST）- TF
可调镗头刀柄
JT（ST）- TK
平面镗头刀柄
JT（ST）- TP

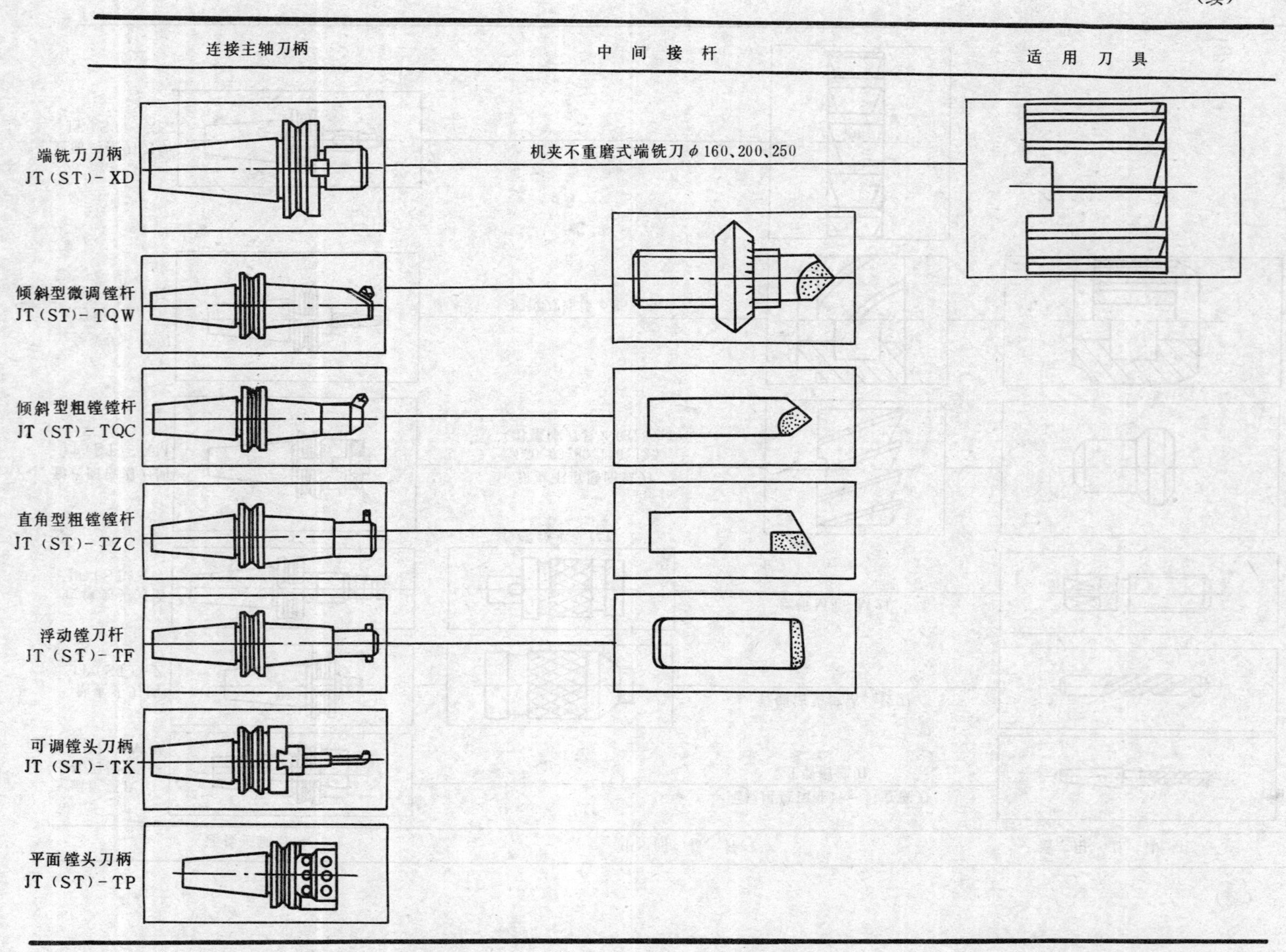

附录B　TSG-JT（ST）工具系统（直柄）

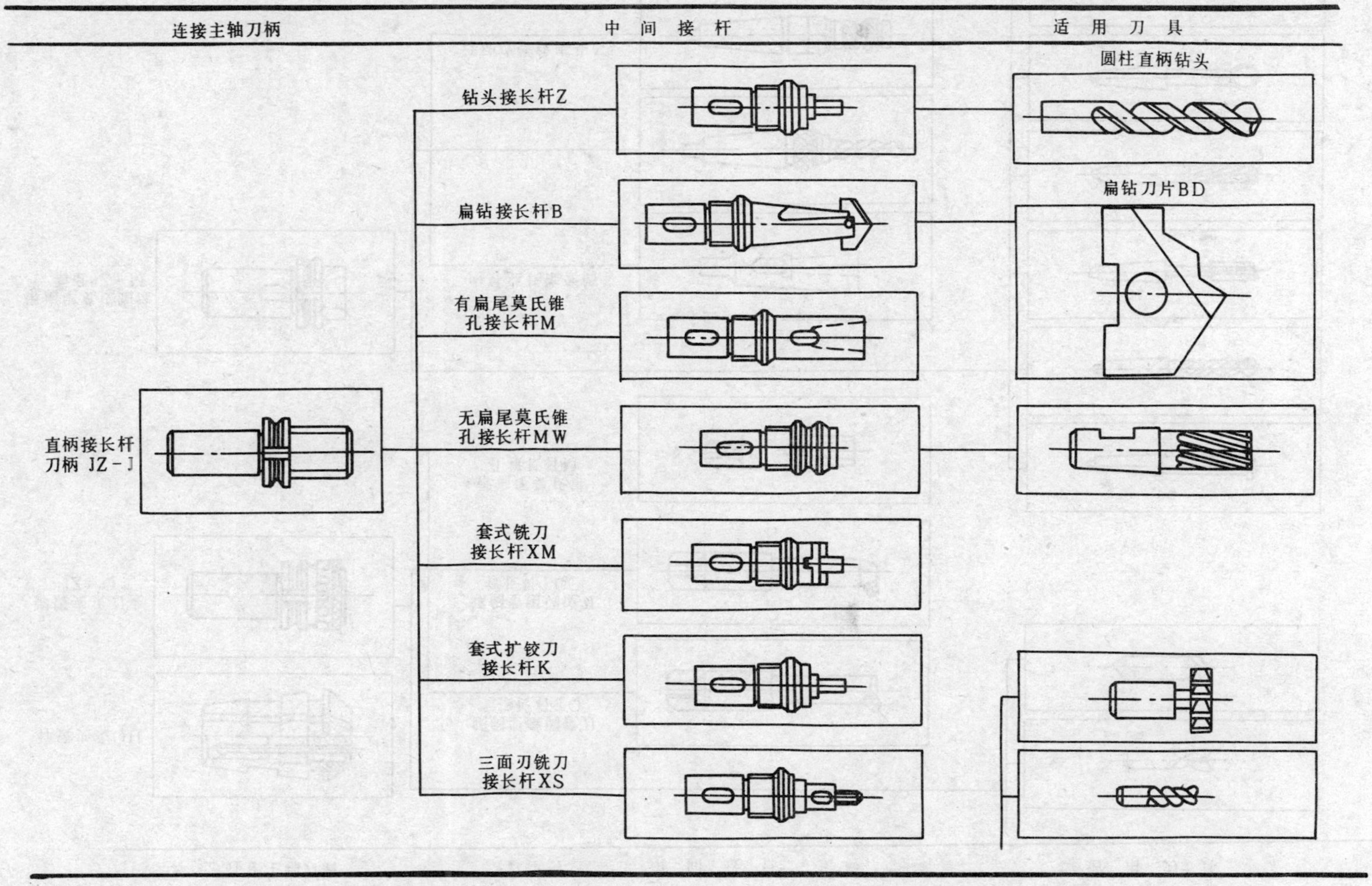

连接主轴刀柄　中　间　接　杆　适　用　刀　具

直柄接长杆刀柄 JZ-J

钻头接长杆Z

扁钻接长杆B

有扁尾莫氏锥孔接长杆M

无扁尾莫氏锥孔接长杆MW

套式铣刀接长杆XM

套式扩铰刀接长杆K

三面刃铣刀接长杆XS

圆柱直柄钻头

扁钻刀片BD

（续）

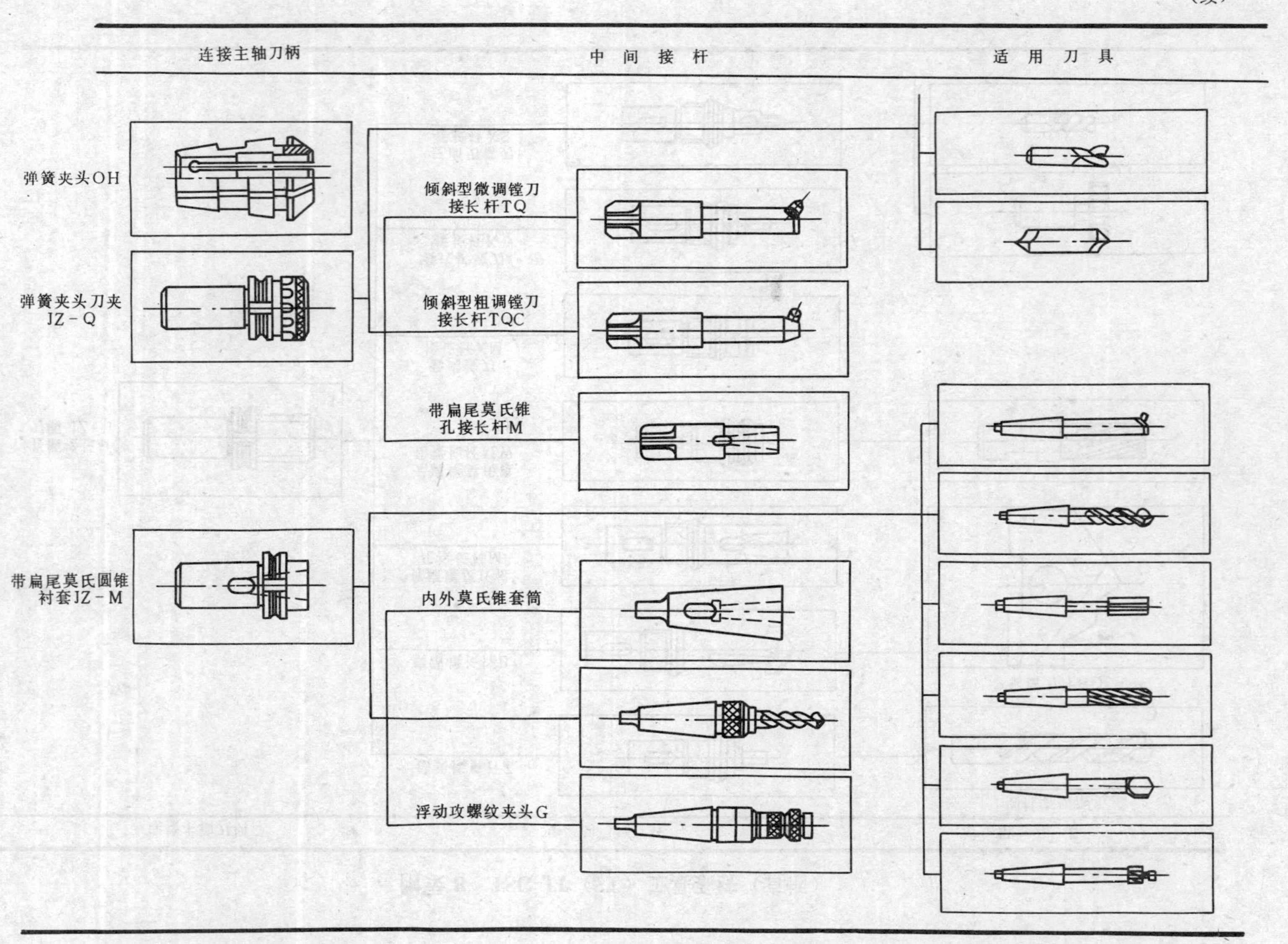

（续）

连接主轴刀柄
中间接杆
适用刀具
无扁尾莫氏锥孔刀柄JZ-WM
无扁尾莫氏锥
1"～4"立铣刀
T型槽铣刀
钻夹头刀柄
JZ -Z
直柄钻头扩钻、铰刀
浮动功螺纹夹头
JZ-G
丝锥M4～M24
攻螺纹夹套GT
套式面铣刀刀柄
JZ-XM
机夹不重磨面铣刀
φ50、63、50、100、125
GB 整体刀具φ63、80、100
套式扩、铰刀
刀柄JZ-K
扩铰刀外径φ25～80
三面刃铣刀刀柄
JZ-XS

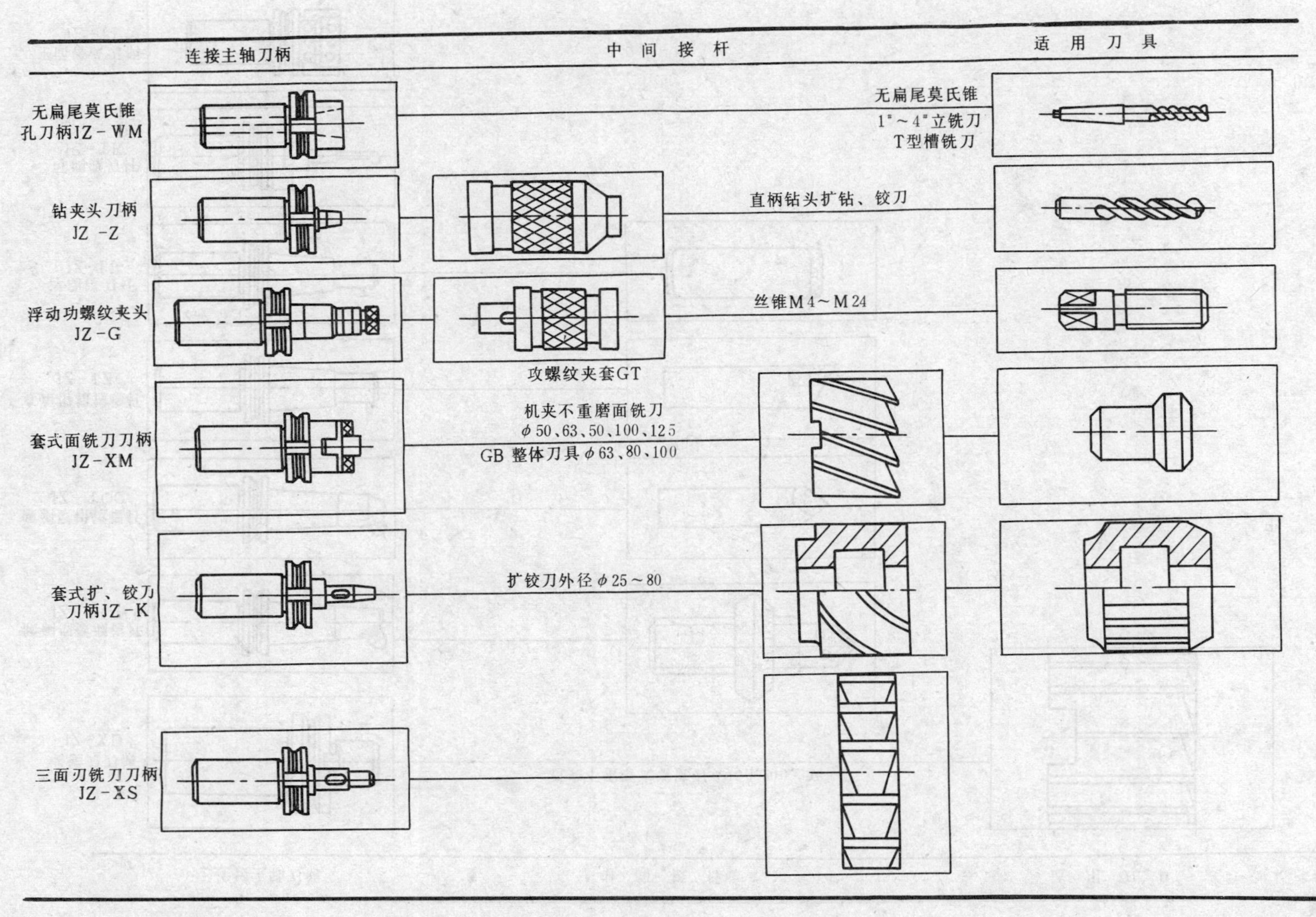

（续）

连接主轴刀柄
中间接杆
适用刀具
端铣刀刀柄
JZ-XD
机夹不重磨式端铣刀φ160、200、250
倾斜型微调镗杆
JZ-TQW
倾斜型粗镗镗杆
JZ-TQC
直角型粗镗镗杆
JZ-TZC
浮动镗刀杆
JZ-TF
可调镗刀杆
JZ-TK
平面镗头刀柄
JZ-TP

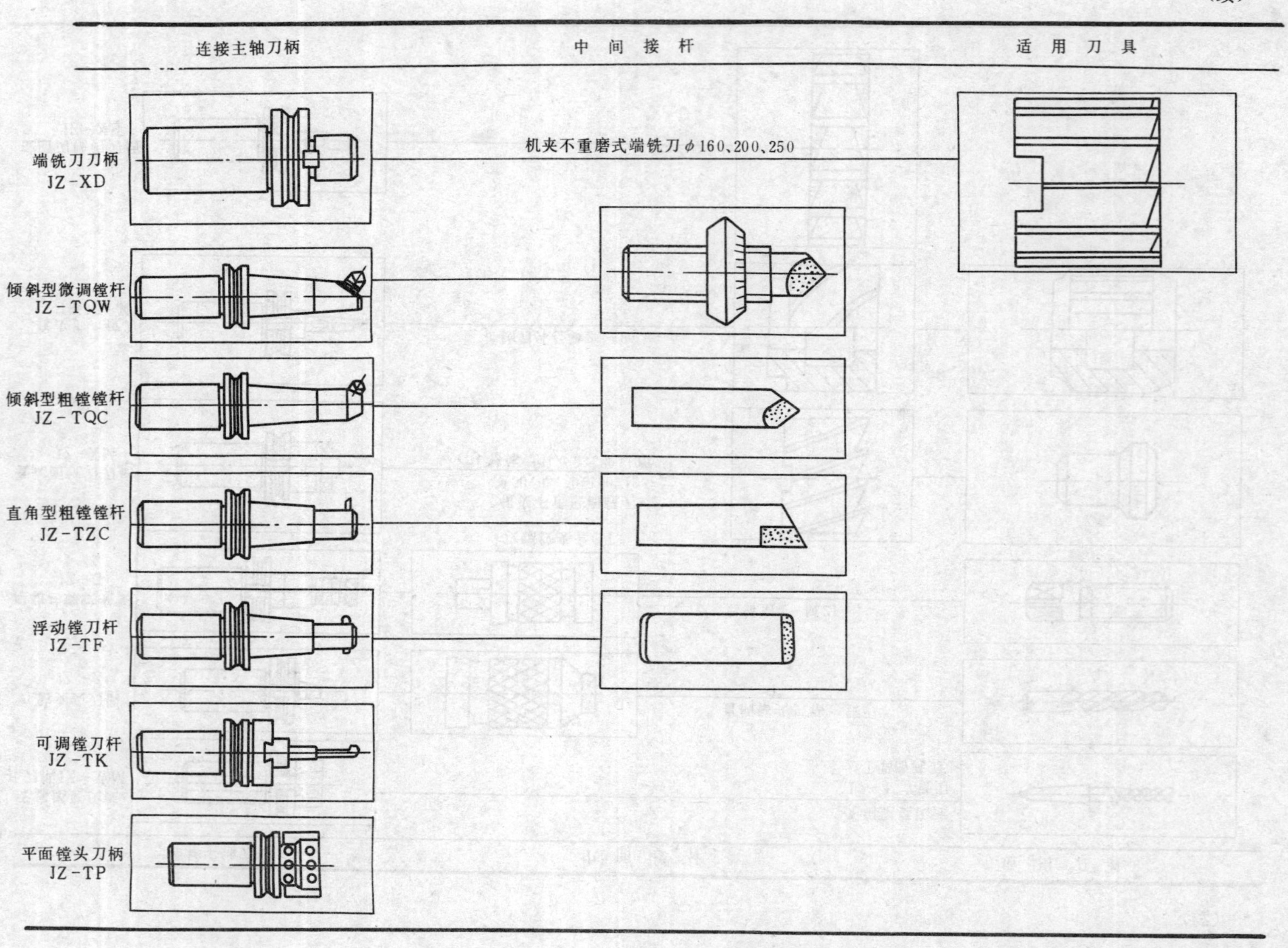

附录C 刀柄尺寸（锥柄）

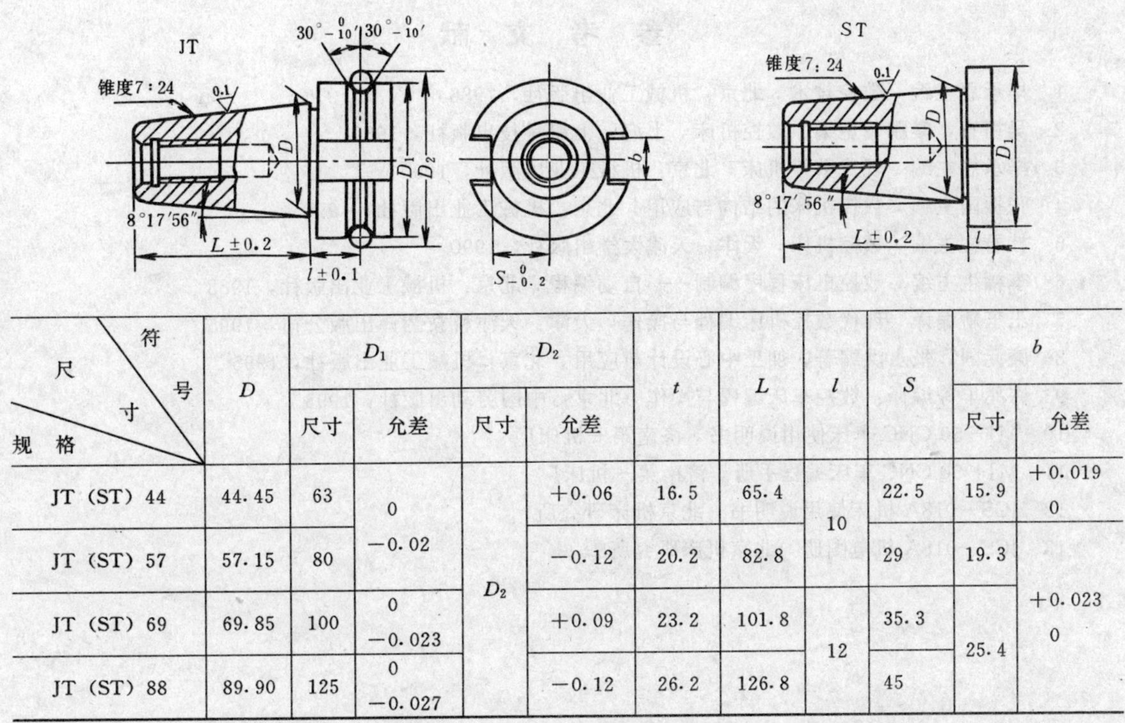

规格 ＼ 尺寸 ＼ 符号	D	D_1 尺寸	D_1 允差	D_2 尺寸	D_2 允差	t	L	l	S	b 尺寸	b 允差
JT（ST）44	44.45	63	0 −0.02	D_2	+0.06 −0.12	16.5	65.4	10	22.5	15.9	+0.019 0
JT（ST）57	57.15	80				20.2	82.8		29	19.3	+0.023 0
JT（ST）69	69.85	100	0 −0.023		+0.09 −0.12	23.2	101.8	12	35.3	25.4	
JT（ST）88	89.90	125	0 −0.027			26.2	126.8		45		

附录D 刀柄尺寸（直柄）

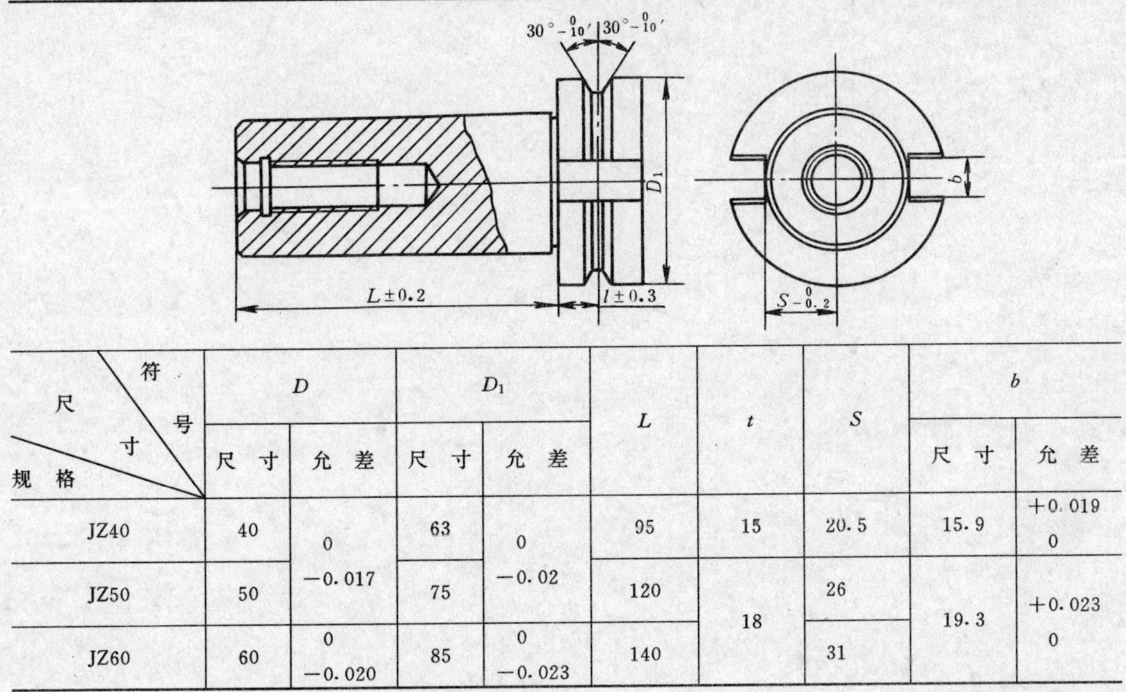

规格 ＼ 尺寸 ＼ 符号	D 尺寸	D 允差	D_1 尺寸	D_1 允差	L	t	S	b 尺寸	b 允差
JZ40	40	0 −0.017	63	0 −0.02	95	15	20.5	15.9	+0.019 0
JZ50	50		75		120	18	26	19.3	+0.023 0
JZ60	60	0 −0.020	85	0 −0.023	140		31		

参 考 文 献

1 毕承恩主编．数控技术．北京：机械工业出版社，1986

2 吴祖育，秦鹏飞主编．数控机床．上海：上海科技出版社，1989

3 毕承恩主编．现代数控机床．北京：机械工业出版社，1990

4 张振国主编．数控机床的结构与应用．北京：机械工业出版社，1990

5 杜君文主编．数控机床．天津：天津大学出版社，1990

6 李福生主编．数控机床程序编制——自动编程．北京：机械工业出版社，1988

7 王玉新编译．现代数控机床编程与操作．天津：天津科技翻译出版公司，1995

8 廉元国，张永洪编著．加工中心设计与应用．北京：机械工业出版社，1995

9 许兆丰等编译：数控车床编程与操作．北京：中国劳动出版社，1993

10 MJ—50 CNC 车床使用说明书．济南第一机床厂

11 MJ—50 CNC 车床编程手册．济南第一机床厂

12 JCS—018A 机床使用说明书．北京机床研究所

13 JCS—018A 机电图册．北京机床研究所